本研究系国家社会科学基金教育学青年项目"我国职业教育学术课程与职业课程的整合研究"（CJA120157）最终成果

共轭与融通

职业教育学术课程与职业课程的整合研究

陈 鹏 / 著

GONGE YU RONGTONG
Zhiye Jiaoyu Xueshu Kecheng Yu
Zhiye Kecheng De Zhenghe Yanjiu

中国社会科学出版社

图书在版编目（CIP）数据

共轭与融通：职业教育学术课程与职业课程的整合研究/
陈鹏著．—北京：中国社会科学出版社，2017.12
ISBN 978 - 7 - 5203 - 0972 - 1

Ⅰ.①共…　Ⅱ.①陈…　Ⅲ.①职业教育—课程改革—
研究　Ⅳ.①G712.307

中国版本图书馆 CIP 数据核字(2017)第 221647 号

出 版 人　赵剑英
责任编辑　卢小生
责任校对　周晓东
责任印制　王　超

出　　　版　中国社会科学出版社
社　　　址　北京鼓楼西大街甲 158 号
邮　　　编　100720
网　　　址　http://www.csspw.cn
发 行 部　010 - 84083685
门 市 部　010 - 84029450
经　　　销　新华书店及其他书店

印　　　刷　北京明恒达印务有限公司
装　　　订　廊坊市广阳区广增装订厂
版　　　次　2017 年 12 月第 1 版
印　　　次　2017 年 12 月第 1 次印刷

开　　　本　710×1000　1/16
印　　　张　19
插　　　页　2
字　　　数　274 千字
定　　　价　80.00 元

序　言

20 世纪以来，现代课程理论在创生、实践与批判中不断向前发展，相继经历了目标取向、学科取向、实践取向和理解取向等不同视角的课程观。首先在 20 世纪四五十年代，泰勒等主张将量化的"行为目标"作为课程内容的编制指南，认为课程的结果即"行为目标"的实现。然而，在结构主义学者布鲁纳看来，这显然抹杀了学校的智育目标，进而在五六十年代提出学科取向的课程理论，认为教材应为儿童传授基本的科学原理，进而可以演化为学生的具体行为。正是这种抽象的学科理论取向，成为 20 世纪 70 年代以后以施瓦布为代表的实践取向课程观的批判对象，后者认为课程知识必须响应特定课堂每位学生的即时性需要，以解决实践中的具体问题。冲出教育内部的牢笼，于八九十年代，以派纳为代表的课程论专家建议将课程发展置于对政治、经济、种族等多元文化背景的深度理解中，理解课程观得以问世。

几乎与理解课程观产生于同一个时期的整体主义课程观在北美也具有广泛的影响，并在 2000 年后达到理论的高峰。其代表人物约翰·米勒和罗恩·米勒等学者对整体课程观都做出充分的阐述。例如，罗恩·米勒（2000）认为，整体主义就是"反对还原主义、实证主义和笛卡尔自我与世界的二元论，强调所有存在之终极统一、相互联系和内在意义的一种世界观或理论立场"。在此基础上，约翰·米勒（2001）尝试从线性思维与直觉认知、身体与心灵、不同知识领域、个人与社区、人类与地球和自我与本体六个维度的联结来构建整体课程。陈鹏博士的专著《共轭与融通：职业教育学术课程与职业课程的整合研究》正是基于约翰·米勒不同知识领域之间的联结这一整合式思路来展开的。

诚然，作为发展人的教育之媒介，课程理应更多地反映人类的活动特性，而人类活动的统一性要求课程表现为一种整合式的课程形态。普通教育如此，职业教育亦应如此。职业教育作为与人类社会活动联系最为密切的教育活动之一，培养的人直接作用于客观器物与人为事件的交互中。在现代科技理性与人文情怀整合式发展的工作环境中，技术技能型人才无论是借助于系统化的物理世界对具体物品的生产，还是沉浸于与物理世界相伴的人文环境，以及对两者之间互动的高度驾驭，都需要具有充分发展的综合职业素质。综合职业素质的养成需要职业院校课程的整合式发展，然而，长期以来在职业教育中却存在着学术课程与职业课程两种学科知识形态分野的境况，并一度出现二者相互碰撞、贬低甚至割裂的态势。

陈鹏博士的专著将整体主义课程观所倡导的"不同知识领域之间的联结"应用在职业教育学术课程与职业课程的整合上，彰显出课程整合发展的"顶天立地"性。正如作者所言，学术课程就是通常所说的公共基础课或文化课程，承担着学生基本学术或通识能力的培养，在科学、人文、社会等方面为个体提供广博的"做人"层面的原理与要义，使未来职业人具有"顶天"的理解性与担当性；而职业课程作为专业课程的代名词，主要培养学生驾驭未来工作岗位的动手操作能力，在专业方面为个体提供"做事"维度的技艺与技巧，使未来职业人具有"立地"的朴实性与价值性。这种"顶天立地"的职业人的综合涵养恰恰是当前我国社会"人类命运共同体构建""经济产业结构转型升级"和"个体职业生活幸福追寻"的现实需求。

正是基于这样一个理论维度以及对现实诉求的思考，作者首先将视野投向我国职业教育发展的历史长河中，追问课程改革的嬗变轨迹，析出课程模式的整合要素，总结课程整合的演变规律；在此基础上，作者进一步审视职业教育课程整合的现实状况，从文本解读的视角分析学术课程与职业课程整合的政策支持，选取经典案例解析课程整合模式的机理与特点，并发现存在的问题；随后作品将触角伸向国外，分析与总结了美国、英国、德国职业教育学术课程与职业课程整合的典型模式、特点与规律。在认清历史与现实、借鉴国际经验的基础上，著者最后分别从课程目标重构、课程模式建构和教学行动支持三个维度为我国职业教育学术课程与职业课程的整合发展提出策略建议。

从作者的论述中可以看出，我国职业教育课程改革正在走出一条自我探新的发展路径，并形成若干典型的课程整合模式，如"项目课程模式""任务驱动课程模式"和"素质育化课程模式"等。但总体而言，职业教育学术课程与职业课程的整合现状仍不太乐观，还存在这样或那样的问题，正如作者所归纳的，"整合目标的要素互动不足""整合课程的模式建构不够""整合教学的融合意识不强"等。而在发达国家，自20世纪80年代以来，在职业教育领域逐渐积累出一系列经典的学术课程与职业课程整合的模式，如美国的"应用学术课程""融合学术能力的跨学科职业课程""高级项目课程"以及英国的"核心数学课程"等，对此，作者都逐一进行了解读与分析。特别需要指出的是，作者最后所提出的多维互动的课程能力目标，单边主导型、综合一体型和集群模块型的课程模式，以及双课程视野下"双师型"教师的新意蕴，都值得读者们深入品读。

纵览全书，细细品味，该书具有以下显著特点：

第一，研究视角独特。课程整合具有多重含义，以往关于职业教育课程整合的研究大多限于理论课程与实践课程的整合，而本书作者另辟蹊径，从完满职业人的培养立场出发，基于学术课程与职业课程整合的视角探究课程整合问题，成为国内首部系统研究这一专题的著作，具有开创性意义。

第二，技术路线多维。作者高屋建瓴，思路开阔，大胆拓展同一研究主题的多重场域，采用历史研究与现实研究、国内研究与国际研究、宏观研究与微观研究、理论思辨与案例分析等多个维度相结合的技术路线，多渠道收集数据，文本信息充实。

第三，分析框架清晰。作品章节环环相扣、层层递进，从历史到现实，从国内到国际再到国内，从目标到课程、再到教学，为读者展示出一部结构严谨、框架明晰的专题研究作品；作者在行文中，时而阐释经典理论，时而穿插鲜活案例，时而又建构立体模型，使得内容读来既不乏理论深度，又不致枯燥无味，同时又贴近一线，且模型建构形象可视，可谓一部研究职业教育学术课程与职业课程整合的经典之作，定会让读者受飨不浅。

第四，理论价值较高。作为国内第一部系统研究职业教育学术课程与职业课程整合的专著类作品，无疑具有很高的学术价值，一方面它将进一步拓展职业教育课程整合的研究思路，吸引更多的理论研究者参与学术课程与职业课程的整合研究，为职业教育课程理论的建构积累更加丰硕的成果；另一方面，它将在自上而下的政策推进与自下而上的个案探索的双重路线中，为职业教育学术课程与职业课程的整合式改革提供更为及时的理论指导。

陈鹏博士作为近年来职业教育研究领域中涌现出的学术新秀，思维有深度，理论素养高，学术成果斐然。该成果作为其主持的国家社科基金的核心成果，凝聚了他将近四年的心血，不仅对于整个职业教育学术界有着重要的贡献，而且对其本人更是一个回馈多年付出的高度褒奖。相信此作品的付梓问世，将会成为陈博士学术道路上的又一项重要成果，为其学术生涯添上浓墨重彩的一笔。

朱德全

2016 年夏于西南大学

前　　言

整体主义课程观，虽然正式产生于 20 世纪 80 年代，但"课程整合"作为一种教育改革的课程理念，肇始于 19 世纪中期的欧洲，并在后续的诸多课程观中有不同形式的渗透。早在工业革命时期，随着社会分工的逐步加剧，学校课程分科逐渐走向多元，大学专业分类渐趋细化，由此造成教育机构培养的人才呈现片面化和畸形化的发展态势，人的各种素质之间相互分离与割裂，致使不能很好地处理与人、社会以及工作世界之间的关系。为此，赫尔巴特和斯宾塞分别提出了教育与课程改革的"统觉论"和"心理机能整合论"。以此为基础，于 19 世纪末 20 世纪初，德国的齐勒和美国的麦克默里兄弟分别提出历史中心和地理中心的学科课程整合模式。而后，伴随着学科课程的解构及其与社会相关要素的重构，相继在 20 世纪上半叶、50—70 年代和 80 年代分别出现了以杜威为代表的儿童中心课程整合论、以布鲁纳为代表的学科儿童统一（社会中心）课程整合论和以米勒、派纳与麦克·扬为代表的文化中心课程整合论。这些不同取向的课程整合论凸显出特定的时代需求与固有课程模式的博弈，以及人本、科学、社会、文化之间此消彼长的冲突与融合。

职业教育在孕育之初便天然地与实践结合在一起，内嵌在朴素的职业世界中，以学徒制的形式服务着原始生产力的发展。不过随着现代工业革命的兴起，职业教育的践行场域逐渐从生产世界转向"正式"的教育世界，职业学校纷纷建立，并相继受到各国法律的保护，最终现代职业教育得以降生。正式的教育必然要有系统的课程予以支撑，进而使专业理论课、通识文化课等学科课程在职业学校中逐渐取得了比实践课程更为优越的地位。然而，这种"形而上"的课程与劳动力市场需求的"形而下"的能力不相匹配。于是，在世界职业教育课程改革的发展中，出现了诸如能力本位课程、双元制课程、模块式课程等整合式课程模式。但是这些课程整合模式更多的是为拉近理论课程与实践课程之间的关系，强调知识与技能的合一性，其并没有体现出职业教育课程整合的全部意蕴。知识、技能本身还具有多重的容纳性，至少有学术（通识）与职业（专业）之分，由此而产生的学术课程与职业课程依旧是当今职业院校课程体系中两种主要的课程形态。在当今工作世界一体化的时代，人类命运共同体的维护、经济产业结构的绿色升级、个体职业生活的幸福追寻，都需要多重知识、能力之间的互动与融合。本书基于学术性与职业性互动的视域，从学术课程与职业课程整合的视角系统探究职业教育课程整合的相关问题。

职业教育学术课程与职业课程整合的研究，来源于国家政策的直接推动。2015年《教育部关于深化职业教育教学改革全面提高人才培养质量的若干意见》特别指出，"公共基础课"与"专业课"应"相互融通"，"职业技能"与"职业精神"应"高度融合"，并主张课程建设的"综合化"。此外，在《中等职业学校德育大纲》（2014年修订）和《高等职业教育创新发展行动计划（2015—2018年）》中，中职、高职学术课程与职业课程教育教学的融合也分别得以明确。前者强调中职学校专业技术课程应"充分挖掘德育因素，有机渗透德育内容"，将德育寓于专业内容的教学；后者主张高职教育应坚持"知识学习、技能培养与品德修养"的相统一，将"人文素养"和"职业素质教育"纳入人才培养方案的全过程。这些都为职业教育学术课程与职业课程的整合研究提供了最为直接的政策依据与顶层动力。更为可喜的是，2016年《职业学校教师企业实践规定》将学术课程教师也纳入企业实践的教师主体范畴，赋予"公共基础课教师"定期到企业进行"考察、调研和学习"的权利与义务。这为学术课程与职业课程的整合研究进一步拓展了思路。

本书基于整体主义的哲学视野，采用理论研究与实证研究、历史研究与现实研究、本土研究与国际研究相结合的技术路线，系统探究我国职业教育学术课程与职业课程整合的系列问题。首先，从现实需

求、价值取向与核心概念三个层面阐述了课程整合的逻辑基础；在此
基础上，系统梳理了我国职业教育学术课程与职业课程整合的历史嬗
变与现实境况，并分别解读与分析了经典课程模式整合的意蕴与特
点；其次，从横向维度归纳与剖析了美国、英国和德国三个发达国家
职业教育学术课程与职业课程整合的丰富经验与模式机理；最后，基
于我国的现状和国际的经验，分别从课程目标、课程模式和课程教学
三个维度为我国职业教育学术课程与职业课程的整合提出了建议性策
略。但由于历史延伸较长、地域跨度较大、主题范围较宽，很难对具
体的问题提出有深刻的见解。对此，将在后续的研究中进一步深化。

作为国家社会科学基金"十二五"规划教育学青年课题的核心成
果，在此需要说明的有以下几点：第一，作为课题负责人，笔者完成
了整个书稿的策划、撰写与校对工作，书中所有内容仅代表著者个人
观点；第二，在书稿的写作过程中，也得到课题组成员的辅助性支
持，如天津职业技术师范大学的徐宏伟博士，曲阜师范大学的孙长远
博士，天津大学的陈沛酉博士，深圳职业技术学院的宋晶博士，广东
白云学院的罗丽萍女士等均做了部分资料的收集工作，在此表示感
谢；第三，由于个人能力有限，书中不免存在一些问题，也请各位专
家学者不吝指正。

陈鹏

2016 年初夏于

英国剑桥大学图书馆

目　录

第一章 绪论

整体主义，即"由结合的整体所构成的世界不能简单地还原为其各部分之和"。[1] 约翰·米勒（John Miller）的整体课程观为课程的整合性发展提供了多元维度的理论依据，其中，他所提出的不同知识领域之间的联结为职业教育学术课程与职业课程的整合提供了更为直接的理论参考。长期以来，在职业教育课程结构体系中，存在学术课程与职业课程的二元分解，并呈现某种程度的相互对立现象。面对新的形势和挑战，如何基于整体主义的视角促进学术课程与职业课程的融合成为当前和今后一个时期职业教育课程改革的重要议题。

第一节 研究背景与问题提出

一 研究背景

（一）职业世界生态化的诉求

随着产业结构的变革和生产环境的变化，如今的职业世界越发呈现系统性和一体化，无论是亚当·斯密的工序组合还是福特的流水线模式都无法满足现代职业世界的运转需求。在现代职业世界中，职业人不仅要处理好自身与操作对象之间的主客体关系，而且要发展好自身与他人之间的多主体关系，更为重要的是，要处理好整个职业世界与外在人类社会之间的关系，尤其是在我国当前产业结构转型升级过程中后两对关系愈发重要，这就需要职业人具备处理各种关系的综合

---

[1] Miller, J. P., *The Holistic Curriculum*, Toronto：OISE Press, 2001, p. 3.

职业素养。在这一环境下，单一的操作技能显然已经没有自我封闭的发展空间，而是需要与科学、绿色、智慧等通识素养互动性发展，进而要求承担两类能力素养培育的课程即职业课程与学术课程实现整合式建构。

（二）国际教育大背景的推动

联合国教科文组织于2015年12月发布的《教育2030行动框架》指出，"教育应以人类个性的全面发展，促进相互理解、宽容、友好与和平为目标"，因此职业教育应该超越束缚毕业生适应快速变化劳动力市场需求的"具体工作技能"，转而更加强调发展学生的"高水平认知和非认知或转移技能"。① 高水平的认知或非认知技能即关键能力，是基本学术能力与专业技术能力的衔接素养，能够帮助职业人灵活地转变工作岗位，促进专业技能的快速生成，并能实现人与人、人与客观环境的和谐统一。美国、英国、德国等发达国家已经将发展关键能力作为职业教育的重要任务，并将这种理念渗透到学术课程与职业课程的整合实践中，取得了重要成果。

（三）我国职业教育变革需求

我国职业教育经过改革开放30多年来的发展，虽然已经取得了举世瞩目的成就，但在很多方面还存在这样或那样的问题，尤其是职业教育的质量尚不能满足社会的深度需求。中国制造的升级、大国工匠的培育、教育的精准扶贫等国家发展战略都需要职业教育做出深刻变革，实现从规模化扩张到内涵式发展的路径转型。在我国目前职业教育改革进入深水区的时刻，如何从课程领域推进变革是一项重要突破点。20世纪90年代以来，我国职业教育课程改革已经形成重要的阶段性成果，但是，更多地限于专业技能课程的开发，在整合建构中也主要发生在专业课程内部理论与实践模块的统一，而对学术课程与职业课程的融合式发展较少涉及。为此，本书将系统探究我国职业教育学术课程与职业课程的整合这一议题。

---

① UNESCO, *Education 2030 Framework for Action*：*Towards Inclusive and Equitable Quality Education and Lifelong Learning for All*, Incheon Declaration, November 4, 2015.

二 问题提出

首先，我国职业教育在历史上是否存在学术课程与职业课程整合的痕迹呢？其运行的纵向规律如何？在历史的发展中，有无存在一些孕育课程整合萌芽的课程模式呢？其次，在职业教育发展的现实中，即最近几年我国职业教育学术课程与职业课程的整合是否有自觉性增强的趋势呢？有没有蕴意课程整合的经典模式出现呢？其结构和特点是怎样的？再次，国际上发达国家或地区在职业教育的发展中有没有学术课程与职业课程整合的典型模式值得借鉴呢？其整合经验与理路如何呢？最后，在反思历史、借鉴国际、立足本土的基础上，如何构建适宜我国职业教育发展的学术课程与职业课程整合的目标结构、课程模式和教学支持呢？基于这些疑问，本书将探索职业教育学术课程与职业课程整合的一系列问题。

第二节 研究目的与意义

一 研究目的

研究目的在于通过职业教育学术课程与职业课程整合的逻辑基础、历史发展、现实状况和国际经验的描述和分析，归纳经验，总结规律，发现问题，进而提出适宜我国职业教育发展的学术课程与职业课程整合的目标机理、课程模式和教学机制。

二 研究意义

（一）丰富职业教育课程整合的理论成果

当前我国学者对于职业教育课程整合的认识大多还限于理论课程与实践课程一体化建设的单一维度，尚未充分地意识到不同知识或技能来源课程之间的整合，尤其对学术（文化）课程与职业（专业）课程的整合关注较少。本书受国际学者相关研究的启发，基于整体主义的哲学视野，从学术课程与职业课程整合的视域探究职业教育课程整合的新思路，系统地研究职业教育学术课程与职业课程整合的历史发展、现实状况、国际经验，并在此基础上构建课程整合的目标机理、课程模式和教学机制，对于进一步丰富我国职业教育课程整合的理论成果具有重要的意义。

（二）推动职业教育课程改革的深化拓展

职业教育课程改革是职业教育整体改革的攻坚战，关乎职业教育的生存与命运发展。曾经的课程改革对于促进职业教育走出学理桎梏、对接产业需求、培养技术能力起到了重要作用，推动职业教育实践取得重大改观。如今，新一轮职业教育课程改革已初见端倪。这次课程改革将以提升职业教育的内涵为着力点，而学术课程与职业课程整合视角的课程发展思路即为职业教育质量提高和内涵建设的重要方面。因此，本书将在新的机遇下，进一步拓展职业教育课程改革的思路和发展空间。通过不同维度的系统研究，将为职业教育新一轮课程改革提供理论指导，促进现实中职业教育课程改革的纵深发展。

（三）促进职业教育对完满职业人的培养

在现代职业世界中，随着工作情境的系统化和人文环境的交互性，具备"一技之长"已经不足以胜任工作岗位，"高水平的认知、非认知技能"变得越来越重要。如何将职业人的"具体工作技能"和关键职业能力相互统整，实现完满职业人的培养，成为现代职业教育发展中遇到的一个重要难题。在职业教育的现实实践中，崇尚技能、忽略人格，重视动手、轻视动脑的现象仍旧非常普遍。本书将从培养不同能力维度的学术课程与职业课程的整合视野出发，探究完满职业人培养的课程模式与教学路径，这无疑具有重要的现实意义。

第三节　国内外相关研究现状述评

一　研究现状的综述

（一）基本概念的研究

就"学术课程"（academic course）而言，澳大利亚教育词典将其解释为"学校课程里反映传统学术兴趣的那些课程或课程的有关部分"，它是"既有学术价值又有理论基础的课程，与职业教育的实践性和应用性形成对照"。① 可见，学术课程源于普通教育中，最初它与职业教育似乎毫无瓜葛。但就其含义而言，学术课程与培养完整人格基础的"通识课程"、传授必备综合知识的"博雅课程"、讲授必要基础理论知识的"基础课程"和传递一般文化知识的"普通文化课程"具有较大程度的同质性，皆强调所传授知识的基础性、必备性、总体性和普通性特点。职业教育中普通文化课程恰恰就具有学术课程的意蕴，因此有部分学者将这种文化课程称为职业教育中的学术课程，这也是本书中的称谓。

关于"职业课程"（vocational course），我国教育学者张焕庭在早年编写的《教育辞典》中，将其界定为"同具体工作或职业对口"的"在普通中学高年级或大专院校开设的从事于某种工作的职业课"，"使学生毕业后便于就业"。② 可见，该课程在本质上具有就业的功能，是面向准备就业的学生开设的专门课程，它与学术课程的通识性形成鲜明对照。由于在 20 世纪 80 年代，我国职业教育还没有得到充分的发展，因此，当时的职业课程概念还没有与职业教育建立直接的联系。但是，职业教育同样具有就业的功能，而且其对就业能力的要求在某种程度上比普通就业教育还具有更大的专门性和应用性。因此，职业教育中开设的专门课程即专业课程无论是在当时还是如今都更有理由称为职业课程。

"整合"在《现代汉语词典》中的释义是，通过"整顿""协调"来"重新组合"。③ 而在《牛津高阶英汉双解词典》中，整合（integrate）具有两层含义：一是将两种不同的事物相互融合，以形成一个整体；二是将一种事物与另一种事物结合，以成为后者的一部分。④ 因此，整合的目的在于优化，整合的路径有多种选择，整合的结果有

---

① 王国富、王秀珍：《澳大利亚教育词典》，武汉大学出版社 2002 年版，第 321 页。

② 张焕庭：《教育辞典》，江苏教育出版社 1989 年版，第 739 页。

③ 中国社会科学院语言研究所词典编辑室编：《现代汉语词典》（第 5 版），商务印书馆 2005 年版，第 1737 页。

④ ［英］霍恩比：《牛津高阶英汉双解词典》（第四版），李北达译，商务印书馆 1997 年版，第 777 页。

多种模式。职业教育的课程表现为多种形式，为达到总体课程教学效果的优化，可以对不同类型的课程进行一定程度的相互融合。

对于职业教育中的"学术课程与职业课程整合"，有美国学者认为，它是指学术课程和职业课程的教师协同工作，以确保两个领域的课程内容更具有相关性和对学生更加有意义，这种整合需要通过在职业课程教育中渗透学术内容或在学术课程教育中渗透职业内容的方式实现，整合有利于学生同时获得相关的学术和职业能力，以便将来毕业后能够更好进入职业并在工作世界中获得成功。① 这里的整合显然只体现出"整合"的第二层含义，即要么具有学术课程的主导性，要么具有职业课程的主导性。而事实上，这种整合完全可以以全新的综合型课程呈现，即将学术课程知识与职业课程知识相互融合而形成一种新的综合型的课程形式，这也就是上述整合概念的第一层含义。因此，"学术课程"与"职业课程"的整合不仅指其中一方整合另一方的过程，也包括两者相互融合形成一种新的课程模式的过程。但对于两者的整合，有研究者提醒两点：一是并非所有的普通文化知识（学术知识）都能与专业课程（职业课程）相融合；二是不能在普通文化知识（学术知识）与专业课程（职业课程）之间建立机械性的联系，否则效果将适得其反。② 因此，学术课程与职业课程还可以通过各种灵活的形式建立较为松散的融合模式，如集群模块型模式。

但是，"学术课程与职业课程的整合"并不等同于"学术教育与职业教育的整合"。正如有学者所言，学术教育与职业教育的整合是指通过改变课程、重构组织、促进教师合作、加强与就业的联系等措施使得两类教育融为一个有序整体的一系列活动。③ 可见，"学术课程与职业课程的整合"是实现"学术教育与职业教育整合"的一种具

---

① Finch, R. and Crunkilton, R. , *Curriculum Development in Vocational and Technical Education: Planning, Content, and Implementation*, Boston, MA: Allyn and Bacon, 1999, p. 264.

② 石伟平：《我国职业教育课程改革中的问题与思路》，《中国职业技术教育》2006 年第 1 期。

③ 董仁忠：《学术教育与职业教育的整合——兼谈对我国综合高中课程的思考》，《外国教育研究》2005 年第 8 期。

体方式，不同的是前者实施的主体是单边的职业学校，实施的核心工作是课程建设，是在职业学校内部通过各种课程模式的运作而实施的两类课程知识的相互渗透与融合，以课程的形态出现，如综合课或模块课；而后者实施的主体是教育行政部门或各类教育机构，在教育行政部门的指导与协调下，通过参与教育机构的共同努力或内部组织方式的变革，而实现的两种教育内容的融合，可以以学校的形态出现，如综合高中。在这种综合高中的实践模式内部，既可以有相互独立的学术课程和职业课程，也可以有两者整合的课程形式。

（二）整合的历史研究

改革开放以来，我国职业教育课程改革逐渐走出一条借鉴、探索与创新的发展道路，其中不乏课程整合的意蕴。有学者总结到，30 多年来我国职业教育的课程改革先后经历了"拿来主义""国外经验、本土化探索"和"借鉴国外经验的基础上创建中国特色"三个阶段。① 在这一课程改革的历史发展中，我国职业教育课程改革的总体思路就是从学科本位向工作过程或工作任务本位转换，从三段式纵向课程模式向综合型课程模式转换，并形成一批典型的课程模式，体现出一定程度的课程整合式发展思路。而后，该研究者还专门从课程价值的视角梳理了改革开放以来我国职业教育课程的演变历程，指出其主要经历了从改革开放到 20 世纪 80 年代中期的知识传承、从 80 年代中期到 90 年代中期的技能训练、从 90 年代中期至今的能力发展三个阶段。② 这一研究从纵向的脉络表明，我国职业教育课程价值从知识、技能的单独强调到知识、技能的合一发展的嬗变趋势，同样蕴意了课程整合的发展要义。但是，这些整合本质上还是限于理论与实践、知识与技能的整合，并没有充分地体现出学术课程与职业课程整合的内涵。因此，有必要从学术课程与职业课程整合的视角梳理一下我国职业教育课程观演变的历程。

---

① 徐涵：《我国职业教育课程改革的发展历程与典型模式评价》，《中国职业技术教育》2008 年第 33 期。

② 徐涵、周乐瑞：《改革开放以来我国职业教育课程价值的历史演变》，《现代教育管理》2015 年第 6 期。

在美国，为适应后工业社会对具有综合职业能力的劳动者的需求，20 世纪 80 年代以来，在职业教育实践中出现了学术课程与职业课程整合的改革趋势。对此，有研究者从法律的层面解读了这一纵向改革的政策支持历程。文章解析到，《1984 年珀金斯职业教育法》与之前的职业教育法相比增加了富有里程碑意义的一个条款，即要求职业教育在实践中通过传授基本的数学和科学原理的课程或特殊战略的设计来增强职业教育的学术基础；《1990 年珀金斯职业与应用技术教育法》最为关注的重要内容即是学术与职业课程的整合，它强调职业教育要通过设计一系列课程来实现学术教育与职业内容的整合，以便使学生能够同时获得学术能力和职业能力；《1998 年珀金斯职业与应用技术教育修正法》要求职业教育通过学术课程的整合促使毕业生获得面向 21 世纪所需的基本能力；《2006 年珀金斯生涯和技术教育完善法》进一步强调，要通过各种教育活动和服务整合严格的和富有挑战性的学术和生涯与技术的教学，促进中等和中等后教育阶段职业教育学生对于学术和生涯与技术能力的更为充分的掌握。[①] 可见，一系列职业教育法的出台，加强了对美国职业教育学术性与职业性整合的导向力度，这对我国职业教育政策的完善具有重要的借鉴意义。

20 世纪 80 年代以来，英国政府也采取了一系列旨在加强中等教育阶段学术教育与职业教育整合的改革措施。有学者认为，面对 80 年代英国中学学科课程不断加深的危机，当时产生了两种改革的主张：其一认为中学课程应该职业化，这主要体现在 1983 年在普通学校实施的"技术与职业教育行动计划"（TVEI）和 1985 年推行的职前教育证书制度（CPVE）等措施；其二认为在传统的学术科目方面设立全国性课程，并把技术课程作为学生必修的核心课程之一，这主要体现在《1988 年教育改革法》中。[②] 但这一时期的改革只是强调了职业课程在中学教育的重要性，并没有促进学术课程与职业课程之间

---

① 陈鹏：《美国职业教育学术与职业课程的整合研究》，《外国教育研究》2013 年第 3 期。

② 贾勇、尹一萍：《英国中等教育学术课程与职业课程的整合研究——基于麦克·杨〈未来的课程〉中的观点》，《考试周刊》2011 年第 53 期。

的融合。从 90 年代开始为进一步推动学术教育与职业教育的整合，开启了资格证书的改革历程，在 1991 年政府发布的《面向 21 世纪的教育和培训》的白皮书中，英国宣布推行普通国家职业资格（GN-VQ）制度框架。GNVQ 将学历教育与职业培训相结合，兼顾就业和升学的需要，一定程度上融合了学术教育与职业教育，但对课程领域的融合仍未涉及。为此，英国课程论专家麦克·杨（M. Young）提出了"批判的职业化"改革主张[①]，强调在重视学术课程的同时，应该加强学术课程与职业世界的联系，即建立融合职业化的学术课程，并在课程原则、课程目标、课程策略和资格制度四个方面提出了策略建议。

（三）整合的模式研究

在 20 世纪 80 年代以来我国职业教育课程改革的历程中，逐渐探索形成了一批典型的职业教育课程模式。例如，从 80 年代开始借鉴德国双元制经验而形成的综合化课程模式和"职业基础培训、专业培训、职业岗位培训"三段式课程模式，90 年代开始借鉴加拿大能力本位（CBE）理论而形成的模块式课程模式和新时期借鉴德国工作过程导向理念而形成的项目课程模式，以及体现中国特色的"宽基础、活模块"课程模式和就业导向课程模式。对此，不少研究者分别作了系统梳理。从他们的分析中可以看出，这些课程模式都不同程度地体现了整合的基本理念，其中也包括学术知识与专业知识整合的内涵。因为这些课程的共同特征在于打破原有的学科导向的课程体系模式，以专业领域中职业岗位和工作任务的需求为导向，通过建立理论与实践一体化的综合课程、模块课程、案例课程或项目课程，来培养学生的综合职业能力。其中，"宽基础、活模块"课程模式是一种典型的模块式课程模式，该模式一方面以广泛的职业集群为基础，通过拓宽学生的知识面培养学生广泛的职业适应能力或关键能力；另一方面以特定的职业岗位为导向，培养工作任务所需的职业知识、技能和能

---

① ［英］麦克·杨：《未来的课程》，王晓阳等译，华东师范大学出版社 2003 年版，第 59—72 页。

力。项目课程则是以完整的工作过程为导向，通过打破职业任务之间的界限，将不同类型的知识和技能整合在一体化的课程体系中，培养学生完成完整的工作过程所需要的一系列能力。

虽然上述课程模式对学术课程与职业课程的整合有不同程度的贡献，但它们在很大程度上都是在反对传统学科课程模式的基础上建立的指向工作任务的课程模式，而不是特定指向学术知识与职业知识的整合。为此，有些研究者专门从整合的视角探讨了学术课程与职业课程整合的问题，并提出了一些整合的模式。例如，有研究者指出，无论是学科导向课程，还是工作过程导向课程都有其固有的弊端，进而从"健全职业人格"培养的视角提出了"多元整合型课程"的新模式。他认为，纵向的学科课程模式因其目标性导向不适于职业需求，横向的项目课程模式因其过程性导向不适于"发生"中的职业个体，因此必须沿着"职业—学科"或"学科—职业"的方向，建立"你中有我、我中有你""纵横交错"的"多元整合型课程"。① 至此，这种课程模式同时融合了学术课程知识和职业课程知识。同样，建立在既考虑社会的发展需求又照顾个体发展需求的双重视野基础上，另有学者在分析我国当前职业教育课程设置价值取向存在的基本问题后，提出了横向交叉课程和纵向螺旋课程相结合的课程体系。② 其中，横向交叉课程是基于课程整体效益大于局部之和原理，通过打破不同学科之间的界限，实现不同学科知识整合而形成的课程体系；纵向螺旋课程就是打破原有的基础课、专业基础课和专业课直线设计的逻辑顺序，将内容性质不同的知识从简单到复杂实现螺旋式上升的课程结构体系。这些都为后续学术课程与职业课程整合的系统研究进一步拓宽了思路。

在国际上，不同的国家或组织也积累了一些经典的职业教育课程模式。例如，加拿大的 CBE 课程模式、澳大利亚的 TAFE "培训包"

---

① 许景行：《"多元整合型"高等职业教育课程与教材建设的新探索》，《职业技术教育》2010 年第 1 期。
② 王奕萍：《高等职业教育课程价值取向的优化整合》，《现代教育管理》2012 年第 5期。

课程模式、英国的 BETC 课程模式、德国的"学习领域"课程模式以及国际劳工组织的 MES 课程模式。这些课程模式虽然大多数也是以工作任务为导向的，但在一定程度上也为学术课程与职业课程的整合提供了经验借鉴。而在具体的学术课程与职业课程的整合实践中，要数美国的经验最为丰富。20 世纪 80 年代以来，美国职业教育法所倡导的学术性与职业性的整合进一步推动了实践领域职业课程与学术课程的整合，并形成了一批典型的课程模式。对此，美国国家职业教育研究中心（National Center for Research in Vocational Education，NCRVE）在 90 年代初期经过深入调查与系统梳理，分别总结提出了中、高等层次职业教育课程整合的主要模式。其中，在中等职业教育阶段，有融合学术内容的职业课程模式、学术和职业教师协同提高学术能力模式、学术课程职业相关模式、学术与职业课程联合模式、高级项目模式、学院模式、职业中学和磁石学校模式以及职业集群和生涯路径模式八种模式；① 在高等职业教育阶段，有通识教育课程模式、应用学术课程模式、融合学术能力的职业课程模式、融合学术模块的职业课程模式、融合学术视野和职业关照的多元学科课程模式、串行和集群课程模式、校中校模式以及具有职业导向的补习和英语作为第二语言的课程模式共八种模式。② 而后，随着《2006 年珀金斯生涯和技术教育完善法》的颁布，美国又推出了新一轮的职业教育学术课程与职业课程整合的研究与实践。美国国家生涯与技术教育研究中心（National Research Center for Career and Technical Education，NRCCTE）分别组织开发了数学、阅读、科学在生涯与技术教育中的融合模式③，并在实践中做了试验和推广，取得了较好效果。这些模式对于建构我国职业教育的课程整合理路具有重要的借鉴意义。

---

① W. Norton, Gary, D. etc., *The Cunning Hand, the Cultured Mind: Models for Integrating Vocational and Academic Education*, http://www.eric.ed.gov/PDFS/ED334421.pdf, 1991.

② W. Norton and Eileen, K., *A Time to Every Purpose: Integrating Occupational and Academic Education in Community Colleges and Technical Institutes*, http://www.eric.ed.gov/PDFS/ED350405.pdf, 1992.

③ NRCCTE, *Curriculum Integration*, http://www.nrccte.org/core - issues/curriculum - integration, 2014 - 06 - 10.

（四）整合的教学实施研究

理论上说，职业教育中的学术课程和职业课程应分别由两类不同知识类型的教师承担，即学术课程教师（以下简称学术教师）和职业课程教师（以下简称职业教师）。但在职业教育的现实实践中，为了实现学术课程与职业课程的进一步整合，则需要两类教师的协同合作。从对一些外文资料的梳理中可知，在当今国际理论与实践中，有一些典型的案例渗透了两类课程教师的合作。例如，在美国，有一种通常在最后一个学期开设的、培养学生综合职业能力的顶点课程。有资料显示，在特拉华州的一所职业技术高中，在第一学年由广大教师通过数周的对话而识别未来毕业生所需的各方面能力，进而提出一个由研究论文、产品设计和口头报告组成的项目课程。[①] 这种课程虽然在第一学期由所有教师协同设计，但还是放在最后一学期由所有教师共同参与实施。可见，两种课程教师的合作贯穿整个学程，包括课前设计与课堂实施甚至课后评价中。理论上说，前述的美国中、高职阶段的各种课程整合模式的教学实施都需要两种教师的共同合作，不过，对于有些课程模式，这种合作的效果并不理想。例如，有研究者调查后发现，由于种种条件的限制，应用学术课程一般很少由学术教师和职业教师共同合作来完成，而往往是由单独一方来进行，从而造成学术课程教师偏向于纯学术基础知识的教学，显得较为抽象；而由职业课程教师单一执行的效果则完全相反。[②] 在国内大多数职业院校，由两种教师合作的课程实施更是不理想。例如，有研究者通过对部分省市的中职学校教师调查后发现，有一半以上的专业课教师不太了解学生学习的文化课情况，有2/3的文化课教师对相关的专业课程知识不太了解。[③] 原因之一就是这些专业课教师和文化课教师缺乏相互的

---

① Bottoms, G., Sharpe, D. and Southern Regional Education Board, A. A., *Teaching for Understanding through Integration of Academic and Technical Education*, EBSCOhost, 1996.

② W. Norton, Eileen, K., *A Time to Every Purpose*: *Integrating Occupational and Academic Education in Community Colleges and Technical Institutes*, http://www.eric.ed.gov/PDFS/ED350405.pdf, 1992.

③ 张萌、孙景余：《中等职业学校文化课与专业课教师合作教学探析》，《职教通讯》2010年第3期。

沟通与协作。

另外，双方教师没有能够成功实现彼此课程知识融合的原因是他们缺乏"双师型"的视野。这种"双师"是指兼有学术课程知识和职业课程知识的双重视野，而不是传统的兼有理论知识和实践技能的双重视域。也就是说，需要这些教师们成为兼有学术课程知识和职业课程知识的双重学科视野的"双师型"教师。从相关的研究发现，在这方面国外有不少成功的案例，尤其体现在学术课程教师具有的"双师型"视野，他们在实践中有意识地将特定的专业知识引入自身的学术知识的教学过程中去。例如，在美国芝加哥一所职业学校建筑专业的阅读课中，该课程教师通过让学生阅读课文《芒果街上的小屋》，使他们认知和领悟建筑环境和材料选择对房屋建筑以及个人生活的重要性。[①] 在国内，同样有部分成功的案例被研究者所总结。例如，为激发学生对文化课程的兴趣，渗透相应的专业内容，有的学校的烹饪专业通过拼冷盘来让学生掌握图形知识，通过名人的饮食文化来改造语文课程[②]，这在很大程度上都是学术课程教师们努力的结果。此外，面对数学课程与专业知识的脱节，有研究者为广大职业院校的数学教师如何改进数学课程教学提出一些策略性建议。如有学者指出在数学算法应用的题目中可使用专业知识来陈述题目条件；[③] 另有研究者提出了"以专业知识为载体，优化课堂导入"和"创设专业应用情境，优化教学内容"的课程整合教学的基本思路，并通过实践进行初步验证，效果较为明显。[④] 这就进一步证明了在职业院校的课程设计与实施中，学术教师或职业教师不仅要注意与对方的协同合作，而且还需

---

① Eileen, Q. K., John, D., Patrick, K., "ACE TECH: The Fourth Year of CTE and Academic Integration", *Techniques: Connecting Education & Careers*, Vol. 83, No. 8, 2008, pp. 22-25.

② 石伟：《我国职业教育课程改革中的问题与思路》，《中国职业技术教育》2006 年第 1 期。

③ 韩君欧：《五年制高职机电专业数学教学内容与专业课整合的实践研究》，硕士学位论文，苏州大学，2011 年。

④ 侯欣海：《中等职业学校数学课与专业课整合的实践研究》，硕士学位论文，华东师范大学，2010 年。

要各自具备双重的知识视野，从而更好地促进学术课程知识与职业课程知识之间的相互融合。

二 研究评价与反思

（一）整合什么

"整合什么"是本书的核心主题。最简单的描述，就是本书整合的是学术课程与职业课程，而不是理论课程与实践课程。已有关于整合的研究多数局限于理论课程与实践课程或校内课程与校外课程的整合，并没有充分地意识到学术课程与职业课程融合意义上的整合。本书将以此为逻辑起点，开展系统研究。那么，在研究之前，首先需要对整合的具体对象进行概念和范畴界定。也就是说，什么是学术课程，什么又是职业课程呢？在前述的资料梳理中，已经对学术课程与职业课程的概念有了简单的把握，但显然不够。学术课程、职业课程各自的能力定位和课程范畴如何？它们的历史发展与现实境况又是什么样子的呢？在历史的发展中，两者是如何从分化走向割裂的呢？在历史演变和现实的实践中，学术课程或职业课程有哪些"堂兄弟"呢？这些"堂兄弟"课程有哪些细微差异，而又有什么本质趋同呢？它们各自适用的文化或社会背景是什么呢？在搞清楚各种课程的来龙去脉之后，在本书中有必要从学术课程与职业课程的分类维度去统一各种本质趋同的不同课程称谓。

（二）为什么整合

"为什么"是研究问题的现实缘由，即为什么会产生这种研究，有哪些因素助推了研究的开展。对这一问题的回答不仅意蕴着研究者的理论视角和价值取向，而且还反衬出现实实践的问题所在。但是，在现有的相关研究中，似乎研究者并没有明确地回答这个问题，有的仅从单个的视角分析整合的必要性，而没有从更加全面的视角解读为什么要整合的问题。事实证明，学术课程与职业课程的整合不仅仅是经济社会发展的需要，也是社会、经济、个体全方位发展的诉求。就社会的整体发展而言，人类命运共同体的构建是当今全球合作的共识，要完成这种使命，就必须提高全体公民素养，其中技术技能型人才素质的提高尤为重要；经济社会发展方面，面对当前全球竞争以及本国经济新常态的复杂形势，培养具有综合职业能力的高级技术技能型人才是推动产业结构优化升级、提高经济全球竞争力的重要战略；对于个体发展，机械性的"一技之长"已经不足以满足个体的长远需要，个体要追寻生命的完善以及职业生活的完满幸福，必须具备与职业场域相融合的综合职业素养。然而，传统的课程价值观主张知识、技能或人格的单一培养，并未形成课程目标的一体化构建，因此需要树立整体主义的课程论视野。

（三）怎么整合

"怎么整合"就是研究课程如何整合并最终成为"什么形态"课程的问题。从已有的研究得知，在国内外职业教育课程改革的实践中，已经积累了一批有代表性的课程模式，如加拿大的 CBE 模式、澳大利亚的 TAFE"培训包"模式、英国的 BETC 模式、德国的"学习领域"模式以及我国的"宽基础、活模块"模式。但是如前所述，这些课程模式都不是直接针对学术课程与职业课程整合的思路进行构建的，即使有整合的要素也大多都是在反对传统学科课程模式的基础上所建立的理实一体化课程模式。在已有的课程整合模式研究中，只有美国研究者将本国学术课程与职业课程整合的基本模式进行了系统梳理。那么，这些研究是否代表课程整合的全部？在我国职业教育的历史发展和现实实践中，是否还存在其他形式的、体现学术课程与职业课程整合意蕴的课程模式？国际上是否还存在其他经典的课程整合模式？这些课程模式是怎么整合的呢？其运行机理和特点如何？更为重要的是，在总结历史、借鉴国际经验的基础上，如何基于我国的实际情况，构建具有中国特色的学术课程与职业课程整合的模式呢？适宜中国职业教育发展的课程整合模式有哪些？每种课程模式的理论基础、运行机理与实践路径是怎样的呢？这些都是本书的关键内容。

（四）谁来整合

"怎么整合"只是为课程整合提供了基本思路和方向，那么"由谁来"贯彻这种理念并付诸行动，从而促使课程模式得以实施呢？这就涉及整合的主体问题。主体严格来讲既有人的要素，也有机构的要素。本书试图从更加微观的教学视角入手，探究教师这一微观主体在课程整合中的主导性角色，即学术课程教师、职业课程教师及其关系问题。在已有的研究中，虽然也涉及学术课程教师、职业课程教师在课程整合中所扮演的相关角色，但总体而言，大多仅是事实性的描述，并没有对学术课程或职业课程教师的整合素养进行专门探究，更没有围绕两者的如何合作进行有关教学机制的探索。教师作为课程整合的主体，对课程整合的实施效果负有主导性责任。因此，必须基于学术课程与职业课程整合的视角，系统探究课程教师素质及其合作关系问题。一方面，无论是学术课程教师还是职业课程教师，都要具有双重课程视野，在课程设计、教学、评价中都要有课程整合的意识；另一方面，双方教师应根据专业性质、课程类型、学生要求等因素在教学设计、教学实施和教学评价中建立全方位的对话、合作机制，促进课程整合的有效实践。

第四节　研究思路、方法与内容

一　研究思路

研究基于整体主义的哲学视域，将学术课程与职业课程的整合理念贯穿在整个研究的始终，使用历史研究与现实研究相结合、本土研究与国际研究相比较、宏观研究与微观研究相交叉、实证研究与理论研究相交互的技术路线，首先阐明我国职业教育学术课程与职业课程整合的逻辑基础，并进而从历史和现实的两个维度全面梳理和分析我国职业教育学术课程与职业课程整合的轨迹和现状；其次注重归纳国际经验，对美国、英国和德国三个职业教育课程整合的经典做法进行梳理；最后，在反思历史、对照现实、借鉴国际的基础上，分别从课程目标、课程模式和教学支持三个层面为我国职业教育学术课程与职业课程的整合提出相关策略建议。研究思路可用技术路线如图 1 - 1 所示。

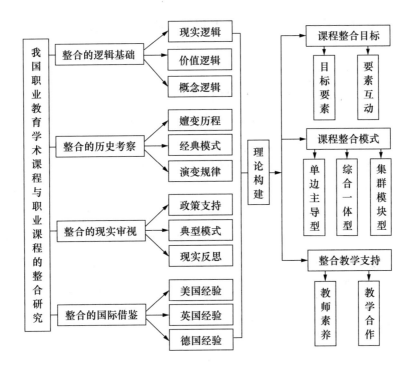

图 1-1 研究的技术路线

二 研究方法

研究主要以质的研究方法论为基础，具体使用文献研究法、文本分析法、历史研究法、案例分析法、比较研究法等方法收集数据，分别阐述如下：

（一）文献研究法

研究通过中国知网、EBSCOhost、Springer 等国内外重要学术网站广泛收集资料，掌握职业教育学术课程与职业课程整合的国内外发展状况，总结与归纳我国职业教育课程整合的历史发展脉络、国际职业教育课程整合的丰富经验，并解读与分析相关经典课程模式。

（二）文本分析法

研究从国务院、教育部等政府部门网站收集资料，分析官方文本资料，了解我国职业教育学术课程与职业课程整合的现实政策；同时对有关职业院校的人才培养计划、课程方案、教学设计等一手资料进行文本分析，了解我国职业教育课程整合的现实状况，总结经验，发现问题。

（三）历史研究法

研究从历史发展的视角，纵向梳理新中国成立以来我国职业教育课程整合的嬗变历程，总结各阶段课程整合意蕴的特点以及整体发展规律；并对历史上出现的课程整合的典型模式进行深描，分析宝贵的经验，总结存在的问题，为后续研究提供历史逻辑。

（四）案例分析法

研究通过随机抽样、典型聚焦、跟踪访谈、文献检索等手段，最后选取4个典型个案，包括1所中职、2所高职和1所应用本科高校，进而对这些学校的典型课程模式进行详细解读、分析和评价。此外，还对英国一所继续教育学院进行实地考察，深度了解英国职业教育课程整合的基本样态。

（五）比较研究法

研究选取美国、英国和德国三个有代表性的发达国家作为样本，解读与分析这些国家在职业教育实践中出现的学术课程与职业课程整合的经典模式，尤其对英国的核心数学课程进行一线考察和深入分析，进而总结国际职业教育课程整合的基本经验，为我国职业教育课程整合策略的提出提供国际横向参照。

三　研究内容

本书以我国职业教育学术课程与职业课程的整合为逻辑理路，前后共分为八章：第一章为绪论，作为整个研究的开篇，介绍研究的背景、目的与意义，在综述国内外研究现状的基础上，框定研究的思路、方法和内容，并对研究的创新和后续发展进行总结与思考；第二章为逻辑基础研究，分别从现实需求、价值取向与核心概念三个层面探究课程整合的逻辑和缘起；第三章为历史考察，从纵向视角探究职业教育课程整合的演变规律，并对经典课程模式进行梳理；第四章为现实审视，在政策解读的基础上，对典型的课程个案进行深描，总结经验，发现问题；第五章为国际借鉴，以美国、英国和德国三国职业教育为样板，对其课程整合的主要模式进行分析，归纳基本经验；第六章为目标构建，基于整体主义课程观，重新建构了职业教育课程的能力目标及其互动关系；第七章为模式构建，从单边主导型、综合一体型和集群模块型三个视域构建学术课程与职业课程整合意蕴的课程模式；第八章为教学支持，提出"学术课程＋职业课程"双课程视野的"双师型"教师新内涵及其素养结构，进而探究学术课程教师和职业课程教师两种单边主导教师的教学合作机制。

第五节　研究创新与展望

一　研究创新

（一）研究视角的创新

以往国内多数关于职业教育课程整合的研究仅仅限于理论课程与实践课程的一体化建构，只强调知识与技能的合一，并没有强烈地意识到不同类型知识或技能的融合。本书基于学术课程与职业课程整合的视角，将传授或培养不同类型知识或技能的两种内容建立关系，打破了学术课程与职业课程相互割裂的局面，有利于新时期课程改革的深度拓展，进而实现市场与个体双重需求的完满职业素养的培养。

（二）研究内容的创新

研究内容的创新主要体现在对我国职业教育学术课程与职业课程整合的三维度策略建议中，即最后三章。首先，在课程整合的目标建构中，基于整体主义课程观，从基本学术能力、职业技术能力和高级通识能力三个维度重构课程目标的核心要素，进而从学术与职业互融的视角建构三者之间的互动关系。其次，在课程整合模式的建构中，基于主导课与综合课、单一课和集群课的双重交叉维度，提出了单边主导型、综合一体型和集群模块型三种课程整合模式。最后，基于双课程的视野，创造性地提出了"双师型"教师的新内涵，并探讨了两种单边主导型课程教师的合作机制。这些都对我国职业教育学术课程与课程的整合实践提供了指导性建议。

二 研究展望

综观整个研究，主要体现出两个特点：一是资料的梳理，二是理论的构想。资料的梳理纵然是为理论的构建提供基础，但理论构想的可行性、完整性、深入性如何呢？似乎只靠本书尚不能解决所有问题。为此，对后续研究做出以下展望：

第一，对提出的课程模式以及教学合作机制进行实践验证，选择个别的职业院校根据项目特色有针对性地进行理论植入，通过边实践、边探索、边验证的路径方式，检验理论模型的有效性。

第二，对课程整合的教学支持机制进行系统研究，除了教师支持之外，还将试图探索组织管理机制、资源整合机制、校企合作机制等全方位的教学支持要素，进而为课程有效整合提供有力保障。

第三，进一步深化经检验有效的个别课程整合模式的研究，做到研究的精与深，形成有代表性的本土课程整合模式。

第二章 我国职业教育学术课程与职业课程整合的逻辑基础

逻辑基础的澄明是开展学术研究的前提条件，也是后续研究的先导。其中，现实需求是学术研究的问题缘起和服务面向，诉求理论研究的关照；价值取向是学术研究的哲学基础，引领着研究进程的总方向；核心概念是学术研究的范畴所涉，规定着研究聚焦的对象。我国职业教育学术课程与职业课程的整合研究，一定要找到本土研究的立足点与契合点，而逻辑前提的澄明是重要基础。

第一节 我国职业教育学术课程与职业课程整合的现实需求

职业教育学术课程与职业课程的整合是外部多重诉求的结果。在当前社会，职业教育作为社会的一个子系统，与其他子系统之间的关系越来越密切，然而，也越来越不能满足其他社会各要素的需求。新的时期，人类社会、经济社会、个体生活的发展对职业教育提出了前所未有的需求，触动着职业教育的深刻变革。职业教育合格人才的培养，主要由处于职业教育核心内容的课程来实现，因此，职业教育服务功能的质量取决于其课程的完善程度，这就使得我国职业教育的课程改革必须积极响应当前复杂形势对职业教育的发展需求，进行合理的变革。

一 构建人类命运共同体新平台的需要

"人类命运共同体"是近年来中国政府反复强调的关于社会发展

的新理念，其核心内涵就是人类共处一个地球村，生活在"你中有我，我中有你"的"人类命运共同体"中，因此应本着相互尊重、相互理解的态度处理好相互之间的关系。当今国际形势复杂多变，随着经济全球化、世界多极化、社会信息化和文化多元化的出现，一系列问题层出不穷，诸如粮食安全、网络攻击、气候变化、资源短缺、环境污染、跨国犯罪等，严重威胁着国际秩序和人类的生存。[1] 这就使我们必须本着互信互利的态度，为了人类共同命运，共同致力于各种社会问题的解决。因此，"人类命运共同体"不仅是一个处理国与国、区域与区域之间关系的社会政治理念，更是一个处理人类个体之间相互关系的社会哲学思想，对于当今社会的综合发展、人类的和平共处有着普适的价值意义。

"人类命运共同体"源于人本主义哲学中"民主社会"的基本思想。公元前 5 世纪的古希腊，正是其领导人兼人文主义学者伯里克利的民主思想，为雅典城邦赢得了一时的繁荣。与斯巴达城邦的好战不同，雅典城邦是一个对外防御他人、对内和平相处的幸福民主城市。启蒙运动时期的伏尔泰在宣称天主教会是"臭名昭著的东西"的同时，旗帜鲜明地提出了国际和平与世界主义、人类自由与民主的思想[2]，奏响了近代人类民主文明的号角。"民主社会"理念为"命运共同体"的早期萌芽奠定了重要基础。到了现代，源于当前国内、国际冲突和误解，为了推动人类社会的重建，人本主义心理学者温斯罗普（Winthrop）提出了"意义社区"（intentional community）的概念，并强调"自由"和"真诚"是和谐社区形成的必要条件。[3] "意义社区"本质上是一种"人类命运共同体"，它要求社区中的每个人都毫无保留地接受与感激对方。[4] 因此，"命运共同体"的维系与完善，

---

① 曲星：《人类命运共同体的价值观基础》，《求是》2013 年第 4 期。

② Lamont, C., *The Philosophy of Humanism*, New York, NY: Continuum, 1990, p. 65.

③ Winthrop, H., "Humanistic Psychology and Intentional Community", *Journal of Humanistic Psychology*, Vol. 2, No. 1, 1962, pp. 42 – 55.

④ English, H. B., "Education of the Emotions", *Journal of Humanistic Psychology*, Vol. 1, No. 1, 1961, pp. 101 – 109.

与"共同体"中的每个个体的公民素质有着重要的关联，它需要所有公民个体的热情奉献。正如美国现代人本主义学者拉蒙特（Lamont）所认为的，人类通过自身的智力以及与他人的自由合作可以在地球上建构一个"永恒的和平与美好状态"，只有这样，"人们才能走向一种真正的生活形式"，以实现"创造性工作和幸福生活的最大化"。①

更为重要的是，当代社会学家对"命运共同体"的内涵也有突出的贡献，并特别强调"主动参与"对"共同体"构建的重要价值。例如，英国社会理论家雷蒙德·威廉斯（Raymond Williams）认为，"一个好的社区"或是"生活文化"，不仅应为其中的人们提供生活空间，而且还需要积极地鼓励生活于其中的每个人，使其能够"有意识地贡献于社会质量的提高"，这是"所有人的共需"（common need）。他进一步指出，"不管我们最初来自哪里，我们都需要倾听来自不同社会背景的声音"，我们必须全身心地关注所有的"附属物"和价值观，因为"我们不知道将来会发生什么，我们也从来不确定有什么会赋予它"，我们现在能做的，就只有去倾听和思考现成的，并利用我们能够得到的。② 可以看出，个体的"主动参与"是"命运共同体"形成的重要条件。为此，犹太籍美国政治理论家汉娜·阿伦特（Hannah Arendt）提出了著名的"行动理论"。她认为，人与人之间的活动，不是"单个的人"，而是"生活在地球"和"栖息于世界"中的"人们"。③ 尽管随着现代科技理性的发展，人类在战胜自然的同时又陷入了随波逐流，甚至被"流沙"所掩盖，但是人类"行动能力"的提高呼唤我们必须提高"责任意识"，尤其需要通过"宽恕"和"承诺"来救赎不合理的行为，以便在"不稳定的海洋"中创造"可预测性的岛屿"和"新的信任类型"。因此，人只有通过负责任的态度，在与他人分享这个世界、共同拥有这个世界并在这个世界中"积极行动"时，才能使人获得意义，从而也能使得由人所组成

① Lamont, C., *The Philosophy of Humanism*, New York, NY：Continuum, 1990, p. 12.
② Williams, R., *Cultural and Societ*, London：Chatto and Windus, 1958, p. 340.
③ ［美］汉娜·阿伦特：《人的境况》，王寅丽译，上海人民出版社 2008 年版，第 1—2 页。

的"命运共同体"更加稳固。

从以上有关"共同体"理论思想的论述中可知，公民素质对"共同体"的形成、完善与维系起着关键的作用。尤其在现代社会中，"共同体"中所有的公民个体都必须从各方面提高自己的综合素养尤其是"责任意识"，方能与社区中的其他个体和平相处、荣辱与共，这就赋予我们教育艰巨的责任。从《学会生存》到《教育——财富蕴藏其中》，再到《教育 2030 行动框架》，每一时期的联合国教科文组织的重要教育文件都是在"人类命运共同体"面临严峻挑战时对教育的改革与发展提出了重要期望。在教育面向 21 世纪培养学生"学会认知""学会做事""学会合作"和"学会生存"四大使命还没有充分完成的时候，《教育 2030 行动框架》（以下简称《框架》）又为我们的教育发展提出了新的要求。该《框架》指出，"教育应以人类个性的全面发展，促进相互理解、宽容、友好与和平为目标"，为此必须通过"系统干预、教师培训、课程改革与教学支持"等"优质教育"措施推进"可持续发展教育和全球公民教育"，以确保每个人获得"牢固的知识基础"，发展"创新和批评思维以及合作技能"，树立"好奇心、勇气和意志力"，进而为"和平、健康和可持续发展的社会"培养合格的公民。① 时代赋予的教育使命，必须通过教育内部的改革实现，"课程""教学""师资"等作为教育中的微观要素，其质量的优劣直接关系着教育使命完成的程度和水平。

职业教育作为教育总系统的一个分支，同样为"人类命运共同体"的建立与维系承担着不可推卸的责任。职业教育所培养的技术技能型人才是整个人力资源结构中的重要组成部分，也是"人类命运共同体"建构的重要因素。但是，面对当前全球的各种挑战，仅仅具有"一技之长"的技术技能型人才已经不足以更好地服务于"人类命运共同体"的可持续性维系，而是需要具备更高的综合素质。为此，《教育 2030 行动框架》同样规定了面向未来的职业教育的重要使命和

---

① UNESCO, *Education 2030 Framework for Action*：*Towards Inclusive and Equitable Quality Education and Lifelong Learning for All*，Incheon Declaration，November 4，2015.

行动策略。《框架》指出，职业教育与培训应该超越束缚毕业生适应快速变化劳动力市场需求的"具体工作技能"，转而更加强调发展学生的"高水平认知和非认知或转移技能"，诸如跨职业领域的"问题解决、批判思维、创新性、团队工作、交流技能以及冲突解决能力"等，因此，职业教育的合作伙伴必须参与制订高质量的课程方案，使其包括"工作相关的技能"和"非认知或转移技能"，如创业、基础和信息通信技能，并发展"不同形式的基于工作和课堂的培训和学习"，而且特别强调职业教育教师的合格性。[①] 这就充分地表明，面对当前国际变幻莫测的复杂形势以及威胁人类生存的各种社会问题，技术技能型人才的各项"非认知技能"已经超越了单纯的工具主义导向的以"具体工作技能"为主的"认知技能"，其综合素质的高低直接关系到"人类命运共同体"的稳固程度和质量水平。但是，需要指出的是，这些非认知技能仍然是与工作息息相关的，而不是凌驾于工作之上的形而上的东西，因此，必须蕴于职业教育之中加以培养，这就需要高质量的整合性课程方案。学术课程与职业课程的整合便迎合了这一综合课程改革的需要，它通过各种模式与路径将不同类型的能力素养尤其是认知技能和非认知技能融合在一起，加以整体地培养，有利于为"人类命运共同体"的维系打造合格、健全的社会公民。

二　迎合经济新常态下产业升级的需要

"新常态"一词最初源于 2001 年的美国，是指当时美国面临恐怖主义袭击和新经济泡沫破灭而引发的"危机"局面可能被长期化的一种"常态"现象。[②] 随后在 2009 年，全球最大的债券基金——美国太平洋投资管理公司（PIMCO）的首席投资官比尔·格罗斯（Bill Gross）和穆罕默德·埃尔埃里安（Mohamed El – Erian）利用"新常态"一词来概括 2008 年金融危机之后世界经济特别是发达国家所发生的变化，并认为"新常态"的特征主要表现为：增长乏力、失业率

[①]　UNESCO, *Education 2030 Framework for Action*：*Towards Inclusive and Equitable Quality Education and Lifelong Learning for All*, Incheon Declaration, November 4, 2015.

[②]　齐建国、王红、彭绪庶、刘生龙：《中国经济新常态的内涵和形成机制》，《经济纵横》2015 年第 3 期。

持续高企、私人部门去杠杆化、公共财政面临挑战，以及经济增长动力和财富活力从工业化国家向新兴经济体转移，同时强调"新常态"是在目前的政治经济环境下"最可能发生"的事情，而不是"应该发生"的事情。① 可见，"新常态"是一个重要的经济学概念，并被人们通常称为"经济新常态"。"经济新常态"由我国学者黄益平教授在2012年正式引入中国，并赋予了它新的本土化内涵。他认为，构成中国"经济新常态"的要素主要有较低的经济增长、较高的通货膨胀、更为公平的收入分配、更为平衡的经济结构、加速的产业升级换代和更为激烈的经济周期等几个方面。② "经济新常态"与中国经济发展的语境相结合，逐渐成为解决中国经济社会发展问题的一个新理念，其本质内涵就是经济发展速度的放缓以及由其所引起的一系列社会问题的并存。

"经济新常态"作为我国官方的正式提法，首次出现在2014年12月举行的中央经济工作会议上。会议认为，当前和今后一个时期我国经济正在向形态更高级、分工更复杂、结构更合理的阶段演化，经济发展进入新常态，增长速度正从高速增长转向中高速增长，经济发展方式正从规模速度型粗放增长转向质量效率型集约增长，经济结构正从增量扩能为主转向调整存量、做优增量并存的深度调整，经济发展动力正从传统增长点转向新的增长点，并特别从消费需求、投资需求、出口和国际收支、生产能力和产业组织方式、市场竞争特点、资源环境约束、经济风险积累和化解、资源配置模式和宏观调控方式九个方面全面解读了我国"经济新常态"重要特征。对"经济新常态"特征的描述凸显了我国经济发展方式转变和产业结构升级的强烈需求，例如，会议特别强调面对传统产业供给能力大幅超出需求的现状，必须推进产业结构的优化升级，促进生产方式的小型化、智能化和专业化；面对农村富余劳动力的减少，经济增长必须更多地依靠人

---

① 韩淼、李云路、刘斐：《"新常态"来源考》，http://news.xinhuanet.com/fortune/2014-05/28/c_1110905132.htm，2014年5月28日。

② 黄益平：《适应经济增长的"新常态"》，《21世纪经济报道》2012年11月5日第15版。

力资本质量和技术进步，让创新成为驱动发展的新引擎；面对环境、市场、消费需求等因素的变化，必须形成绿色发展方式，实现产品质量与服务态度的提升。总体而言，人力资本和技术进步是推动产业转型升级和经济增长方式发生转变的关键劳动力要素，而技术进步又是靠人力创造和转化的，因此，人力资本是最为重要的劳动力要素，从而也是经济增长方式发生转变和产业转型升级过程中不可或缺的关键因素。

有经济学者认为，综合各种因素，我国目前仍处在经济发展的工业化中期，在这一阶段第二产业还有很大的发展空间，因此我国当前产业结构转型升级的重点方向应该是进一步鼓励第二产业由低端制造业向高技术产业、装备制造业转型升级，从劳动密集型、资本密集型向技术密集型和知识密集型产业过渡。[①] 可见，制造业的升级成为我国产业转型升级的重中之重。不仅我国，世界处于工业化后期或后工业化时期的发达国家面对新的国际形势也先后在制造业领域做了一系列重要创新性变革。美国分别在 2009 年、2011 年和 2012 年公布了《重振美国制造业框架》《先进制造业伙伴计划》和《先进制造业国家战略计划》，开启了美国"再工业化"的征程；德国于 2012 年推出了《未来计划"工业 4.0"实施建议》，走上了"工业 4.0"的发展道路；日本在 2014 年也提出了"重振战略制造业"计划。面对国际发展战略新环境以及国内"经济新常态"的新形势，中国也于 2015 年重磅提出了《中国制造 2025》的制造业发展战略，成为推进我国产业结构转型升级的一项重要路径。在该文件中，诸如"创新""智能""绿色""高端""品牌"等新的制造业词汇频频出现，分别为 100 次、70 次、46 次、24 次和 25 次，彰显出我国制造业转型升级过程中的重要突破口和关键点，预示着我国制造业瞄准高端、追求卓越的发展思路，也折射出现代制造业对创新型、智慧型、生态型、高端

---

① 张辉：《新常态下我国产业结构转型与升级》，http://finance.sina.com.cn/review/jcgc/20150311/183921698990.shtml，2015 年 3 月 11 日。

型和卓越型人才的强烈需求。①

《中国制造 2025》特别强调了"创新"在驱动现代制造业中的重要作用，指出要坚持把"创新"摆在制造业发展全局的核心位置，要加强关键核心技术的研发、提高创新设计能力、推进科技成果的转化、完善国家制造业创新体系；并指出应将"智能制造"作为现代信息技术与制造业深度融合的主攻方向，着力发展智能装备和智能产品，推进生产过程智能化，培育新型生产方式，全面提升企业研发、生产、管理和服务的智能化水平；强调要坚持把"可持续发展"作为建设制造强国的重要着力点，应加大先进节能环保技术、工艺和装备的研发力度，加快制造业"绿色"改造升级，努力构建高效、清洁、低碳、循环的"绿色"制造体系；特别强调要推动传统制造业向"中高端"产业迈进，进一步优化制造业布局，尤其要大力推进高端数控机床和机器人、航空航天装备、航海工程装备及高技术船舶等十大重点领域的突破发展；并进一步指出制造业应在现有发展水平的基础上，追求产品的精致程度与核心竞争力，打造世界知名"品牌"。②"创新""智能""绿色""高端""品牌"等词充溢着《中国制造2025》文件的始末，表明我国制造业转型升级不仅仅是制造业本身的事情，而且需要在其中扮演劳动力关键核心要素的人力资本的增长，尤其需要他们综合素质的提升，诸如较强的创新意识、聪颖的智慧品质、绿色的伦理观念、高端的技术水平和卓越的品牌等现代职业素养。这也进一步表明，制造业领域中的劳动者应该从过去的低端技能型劳动力转化为高端技术技能型人才。

正如联合国教科文组织《教育 2030 行动框架》所强调的，教育应该"收集和使用有关技能需求变化的证据来指导技能发展"，以"适应变化的劳动力市场的需求"③，因此，职业教育必须首先积极响

---

① 陈鹏、庞学光：《〈中国制造 2025〉与现代职业教育转型发展》，《教育发展研究》2015 年第 17 期。

② 国务院：《中国制造 2025》2015 年 5 月 19 日。

③ UNESCO, *Education 2030 Framework for Action: Towards Inclusive and Equitable Quality Education and Lifelong Learning for All*, Incheon Declaration, November 4, 2015.

应当前我国制造业对高端技术技能型人才培养的新需求，实现职业教育从"制器"到"造人"、从"修剪"到"育种"、从"中低端"到"高端"的转变或拓展。[①] 不仅如此，职业教育还应积极回应产业转型升级中现代农业对"有文化、懂技术、会经营"的新型职业农民以及现代服务业对"素质高、懂技能、善经营、会管理、能创业"的复合型人才培养的需求[②]，实现人才培养模式的转型。但是在这一系列的转型发展过程中，职业教育最为重要的核心要素仍是教育内容的转变，高端素质融于教育内容，高端素质的生成依赖教育内容的组织方式和传播途径。低端产业仅靠简单劳动力的机械操作便可生产，而高端产业需要融合多元的人格品质和综合素养才能有效运行，这就需要课程内容的多元性与全面性。与此同时，从人才培养的整体性出发，诸如"创新""智慧""伦理""卓越"等综合素养不是游离于技术能力之外的，而是基于工作过程的视域和建构主义的学习视角，与技术能力融为一体、合二为一的，这就使传统上处于相互分裂的学术课程与职业课程必须走向融合。

三　提升个体职业生活完满幸福的需要

职业教育不仅与整个人类社会的进步、经济社会的发展息息相关，而且与个体的生活幸福有着紧密的关系，这首先需要从职业与生活的关系谈起。杜威首次将职业与生活明确地联系在一起，它认为，对于每个人来说，除在具体的行业领域中作为一个劳动者角色而"谋得生计"之外，还是"家庭的一员、社会事务与政治组织的活动者，或者是双簧管的激情演奏者"[③]，因此，"所有人类在每时每刻的主要

---

① 陈鹏、庞学光：《〈中国制造 2025〉与现代职业教育转型发展》，《教育发展研究》2015 年第 17 期。

② 中国教育科学研究院课题组：《未来五年我国教育改革发展预测分析》，《教育研究》2015 年第 5 期。

③ Wirth, A. G., *Education in the Technological Society: The Vocational – liberal Studies Controversy in the Early Twentieth Century*, Scranton, PA: Intext Educational Publishers, 1972, pp. 188 – 190.

职业是生活——智力和道德的增长"。① 为此，杜威将职业定义为
"一个有目的的连续性的活动"②，它是一种渗透个体个性活动并在技
术社会中获得工作的新模式，且在其中发挥个体的智力和道德内容。③
此外，杜威还将人类的生活方式分为"有用劳动"和"闲暇生活"
两种类型，这与他广义的职业观交织在一起，即"谋得生计"之职业
和"闲暇生活"之职业，它们又共同构成了人类的全部生活。因此，
人们的职业由"生存性职业"和"生活性职业"两个层级组成，而
人类职业生活幸福与否取决于两种职业生活获得满足的程度，尤其是
随着社会的发展和人类生活水平的提高，"生活性职业"对人们职业
生活幸福的贡献更为重要。

一方面，个体首先是一个有生命的自然个体，是一种在多维度生
物圈中的本我存在，并时刻彰显着维系生命本体延续的"生存性"需
要。④ 马斯洛需要层次理论认为，人首先具有对食物、饮料、住所等
方面的"生理需要"以及对规避有害于"人身安全"危险行为的
"安全需要"。没有这些基本的"生存性"需求的满足，个体的生命
将难以得到维持，也就更难谈及生活的幸福。正如马斯洛所言，"如
果一个人极度饥饿，那么，除了食物外，他对其他东西会毫无兴
趣"。⑤ 个体要维系其基本的"生存"之"体"，就要解决最基础的温
饱问题，而作为成人，在现实生活中解决这种温饱问题的主要手段就
是职业。因此，个体心理学之父阿德勒指出，"当我们考虑到人类肉
体的脆弱性以及我们所居住环境的不安全性时……为了我们自己的生
命……我们必须拿出勇气来确定我们的答案"，"就必须在人类分工合

---

① Dewey, J., *Democracy and Education: An Introduction to the Philosophy of Education*,
New York, NY: The Macmillan Company, 1916, p. 362.

② Ibid., p. 361.

③ 陈鹏:《澄明与借鉴：人本主义视角的美国职业教育研究》，中国社会科学出版社
2016 年版，第 57 页。

④ 陈鹏、庞学光:《论职业教育的工具性僭越与人本性追求》，《江苏高教》2012 年第
6 期。

⑤ ［美］弗兰克·G. 戈布尔:《第三思潮：马斯洛心理学》，吕明、陈红雯译，上海
译文出版社 2006 年版，第 33 页。

作的架构中占一席之地"。① 在这里，阿德勒所指的"一席之地"就是"人类分工"所产生的职业。② 职业为人类生存问题的解决提供了基本的载体，但是，人们要想通过职业来获得生活必需品，还需要具备操作职业的能力，这项职责就自然地落在职业教育的功能范畴里。也就是说，职业教育必须首先执行其功利性的价值，通过技能性规训，使个体获得谋生的"一技之长"，从而为个体赢得职业生活的初级满足，即生存性满足。这一点无须过分强调，因为在我国现实的职业教育实践中，满足个体的"就业"而非"乐业"是其主要样态。

另一方面，也是更重要的，乃是个体"生活性需要"所引致的"生活性职业"进而对"生活性职业教育"的诉求。个体生命本体的存续，只为个体的充分发展提供了最为基础性的生命原发性条件，"发展性"才是更高级的。③ 正如马斯洛需要层次理论所展示的那样，个体在基本的"生存需要"得到满足之后，便产生了追求卓越的"发展性"需要，这些"发展性"需要为个体完满职业生活幸福的实现提供了强劲的动力，"发展性"需求满足得越充分，人就会"变得越来越像人的本来样子"。④《学会生存》中用"完人"概念描述了充分发展的人的状态，即"排除令人苦恼的矛盾""能容忍过度的紧张""努力追求理智上的融贯性""所寻求的快乐不是机械地满足欲望，而是具体地实现他的潜能和认为他自己和他的命运是协调一致的想法"。⑤ 而对于职业人而言，这一系列的"发展性"需求则对应于诸如职业道德、职业精神、职业满足感以及追求卓越与自由等方面的需要。职业岗位的获得只能为个体提供最为基本的生活来源，如果过

---

① ［奥］A. 阿德勒：《自卑与超越》，刘泗编译，经济日报出版社 1997 年版，第 25、288 页。

② 陈鹏、庞学光：《论职业教育的工具性僭越与人本性追求》，《江苏高教》2012 年第 6 期。

③ 同上。

④ ［美］弗兰克·G. 戈布尔：《第三思潮：马斯洛心理学》，吕明、陈红雯译，上海译文出版社 2006 年版，第 37 页。

⑤ 联合国教科文组织国际教育发展委员会：《学会生存》，教育科学出版社 1996 年版，第 193 页。

于沉迷于这种物质上的享受，个体将会成为马尔库塞笔下的只追求物质享受而放弃精神自由的"单向度社会"中的"单向度的人"。① 古希腊先哲亚里士多德曾这样论断，"所有的唯利是图的职业以及降低身体状况的职业，都是机械性的，因为这些职业剥夺了休闲和尊严的智慧"。② 杜威进一步指出，职业"既包括专业性的和事务性的职业，也包括任何一种艺术能力、特殊的科学能力以及有效的公民意识能力的发展"。③ 马斯洛认为，职业是实现真理、善良、美好、公正、一致、秩序、全面和完善等"完整个体"终极价值的车轮。④ 总之，处于职业中的个体要取得真正的"发展"并进而获得完满的职业幸福，就必须具备各种高级别的职业综合素养，而这些综合职业素养的获得同样需要教育，技术技能型人才综合职业素养的获得则只能由职业教育主要承担，这在我国当代社会显得越发重要。

但是，从职业人的完满健康成长的视角看，生存需要和生活需要是绝对不能割裂的，更不是呈现前后序列发展的，而是彼此交融在一起、共生共长的。但是我国现实的职业教育却过分培养个体的"就业谋生"能力，较少关注他们的"可持续发展"素养，从而致使毕业生们为了"谋生"而被动地选择"就业"，却不是为了生活的完满幸福进行主动的"择业"和快乐的"胜业"，这也难怪出现职业院校毕业生"就业率高"而"离职率"也高的社会现象了。事实上，个体的"工具性价值"和"本体性价值"是可以合二为一的。正如英国社会理论家雷蒙·威廉斯所认为的，艺术与经济活动的日常行为是融为一体的，他指出，我们不能将"艺术"放到一边，而将"工作"放到另一边，因此我们不能将人分割为"审美的人"和"经济的人"

---

① 陈鹏、庞学光：《论职业教育的工具性僭越与人本性追求》，《江苏高教》2012 年第 6 期。

② Dewey, J., *Democracy and Education: An Introduction to the Philosophy of Education*, New York, NY: The Macmillan Company, 1916, p. 299.

③ Ibid., p. 356.

④ Maslow, A. H., "Comments on Dr. Frankl's Paper", *Journal of Humanistic Psychology*, Vol. 6, No. 2, 1966, pp. 107 – 112.

两部分。① 在一次有关创新性企业的演讲中，他也试图击碎"艺术的创新性"（artistic creativity）与"技术的发明"之间的区别，认为"一个美好的富有想象力的生活以及为描述新经验付出的辛苦努力"，在艺术家之外的很多群体中同样存在，因为"新描述与新意义的交流可以以多种形式呈现，如艺术、思想、科学和普通的社会过程"。② 德国学者洪堡（Humboldt）指出，一个全面发展的人不只是"掌握了丰富的知识"，更不只是"一台在某个狭窄领域中精准工作的机器"，而是一件"艺术品"。③ 因此，技术技能型人才同样可以将"技术"与"艺术"连为一体，成长为一名名副其实的高级匠人。

因此，职业教育不仅仅要为个体的"生存需要"负责，更要为个体的"生活需要"担责，而且必须将这两种职责融为一体进行，进而为个体的职业生活走向"完满幸福"累积资本。正如有学者所言，现代职业教育不能只是被理解为"技术学习"，而致使它在实践的过程中成为名副其实的"职业训练"，从而失去现代教育所应当具有的培养"人"的规定性。④ 美国职业教育学者勒维克（Lerwick）从存在主义视角认为，职业教育的目的在于帮助个体"发展内在的自我"，"使学生成为具有真正人格的个体"，实现对"工作意义的自我认知及自觉"，"视工作体验为个人生命计划的一部分"。⑤ 可见，从个体存在论的视野看，人的职业和生命是融为一体的，而且职业教育也是可以完成这种使命的。为此，联合国教科文组织《教育 2030 行动框架》倡导，教育应该为人们的"体面"工作和生活负责。人只有更加体面的工作，生活也才能更加幸福。体面工作的获得需要职业人具备欣赏职业的艺术、尊重职业的伦理、追寻职业的自由等综合素养，这就需要职业教育内部的深刻变革。对于职业教育的具体改革策略，

---

① Williams, R., *Cultural and Society*, London: Chatto and Windus, 1958, p. 54.

② Ibid., p. 40.

③ 斩希平、吴增定：《十九世纪德国非主流哲学——现象学史前史札记》，北京大学出版社 2004 年版，第 23—24 页。

④ 米靖：《论现代职业教育的内涵》，《职业技术教育》2004 年第 19 期。

⑤ ［美］勒维克：《技职教育哲学——多元概念的探讨》，李声吼译，（台北）五南图书出版公司 2002 年版，第 77—78 页。

杜威提倡"技术与通识学习的整合",以此反对将职业作为一种狭义的提供具体"可销售性技能"的工具进行训练的现实,从而提高技术文明社会中人们的生活质量。①应用到我国职业教育的课程实践中,就是需要学术课程与职业课程的整合,通过在普通文化课程中渗透职业要素、在职业课程中渗透通识要素以及促使两者走向零距离、平等性融合等途径,实现个体职业素养的综合一体化培养,进而成全个体职业生活的完满幸福。

总之,职业教育课程承载着职业教育服务外部世界的重要使命,它因职业教育外部世界的复杂性及其一体性,又承受着执行任务过程的艰巨性。如前所述,"人类命运共同体"的构建需要人们具备公民责任、和平友爱、冲突解决等非认知技能,"经济新常态"下产业转型升级需要劳动者具备创新思维、绿色伦理、追求卓越等高端品质,个体"职业生活完满幸福"的实现需要职业人具备欣赏职业的艺术、尊重职业的伦理、追寻职业的自由等高贵品质,而这些综合职业素养又和劳动者从事的每一份具体职业息息相关,因此它们与技术技能型人才的技术能力是融为一体的。面对当前我国职业教育毕业生的人格分裂以及技术能力对综合素养的遮蔽,作为培养劳动者素质与能力核心载体的职业教育课程难辞其咎。因此,我国职业教育必须积极响应外在世界的客观需求,从学术课程与职业课程整合的视角深化课程的改革,进而提高人才培养的质量。

第二节 我国职业教育学术课程与职业课程整合的价值取向

课程的价值取向,即课程观,从"培养什么样的人"这一本质性

---

① Wirth, A. G., *Education in the Technological Society*: *The Vocational – liberal Studies Controversy in the Early Twentieth Century*, Scranton, PA: Intext Educational Publishers, 1972, pp. 168, 189.

方面对职业教育的课程建设进行方向性引领和目标规定。不同的课程价值观，在人才培养的素质达成方面有着不同的侧重指向。在我国职业教育发展的过程中，不同的职业教育课程观在特定的时期和特有的方面有着各自的贡献。但是随着现代社会的演进，已有的课程观已经越来越跟不上时代发展对人才培养的特定需求。人类社会、经济社会、个体生活的有序、健康、完满发展强烈召唤着新的课程观的到来。

一　职业教育传统课程观的理性诘问

在我国现代职业教育的历史发展和现实实践中，主要有知识本位课程观、技能本位课程观、人格本位课程观和素质本位课程观四种主导的课程价值观。四种课程观在人才素质的生成方面有着不同的核心旨趣，后者是在对前者的批判中逐步产生或引入的，与特定的时代背景相呼应，不过，前者依然不同程度地存在于后者所处的时代中。基于现代社会的诉求和整体主义的视野，不同的职业教育课程观在有其自身独特优势的同时，也存在不同程度的缺陷。

（一）知识本位课程观的知识传承与能力缺失

职业教育知识本位的课程观，直接借鉴于普通学校分科课程实践的经验，根源于古希腊时期自由教育对真理的终极追求。知识本位的课程观认为，知识引导着人类整个的生活，因此教育就要建立在对知识的传承之上，而不是满足"儿童的偏好、社会需要或政治家的意愿"，为此课程的设置"必须根据知识本身的状况和逻辑来组织"。[①]而且，在知识本位观看来，知识的逻辑发展顺序是按线性展开的，因此知识呈现的顺序一般是先易后难、先浅后深。这种价值观不仅对于单个课程内容的组织有影响，而且对于整个课程体系的设计与发展也是如此，因此也就出现了常见的公共基础课、专业基础课和专业课的课程发展模式。在当前我国的普通基础教育和普通高等教育系统，课程设置的主要取向还是知识本位观的。

对于职业教育，在 20 世纪 80 年代到 90 年代早期，普教化的现

---

① 单丁：《课程流派研究》，山东教育出版社 1998 年版，第 392—393 页。

象较为严重，中专是中等层次的专门教育，职高模仿普高，高职（专）模仿普通高等教育，知识本位的课程观在职业教育领域比较盛行。不过，在中职教育处于风靡的卖方时期以及高职（专）教育处于贡献高等教育大众化初期，就业市场对毕业生没有可挑剔的机会，因此知识本位的职业教育为当时的社会培养了一批相对合格的劳动力。在那个时代，一方面由于知识的增长速度还没有今天如此的快，教育实践者认为学生如果在学校掌握了足够的知识，到劳动力市场后就可以"一劳永逸"了；另一方面知识本位的课程实践者认为，学生知识掌握了，能力就自然而然生成了。因此，当时的思想就是必须要传授给学生"最有价值"的科学知识。知识的掌握对能力的生成固然重要，但也只能说知识是能力形成的必要条件，而不是充分条件。尤其对于"崇尚一技之长"的职业教育而言，知识本位的课程观有其固有的缺陷，因为这种课程观并不能充分地培养学生的技术能力。

（二）技能本位课程观的技能彰显与人格丧失

技能本位的课程观，可以说是能力本位职业教育在课程观中的主要表现之一。根据相关学者对国际能力本位职业教育的梳理，能力本位观主要有行为主义导向的特定技能观、一般素质导向的关键能力观和整体主义导向的整合能力观三种形式。[①] 其中，技能本位的课程观就是行为主义导向的特定技能观在课程观中的体现，也是能力本位课程观的初级阶段。技能本位的课程观建立在行为主义心理学和经济学分工理论之上。经典行为主义心理学将 S—R 作为解释人类一切行为的公式，认为人的一切行为都是靠外界的刺激强化而养成的。以此为基础，形成了职业教育能力开发的任务分析模式，即将某一职业岗位的任务细分为若干个工作任务，每一工作任务指向一种特定的职业技能，进而开发序列性的任务学习包，组成模块式课程培养岗位系列技能。亚当·斯密"扣针工厂"的"十八种操作，分由十八个专门工

---

① 谭移民、钱景舫：《论能力本位的职业教育课程改革》，《教育研究》2001 年第 2 期。

人担任"的分工理论①，深度诠释了技能本位课程观的经济学原理。

技能本位的课程观在我国也正是建立在对知识本位课程观的批判基础上出现的。随着我国 20 世纪 90 年代市场经济体制的逐步建立以及劳动力市场由买方市场变成卖方市场的过程中，广大的毕业生包括职业院校的毕业生出现毕业即失业的现象，这就需要寻求一种训练学生"技术能力"、保证毕业生"毕业即能上岗"的职业教育课程模式，于是技能本位的课程观应运而生，同时 CBE、MES 等一批国际上流行的课程模式开始被引入我国，推进职业教育尤其是以技校为代表的职业教育机构与经济社会的密切对接。技能本位的课程模式在中低端技能型人才急缺的历史时期，为劳动力市场培养了大量相对合格的劳动者。但是，这种课程观只关注指向生产效率提高的技术能力的训练，忽视了人的主体性，将人要么看成可以被"驯服"的温顺动物加以驯化，或者看成可以机械运作的"机器"加以装备。在今天看来，"驯化动物"或"装备机器"式的职业教育并不是亚当·斯密所想看到的样子，因为在分工的劳作中，除个体应掌握必备的技能外，还需要具有合作、耐心等人格品质。如果没有高贵的人格品质，工人分别制作的"铁线"和"圆头"或许将被扔得七零八乱，一个完整的工作流程也将无法完成。

（三）人格本位课程观的人格尊重与职业迷失

面对器物的冲击和工具的僭越，部分职业教育理论研究者开始从职业教育之"教育"的视角，探讨职业教育的育人功能，驳斥职业教育的"制器"歧途，由此产生了职业教育的人格本位课程观。人格，是指人的性格、气质、道德、情感等方面的总和，反映了一个人在心情、才情、人品等方面的综合指数。② 如果说知识本位崇尚知识的传授、技能本位强调技能的训练，那么人格本位则推崇人之本体的尊重及其品格的培养。人格本位的课程观，可以说是国际上能力本位观的

① ［英］亚当·斯密：《国民财富的性质和原因的研究》上卷，郭大力等译，商务印书馆 1994 年版，第 67 页。

② 张晔、秦华伟：《人格理论与塑造》，国防工业出版社 2006 年版，第 13 页。

第二个发展阶段即一般素质导向的关键能力观在课程领域的一种具体应用，因为人格素质是个体所应具有的通用能力的重要方面，在各种不同的工作情境中具有迁移性和普适性。面对 21 世纪经济全球化和信息网络化的到来，知识的掌握不能使人一劳永逸，技能的掌握也不能令人享用终身，而一些关键的人格素质诸如团队的亲和力与合作精神、忠诚的职业态度、艺术化的审美情趣等却能使人受益一辈子，这或许就是为什么赫尔巴特把"道德"培养作为教育的"必要目的"和"最高目的"的原因吧。

在我国职业教育现实实践中，虽然这种人格本位的课程观还没有形成一定气候，但也有重要的体现。例如，普通文化课程的开设，一个重要目的就是培养个体的人文、社会、科学等基本素养，尤其是德育课和职业素养课等课程的开设，对培养职业人的综合人格品质起到一定的作用。但反观现实中职业教育普通文化课程的实施情况，先不管其对人格素质的培养是否真正达成，却还存在另一个重要的问题，即这些课程在标榜对学生基本人格素质培养的同时，却没有和特定的专业行业相联系，以致职业院校的文化课程和普通学校的文化课程没有什么两样，即使教材有所不同，但由于教师专业素养缺乏，导致课程的职业导向缺失。职业教育虽然有"育人"之功能，但如果只有这一项，其培养的人也只能是普适的社会人，而不是驾轻就熟于工作岗位的"职业人"。

（四）素质本位课程观的全面发展与整体遗失

知识本位、技能本位、人格本位的课程观都在不同侧重地培养着人的某一单方面的素质，不能周全地照顾到职业人的多方面的发展。而在新的时期，系统复杂的工作世界需要集知识本位、技能本位和人格本位之功能于一体的职业教育来造就智慧型、技能型和伦理型复合发展的技术技能型人才，使职业教育不再追求规模的盲目增长，而是寻求质量的内涵提升，于是素质本位的职业教育课程观应运而生。素质本位的课程观统筹了知识本位、技能本位和人格本位课程观的价值取向，从全面发展人的视角建构课程，以健全职业素质的培养指导课程的开发和实践。关于职业素质的构成，不同的学者有不同的界定。

一般而言，根据职业素质的类型可分为知识型素质、技能型素质和非认知型素质；根据职业素质的级别可分为一般基础型素质、专业岗位型素质和综合型职业素质。事实上，这两种分类标准中的三个素质要素都较大程度地分别对应了知识本位、技能本位和人格本位课程观所指向的素质类型。

在 21 世纪尤其是 2010 年以来，随着我国职业教育规模的快速增长，对职业教育的质量要求越来越高，而教育的质量表现为人才素质的高低，从而推动了素质本位职业教育课程观的实践。时至今日，崇尚全面发展的素质本位的课程观对于培养数以亿计的高素质劳动者和技术技能型人才产生了重要的社会价值。但是，经过仔细分析后却发现，素质本位的职业教育课程在尽可能地囊括所有的职业素质的过程中，却肢解了整体的职业素质，使一体化的职业素质被分门别类地剥离开来。这种课程观只看到了不同职业素质之间的区别与界限，却较大程度地忽视了各种职业素质之间的联系，进而使得在课程的设置上，所谓健全的课程体系只是由不同类型的课程构成。尽管有时注意到不同类型课程之间的衔接性，但在不同类型的课程内部却很少顾及这种职业素质的渗透性培养。因此，素质本位课程观在一定程度上遗失了职业素质的一体化培养，其培养出来的人尽管具有多元的职业素质，但或许是一个个素质分裂的人，素质之间无法联系和共鸣，从而也就无法胜任系统的一体化工作世界。

二 职业教育整体主义课程观的提出

已有的职业教育课程观要么指向单一的职业素质，要么追寻全面的职业素质但不整合，这都不利于完满职业人的培养。在此，笔者主张从健全且一体化的视角建构课程，即主张整体主义课程观。整体主义课程观在教育学领域其实并不是什么新鲜事儿，其产生于 20 世纪 80 年代末期的北美，代表人物有约翰·米勒（J. Miller）、罗恩·米勒（R. Miller）等。随后，在 21 世纪伊始我国启动的新一轮基础教育课程改革中有着积极的应用。整体主义课程观在现实的职业教育实践中已有所体现，如项目课程、模块课程、理实一体化课程等在一定程度上体现了整体主义的意蕴，但这并不全面。整体主义课程观也不等同于整合主义的能力观（能力本位观的第三阶段）视角下的课程观，后者侧重强调主观素质与客观情境的整合①，前者是对后者的超越，强调不同素质、不同主体之间的整合，在整合知识素质、能力素质、人格素质的基础上，关注科学—职业—人格的匹配。本书试图更加全面地解读职业教育整体主义课程观，以期对职业教育实践有着更为现实的指导价值。

（一）整体主义课程观的理论基础

整体主义课程观"以完整的人的存在为参照点和理论的内在框架"② 来指导课程的建构，其对以"完整的职业人"为培养目标的职业教育而言有普遍的指导意义。这种课程观以整体主义为哲学理论包容不同素质，以建构主义为学习理论耦合主观素质与客观职业情境，以深生态学为伦理学基础彰显科学性人格的职业伦理关照。

1. 整体主义哲学

"整体主义"（holism）的希腊语词源为"holon"，加拿大整体主义课程论学者约翰·米勒认为，这一词源意味着"由结合的整体所构成的世界不能简单地还原为其各部分的总和"。③ 也就是说，组成整体的各部分之间不能相互隔离地存在，而是统一于一个整体，整体大于各部分机械相加的总和。古希腊时期赫拉克利特的"万物是一"④ 与柏拉图的"存在的东西整个连续不断"⑤ 等整体主义思想诠释了整体主义希腊词源的根本要义。现代整体主义把世界理解为一个统一的有机整体，以生物学的最新研究成果为依据，倡导一种整体的思维方式和研究范式。该理论认为，世间的任何事物都是一个具有内在统一性、联系性的整体，组成事物的各要素不可孤立存在，它们之间彼此

① 陈鹏：《职业能力观嬗变的社会逻辑及哲学溯源——以 20 世纪初为历史起点》，《职业技术教育》2010 年第 10 期。

② 安桂清：《整体课程论》，华东师范大学出版社 2007 年版，第 2 页。

③ Miller, J. P., *The Holistic Curriculum*, Toronto：OISE Press，2001，p. 3.

④ ［美］施特劳斯：《自然权利与历史》，彭刚译，生活·读书·新知三联书店 2003 年版，第 94 页。

⑤ ［希］柏拉图：《巴门尼德》，载苗力田《古希腊哲学》，中国人民大学出版社 1990 年版，第 94 页。

互动，共同组成一个完整的有机体。整体主义哲学建立在对还原主义的批判之上，从事物的整体层面探究事物的发展规律并进而采取优化的路径，它强调事物的关系性、动态性和精神性。首先，整体主义认为，任何事物都存在于相互联系的意义情境的关系之中，任何事物的变化都会影响到整体的状态和质量，且整体大于部分之和。其次，整体主义范式下的各种事物在动态变化中彼此嵌入、相互包容和渗透，在相互依存中共同创造、同时显现和演进。最后，整体主义强调与人的灵性的沟通，触及人类的精神层面，彰显生命的色彩。[①] 这对于培养具有生命活力的完满职业人的课程的建构有着科学与人文的双重指导意义。基于完满职业人培养的课程体系要具备完满的职业素质，需由各种不同类型的课程形式组合而成，而整体主义哲学要求这些不同类型的课程之间必须是相互包容、相互渗透的。

2. 建构主义学习理论

建构主义是一种强调学习者主动学习、自我建构知识的学习理论，知识学习的过程或能力培养的过程是学习者将自我的主观认知结构与外部的客观情境相互建构的过程。建构主义源于主客观相互统一的认识论，认为对事物的认识不是主观性或客观性单方面作用的结果，而是意向性的主观和物理性的客观共同作用的结果。哲学家黑格尔认为，思维和存在、主体和客体在本质上是统一的，绝对精神是作为自己逐步实现的客体的绝对主体，自我实现的过程也是自我认识的过程。马克思主义认识论认为，物质决定意识、意识是物质的反映，人类主观认识的发展与社会实践的客观历史发展是统一的。这就意味着学习的过程，既不是外部客观世界单独刺激的结果，也不是内部主观世界独自意向的生成，而是主观世界与客观世界相互统一、彼此互动的结果，其中主观世界起着主导性的作用，客观世界起着条件性的功能。这同样对职业教育课程的整体式构建有着认识论的指导意义。它要求职业教育的课程建设不仅要考虑外部情境的客观工作世界的需要，还要深度觉察职业人个体的人格、知识结构等主体素质的构成情

---

① 安桂清：《整体课程论》，华东师范大学出版社 2007 年版，第 10—12 页。

况，这就需要职业教育课程体系在整合知识本位、技能本位、人格本位等课程观的基础上实现一体式建构，进而实现主观知识、个体人格与外部技能需求的整合式养成。

3. 深生态学理论

深生态学（deep ecology）是整体主义哲学在生物学领域中的新成果，是由挪威哲学家阿伦·奈斯（Arne Naess）于 20 世纪 70 年代提出来的。深生态学是建立在对浅生态学以技术乐观主义和追求经济效率的方案来解决环境问题的批判基础上，从生态伦理学的视角，促使人与自然的和谐，从而解决社会问题的一种哲学思潮和研究范式。在整体主义哲学思想基础上，深生态学更强调关系中事物的生命性、生长性和生成性。人类作为主观生物圈中的代表，与外部的自然界有着亲密的交流，要维护人类的生命存续、促进人类生命的成长与完成，就要以谦卑的心态对自然的过程做出默认，"让自然按照自己的节律'生活'而不要去破坏它"。[1] 因此，深生态学既反对近代科学主义哲学的机械唯物论，也反对主观至上的人类中心主义，从而主张一种整合科学与人文的整体主义观点。因而，在教育方面，深生态学特别强调个体的生态伦理学素质的培养，批判功利主义的机械性技能的形成。在全球变暖、放射性污染、水枯竭等现代环境危机四伏的时代，深生态学对于培养具有生态伦理素质的技术技能型人才具有重要的现实意义。生态伦理素质是一种高端的非认知型的人格素质，它不仅仅体现为伦理道德的普适性，而且还展现出基于行业岗位的生态伦理关照。这就要求职业教育无论在学术课程还是在职业课程中都要渗透一定的伦理知识尤其是行业伦理知识。

（二）整体主义课程观的价值追求

与还原主义范式的职业教育哲学将岗位任务及其对应的技能分成若干彼此相对独立的要素不同的是，整体主义范式的职业教育哲学从整个的工作过程和完满的职业人培养出发，强调不同工序之间的联系性和各种职业素质之间的互动性，而且它还从岗位任务的整体视域出

---

① 雷毅：《深层生态学思想研究》，清华大学出版社 2001 年版，第 28 页。

发，试图开发相关的综合职业能力。以此为基础，整体主义课程观整合传统课程观的不同价值取向，将知识、技能、人格等素质放在一个统一的系统中考察，特别强调不同素质之间的互动性。

1. 知识与技能的互动

知识与技能是职业教育的永恒话题。[①] 无论是知识本位的中专教育模式，还是技能本位的技校教育模式，都不能真正反映当代社会对职业素质的综合化要求。就素质的构成而言，知识是个体对经验信息积累与内化的结果，技能是个体将知识应用于具体的任务中所表现出来的外显素质，两者相互区别又相互联系。就课程的目标达成来看，知识倾向于理论型，由理论课程直接提供，包括文化理论课和专业理论课；技能倾向于实践型，由专业实践课程直接生成，两种目标共同服务于完满职业人的成长。根据整体主义的哲学原理，为确保整体的优化发展，组成整体的各要素之间需要彼此互动，因此要保证个体的完满成长，必须实现知识与技能的相互对话。就素质的类型而言，知识是内隐的素质，以潜移默化的形式建构于个体的认知结构中；技能则是外显的素质，在知识与客体环境之间的互动中显性地表现出来，这正是建构主义学习理论所蕴含的基本原理。根据建构主义的学习理论，职业人技能的形成不是靠简单的可操作性强化训练，而是需要个体内在知识结构与外在工作世界之间的互动方可完成。因此，这也就驳斥了知识本位课程观所认为的"掌握了知识，等于技能的自然形成"的谬论。相反，纯粹理论的学习，也不能保证知识的充分内化，同样需要置于情境中，在与技能的对话中得以消化与吸收。

2. 技能与人格的互动

20 世纪 70 年代，美国心理学家麦克利兰提出的冰山素质模型，从整体主义的视角解读了素质结构之间的关系，其中就包括技能与人格的关系。在素质冰山模型中，技能浮于水面之上，人格等非理性要素潜藏于水面之下。虽然模型把技能与人格以水面为界限区分开来，

---

① 方展画、刘辉、傅雪凌：《知识与技能——中国职业教育 60 年》，浙江大学出版社2009 年版，第 4 页。

但它们却因水面而耦合，整个冰山的形成也离不开它们之间的立体凝结，冰山之角与冰山之基互为关系存在。这正是整体主义课程观所倡导的不同素质之间的互动性原理。对于人的素质组成而言，技能是外显的，不同的课程内容和训育方式，可能会形成不同的技能；人格是内隐的，与人的性格特质相关，具有一定的稳定性。不同的人格特点决定着技能形成的维度，不同人格的开启程度也决定着技能发挥的水平和质量。根据加德纳的多元智能理论，每个人都有特定的智能优势，职业院校的学生同样如此，有的学生可能倾向于动手操作，有的学生可能倾向于工程设计，有的学生可能倾向于成本核算。因此，技术能力的培养不是盲目的，需要根据特殊的内部人格特点予以配置，即使同样的内容也应采取不同的教育方式。与此同时，人格等非理性素质也具有可塑性。现代科技理性的过度崇拜与技能训练的异化，使得客观的世界遭到不同程度的破坏，这时就需要开启高品位的人格素质，从生态伦理的视角关照周边环境，这是整体主义课程观在新时代的新诉求。

3. 知识与人格的互动

在冰山素质模型里，知识和人格的关系与技能和人格的关系比较相似。虽然知识相对于技能而言是隐性的，但是，它与人格相比，却是可变的和动态的。知识与人格统一于人的整体素质的形成，知识的形成受制于人格特点，又服务于人格需求。在职业院校，就知识的类型归属而言，可分为普通文化知识和专业理论知识，而对于任何一位职业院校的学生而言，都需要学习这两类知识，因此就需要找到这两类知识与人格的契合点。就普通文化知识而言，应与学生所处的地域特色、民族特色、文化特色相结合，增强学生的社会归属感和乡土情怀。就专业理论知识而言，应结合加德纳多元智能理论所主张的不同特质的人所具有的不同学习优势，选择不同的知识组织方式和教学形式，激发学生的学习兴趣，进而提高学习效果和教学质量。但更为重要的是，知识和人格的互动还需要以第三者为支撑点，即现实生活。倘若只学习书本上的理论知识，置现实于不顾，培养的人只能是脱离于社会的、真空中的抽象人。无论是斯宾塞的"为完满生活做准备"

的课程内容，还是杜威的"与生活相联系"的教育经验，都无不揭示了知识与现实生活关联的重要性。人是生活于现实生活中的人，职业又是人的完满生活的重要组成部分，因此，知识与人格的匹配，必须考虑现实生活的需要。

4. 知识、技能和人格的三维互动

可以看出，整体主义课程观基于整体主义的哲学视野，关注知识、技能、人格等不同素质之间的整合性，并基于建构主义学习理论强调内在素质与外在环境之间的耦合性，追求内在人格特点与外在工作世界需求之间的关联。因此，如果说职业人的素质结构是一个立体框架的话，那么知识、技能和人格则分别代表素质结构的不同维度。其中，知识代表宽度，意味着学生掌握的知识面要足够宽广；技能代表长度，意味着技能的水平要足够精湛；人格代表深度，意味着知识的传授和技能的培养既要深刻挖掘人格特点，又要充分开启人格潜质、提高人格魅力。不同刻度的知识与技能相呼应，而它们又共同与相应的人格特质相关联，进而才能形成最优化的个体素质立体结构。在三者的互动中，素质立体结构内部还有一个深刻的内核，即现实世界。也就是说，职业教育要面向现实的工作世界培养具有一体化素质结构的技术技能型人才，知识的传承、技能的训育、人格的塑造要紧紧围绕现实的工作世界展开。为此，三者互动的三维图可用图 2 - 1 表示。

三 职业教育整体主义课程观的意蕴

从素质达成的朴素课程建设理念而言，不同类型的素质需有不同类型的课程相对应，知识的传承需要理论课程对接，技能的达成需要职业课程承担，人格的开启与升华需要学术课程履行。但是，整体主义课程观对素质互动性的价值诉求，却理所当然地要求培养不同素质的课程内容之间应相互整合。从不同的维度，课程有不同的分类方式，进而有相应的整合方式。在此，简要从学术课程与职业课程、理论课程与实践课程和"问题中心"集群式课程三个层面探讨课程整合的多维内涵。

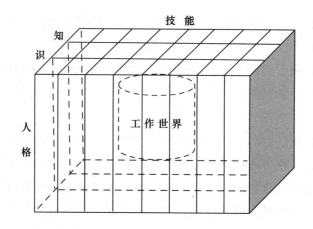

图 2 - 1　知识、技能和人格互动三维图

（一）学术课程与职业课程的整合

学术课程即通常所说的普通文化课程，主要传授一般的通用常识，培养基本的学术能力，一方面对职业学生人格的开启与提升具有重要的积淀性作用；另一方面对职业课程的学习提供基础的知识。职业课程则是与特定的专业行业相关联的课程类型，即通常所说的专业课程，其对技术能力的培养起着直接的定向作用。既然知识、人格和技能具有三维互动和归一性，则学术课程与职业课程具有相互整合的必要。从国际视野来看，为培养学生的综合职业能力，学术课程与职业课程的整合在美国于 20 世纪 80 年代以来受到职业教育法律的支持，并在实践中得以推进，且取得了较好的效果，形成了经典的课程整合模式。在当代中国，随着"一带一路"、《中国制造 2025》等国际、国内发展战略的相继推行，对相关行业尤其是制造行业技术技能人才的素质要求越来越高标准化和综合化，创新驱动、智能制造、绿色制造、高端制造、品牌制造等制造行业的高标准要求，使技术技能型人才必须是一个集创新型、智慧型、伦理型、高端型、卓越型于一体的复合型人才。这些综合职业素质的培养，只靠学术课程或职业课程的孤军奋战是不能达成的，必须实现二者的相互融合。在具体的实践中，可以通过将学术课程内容融入职业课程、职业课程内容融入学术课程，或者创建新的综合型课程，来促进学术课程与职业课程的不同程度的整合。

（二）理论课程与实践课程的整合

理论课程承担基本理论知识的传授，实践课程是促使理论课程知识得以在实践中应用，进而培养实践技能的课程。学术课程和职业课程都有传承理论知识和达成实践能力的双重功能，为此二者都有理论课程和实践课程的双重形态。从职业素质互动的角度，如果说学术课程理论知识的学习是为了人格的开启与升华的话，那么职业理论知识的学习则是为了技术能力在实践中的生成。不过在现实的职业教育实践中，虽然理论课程与实践课程一体化的建设被很多职业院校推崇和实践，但这却仅限于职业课程的理实一体化，并没有关注到学术课程领域的理实一体化建设。这主要源于长时期知识本位课程观桎梏下对学术课程的狭隘认识，认为学术课程不过是传授基本的通识性理论而已，并没有意识到学术课程的实践价值。反观职业教育的现实实践，职业学生对英语、数学等普通文化课程学习兴趣不足的主要原因是，很多职业院校的文化基础课教师并没有意识到文化课程的实践性，认为只要传授了基本的理论知识、学生考试合格就算完成教学任务了，其实并非如此。职业院校学术课程的实践性一方面表现为其本身的知识需要在实践中得以强化，另一方面表现为与行业专业实践的耦合。在职业教育教学中，促进学术课程互动实践的重要途径之一就是将学术理论课程的教学适时地搬迁到一线工厂，使文化理论知识在与行业情境中的关联中，激发学生学习学术课程的兴趣，进而为培养综合的职业人格素养奠定基础。

（三）"问题中心"集群式课程的整合

"问题中心"的集群式课程是指围绕某一职业问题的解决而形成的一系列课程组合模块。这种集群式课程打破了课程类型中学术课程与职业课程、理论课程与实践课程的分野，围绕某一特定的工作世界中的问题，基于整体主义视角，根据不同元素的需求重构一体化的课程体系，并渗透深生态学的理念，强调社会伦理的关照。美国的批判教育学者金奇洛基于批判的后现代主义理论，提出了"问题中心"的课程组合方式。他指出，必须从多元的视角整合多学科的内容，包括心理学、社会学、语言学、统计学、数学、生物学、物理学等，以使个体面对当代这样一个特殊的畸形社会。[1] 因此，这种集群式课程的核心思想是倡导多学科的整合，以培养学生多元的理论视野、打造综合的职业人格、生成集群的技术能力。然而，在现实的职业实践中，集群式课程要么是面向职业集群岗位所设的宽基础课程，要么是基于项目任务所设的专业模块课程，却很少从多学科视野关照集群课程的建构，更不用说体现生态伦理观念了。在当代社会，随着"工业4.0"的推进，信息技术与职业岗位深度融合，智能化愈演愈烈。在这种环境下，技术技能型人才一方面要具有把握全局、立体思维、大胆创新的智慧型素养；另一方面应具有超凡脱俗、超越技术迷信的伦理品格，这就需要他们学习多学科的理论知识、打造多学科的人格素质。"问题中心"集群式课程的整合式建设就满足了这一需求。

在本书中，主要从学术课程与职业课程的整合这一维度探究整体主义职业教育课程观引领下的相关问题，当然有时也会涉及与其他两种维度整合之间的交叉。需要指出的是，整体主义课程观并不是机械地主张不同课程类型之间的整合。各种维度课程之间的分类有其科学的依据，整体主义课程观并不是企图要消除不同课程之间的分类，而是在承认彼此区分的基础上，引导不同课程实践者具备相互整合意识。在某些情况下，是可以建立一定数量的一体化课程的，但更多的是在某一类型的课程中渗透另一种课程的内容，尤其要求在教学实践中进行相互的渗透。因此，整体主义课程观作为一种课程理念和价值取向，并不完全反对知识本位、技能本位、人格本位和素质本位课程观，而是在尊重其他课程观应有优势的基础上对课程设计理念与实施路径的进一步完善。

---

[1] Kincheloe, L., *Toil and Trouble: Good work, Smart Workers, and the Integration of Academic and Vocational Education*, New York, NY: Peter Lang Publishing, Inc., 1995, p. 286.

第三节　我国职业教育学术课程与职业课程整合的概念诠释

"学术课程""职业课程"作为一对"舶来词",在当前我国职业教育的理论和实践中显得较为陌生,它们之间的"整合"更少有人关注。如何将这些概念与我国职业教育的实践相对接,并引起理论研究者及政策制定者的关注,且为后续研究提供前提条件,是概念诠释的重要任务。

一　学术课程及其相关课程概念的界定

"学术课程"是指学校课程里反映大学传统(学术)兴趣的那些课程或课程的有关部分,它往往被视为"既有学术价值又有理论基础的课程,与职业教育的实践性和应用性形成对照"。[①] 可见,学术课程最初的定义还是源于普通教育中的传统课程,体现其学术性和理论基础性特点。事实上,普通中小学的大部分学科课程以及普通高等教育中的基础课程都属于学术课程的范畴。总体而言,学术课程主要包含人文社会与自然科学两大领域,其中在人文社会领域主要有语言(阅读、写作、听力、口语)、政治、历史、伦理、美育等课程;在自然科学领域主要有数学(几何、代数等)、科学(物理、化学、生物、地理等)等课程。此外,公共体育、计算机基础也属于广义学术课程的范畴。

就职业教育而言,其课程的主要任务是传授生产、服务与管理一线的能够直接使用的技能性知识和能力,但它同时也承担着培养相关非技术性知识和能力的任务。因为,在现代复杂的工作世界中,个体不仅仅需要具有操作性的技术能力,还要具备一些通用的关键学术能力,这些学术能力一方面包括听、说、读、写、算、数等最基本的学术能力;另一方面包括诸如批判思维能力、创造性思维能力、问题解

[①] 王国富、王秀珍:《澳大利亚教育词典》,武汉大学出版社2002年版,第321页。

决能力和团队合作能力等应对复杂工作环境的高级学术能力。① 事实上，最基本的学术能力是掌握好一定技术能力的重要基础；高级学术能力则可以大大提高技术能力使用的效率，是个体成为现代完满职业人的必要条件。如果说技术能力是知道"如何做"的能力，那么学术能力则是知道"为什么这样做"以及"如何做得更好"的能力。只有当知道"为什么这样做"以及"如何做得更好"的时候，个体的"如何做"才能发挥得淋漓尽致，他的职业生活才能过得更加完满。因此，学术课程作为职业教育课程体系的一部分，不仅仅作为独立的课程形态存在实现其"育人"的本职功能，还应作为基础性课程具有服务职业课程，进而提高职业人完满生活质量的重要旨趣。

在西方，与学术课程相关的课程还有"通识课程"（general course）和"博雅课程"（liberal course）。其中，通识课程源于美国帕卡德（Parkard）教授的"通识教育"（general education）概念，是该教育理念得以实践的课程形式。通识课程关注学生作为一个"人"对最基本的思想、情感、能力和修养的需求，旨在培养全面发展的完整的人，而不是被驯化为一个仅仅受过专业培训的工具人。② 帕卡德提出的"通识教育"是一种兼有古典的文学和科学的、尽可能综合的教育，是学生学习任何专业所必备的知识的教育，旨在促使学生在学习专门的知识之前对知识的总体状况有一个综合而全面的理解。因此，通识课程是传授专门知识的专业课程的重要基础。"博雅课程"最初源于亚里士多德的"博雅／自由教育"（liberal education）的实践，主要包括阅读、书写、音乐、绘画、哲学、数学以及自然科学等理性自由课程，旨在培养公民自由与高尚的情操，与立足实用的"非自由教育"的技艺课程形成鲜明对比。可见，这两种课程与学术课程的共同目的都在于培养公民基本的科学与人文素养，这些素养是从事任何职业的公民所必需的。

---

① 陈鹏、庞学光：《培养完满的职业人——关于现代职业教育的理论构思》，《教育研究》2013 年第 1 期。

② 李会春：《中国高校通识课程设置现状研究》，《复旦教育论坛》2007 年第 4 期。

　　在我国的课程实践中，与学术课程相关的有"基础课"和"文化课"。其中，基础课是指在高等学校和职业学校中，学校根据教学大纲的要求安排学生学习某专业必修的基础理论、基本知识和基本技能的课程，它包括一般基础课和专业基础课。[①] 可见，从课程功能的基础性而言，这里的基础课与学术课程具有相同的旨趣，它们二者都重在培养学生的基本知识和技能，旨在为专业或技术能力的进一步培养提供重要的学术基础。其中，一般（公共）基础课是面向所有专业的学术课程，而专业基础课是面向某一特定专业领域的应用学术课程。不过在通常情况下，学术课程一般对应于公共基础课。职业教育中的公共基础课程旨在为各专业的学生提供基础的学术能力，并为专业课程的学习提供必备的知识基础。对于文化课程，有学者认为它不仅仅局限于语文、数学、物理等学术性科目，还应包括艺术、人际关系、环境污染等全球化时代所需的普通文化知识。[②] 显然，语文、数学、物理等学术性科目所培养的是一般学术性能力，而全球化时代所需要的现代文化知识所培养的则是应对现代工作世界的高级学术能力，而这两种能力恰恰是前述学术课程所培养的两种学术能力。这种文化课程一般也被称为公共基础课程，前者是就课程的内容而言，后者是就课程的性质而言。

　　由此可知，学术课程与通识课程、博雅课程、基础课程和文化课程所表达的内涵基本一致，即它们所培养的能力基本相同，只是各自所强调的能力性质及其所反映的历史、文化背景不同而已。学术课程强调能力的知识性与理论性，通识课程强调能力的广博性和通用性，博雅课程强调能力的高尚性与自由性，基础课程强调能力的基础性和一般性，文化课程强调能力的文明性与时代性。就使用的文化背景而言，前三者多用于西方国家，后两者多用于我国。至此，笔者认为，现代职业教育中的学术课程在内涵上是指传授基本的学术理论知识和

---

　　① 谢新观：《远距离开放教育辞典》，中央广播电视大学出版社1999年版，第207—208页。
　　② 徐国庆：《实践导向职业教育课程研究》，博士学位论文，华东师范大学，2004年。

普适的文化知识，一方面为个体未来的完满成长提供基本的通识知识和基本的学术能力；另一方面为职业课程的学习提供广博的知识基础和能力基础，进而为未来职业人的完满生活奠定丰富的理性、非理性基础的课程形态。在外延上，学术课程可包括西方课程论意义上的通识课程和博雅课程以及我国通常所用的公共基础课和文化课，后四种课程不是共同组合成学术课程体系，而是每一种课程都以独立的形态对应于学术课程，是与学术课程具有同一内涵的不同称谓表达。

二　职业课程及其相关课程概念的界定

"职业课程"是同专门的工作岗位或职业领域对口的课程，是"在普通中学高年级或大专院校开设的从事于某种工作的职业课，使学生毕业后便于就业"。[①] 从这里可以看出，职业课程是与工作岗位或职业领域直接相联系的课程，体现其职业性、就业性与应用性特点。与学术课程存在于各阶段教育系统中不同的是，职业课程主要存在于面向就业的教育阶段中，包括中等教育阶段的职业高中、中专、技校甚至部分普通高中，以及各类高等院校。根据 2015 年新修订的《中华人民共和国职业分类大典》规定，我国目前职业共分 8 个大类、75 个中类、434 个小类和 1481 个职业，其中 8 个大类包括党的机关、国家机关、群众团体和社会组织、企事业单位负责人，专业技术人员，办事人员和有关人员，社会生产服务和生活服务人员，农、林、牧、渔生产及辅助人员，生产制造及有关人员，军人，其他从业人员。因此，从广义上来看，职业课程就是培养面向这些职业领域的就业能力的课程。

同样是面向就业，但职业教育与普通教育在人才培养目标上有着不同的定位。我国职业教育所培养的主要是面向生产、服务与管理一线的高素质劳动者和应用型人才；而普通高等教育所培养的主要是高级专门人才。基于此，从八大职业领域中我们可以析出职业教育所面向的职业集群，主要涉及农、林、牧、渔生产领域，生产制造领域，社会生产与生活服务领域等。因此，从职业教育这一狭义的视角出

① 张焕庭：《教育辞典》，江苏教育出版社 1989 年版，第 739 页。

发，职业课程的主要任务就是培养面向这些领域的生产、服务、操作和部分管理等岗位所需要的职业（专业）知识和职业（专业或技术）能力。其中，职业知识是对相关技术原理的描述，有助于提高学生对专业技术的理解力与判断力，进而促进对职业技术能力即实践操作能力的掌握，这部分知识由职业理论课承担；职业技术能力是一线的实践操作能力，是职业知识与职业世界的相互联系而产生的能力表征，主要由职业实践课承担培养。但总体而言，职业课程所特有的功能就是培养"如何做"或"怎么做"的能力，这种能力是个体职业人为维系其生命所必须具备的基本生存能力，是进一步成长为完满职业人的重要基础条件。

在西方，"职业课程"最早可以追溯到亚里士多德那里。基于"自由教育"与"非自由教育"的分类，亚里士多德将课程分为追寻理性自由的博雅课程和培养工匠技艺的实用课程，而"职业课程"本质上就具有其所说的"实用课程"的性质。从职业教育的视角，原始的职业课程只是限于最初的农业、手工业领域的学徒制系统的实践"课程"，这种课程与当今职业教育校企合作、顶岗实习期间的职业实习（实践）课程相类似。而后，随着职业的不断分化以及近代专门学校和现代职业教育的建立，职业课程所面向的职业领域越来越广泛，职业课程也逐渐分化为职业理论课、职业实践课等多种形式，并被建构于现代职业学校课程体系中。从能够查到的资料得知，"职业课程"于20世纪上半叶在美国综合中学中被正式提及。建立在亚里士多德"自由教育"和"非自由教育"分类基础之上，杜威指出，教育可分为"为闲暇生活做准备"和"为有用劳动做准备"的教育。但他并不主张将两种不同功能的教育割裂开来，而是通过建立综合中学的方式将职业课程、普通课程以及大学准备课程放在同一个学校的"屋檐"下进行融合。其中，这里的"职业课程"乃是为毕业后直接就业的学生所准备的课程。这也就使得职业课程除了具有职业性的特点外，还具有就业性的特征。前一特点体现了培养能力的可能性，后一特征凸显了培养能力的现实性。

在我国，与"职业课程"相关的课程有"专业课程""技能课程"和"实训课程"等。其中，专业课是指"高等学校和各类职业技术学校根据培养目标设置的专业知识和专门技能的课程"，其任务是让学生掌握某一专业领域的知识和技能。[①] 从中可以看出，专业课具有专业性和专门性，"专业"是专业课形成的前提条件，它主要存在于具有专业划分的学校中，这与"职业课程"的存在环境是基本一致的。从另一个层面讲，学校中的"专业"是与社会上的"职业"基本相对应的，高等学校和职业学校所培养的人才主要是面向就业的。因此我们可以说，这里的专业课又具有职业性和就业性的特点，这正是职业课程的特点。所以，职业教育视角的职业课程与职业学校的专业课程具有相同的内涵。职业院校的"技能课程"则是培养某一专业或职业领域所需要的专门技能的专业课程，这相当于职业课程中的职业实践课程。此外，"实训课程"也是培养"专门技能"的一种"技能课程"，它更强调教育过程的动态性与能力形成的可操作性。因此，作为专业课程范畴的技能课程和实训课程也是职业课程的重要表现形式。

综而述之，虽然职业课程与专业课程分别强调课程服务的职业定向性和课程知识的专门性，但它们在课程范畴的辐射面上都是一致的，即两者都是设置于普通高校和各级职业院校中与学术课程相"对立"的、具有就业倾向的课程。为了与职业教育的"职业性"相匹配，笔者主张将现行各级各类职业院校的专业课程统一为职业课程。在此，将现代职业教育中职业课程的内涵界定为，在职业院校中为培养某一职业领域或专业领域中所需的专门知识和技能而设置的课程类型，在表现形式上分为职业理论课和职业实践课，其中前者承担专业理论知识的传授，后者承担具体操作能力的培养。此外，职业实践课程还有技能课、实习课和实训课等多种不同表现形式。

三 学术课程与职业课程整合概念界定

在职业教育的课程体系中，学术课程与职业课程作为两种不同的课程形式，分别承担着为个体培养学术知识与能力以及职业知识与能

---

① 谢新观：《远距离开放教育词典》，中央广播电视大学出版社 1999 年版，第 208 页。

力的专门职责，这也是两种课程得以划分的初衷。然而，这种划分最初仅是一种理想的区分，为的是能更好地对能力的培养做出分工。但随着社会的发展，尤其是现代复杂工作世界的推进，职业教育包括课程体系面临着许多新的形势和问题。面对未来复杂的工作世界，职业人只具有简单的、彼此割裂的学术能力和职业能力是不够的，他们更多地需要发现问题、解决问题、创造性思维、职业伦理与职业审美等综合性的职业能力与素养。综合职业能力不是学术能力与职业能力的机械相加，而是两种能力的互通与融合。这就需要现代职业教育改革与创新课程模式，通过学术课程与职业课程的整合实现对完满职业人的培养。

　　"整合"是指通过整顿、协调，实现重新组合①，以达到结果的更为优越，从而促进事物的持续发展。这一整合运用了系统论中整体最优化的基本原理，旨在根据新的社会形势和时代特点，将原有的组合要素以新的结构形式呈现出来，以达到整体最优化的目的。因而，课程整合就是将不同学科领域的课程内容要素相互渗透和融合，以实现课程功能最大化的过程。整体主义教育学者克拉克（Clark）认为，课程整合（统整）始于"事物连通性"的假设。② 学术课程与职业课程是相互联系的完整课程体系不可分割的两个部分，在培养具有综合职业能力的完满职业人中具有和谐统一的意义。因此，学术课程与职业课程的整合就是将相互联系的学术课程和职业课程通过不同的模式和运作机理融合在一起而实现完满职业人培养的过程。关于学术课程与职业课程的整合，有美国学者认为，它是通过学术课程和职业课程的教师协同工作，以确保两个领域的课程内容更具有相关性和对学生更加有意义，这种整合需要通过在职业课程教育中渗透学术内容或在学术课程教育中渗透职业内容的方式实现，整合有利于学生同时获得相关的学术和职业能力，以便未来毕业后能够更好地进入职业并在工

---

　　① 中国社会科学院语言研究所词典编辑室编：《现代汉语词典》第 5 版，商务印书馆 2005 年版，第 1737 页。

　　② 安桂清：《整体课程论》，华东师范大学出版社 2007 年版，第 125 页。

作世界中获得成功。① 这里形成了两种整合模式，即在原有学术课程和职业课程的基础上通过整合优化，形成了融合职业内容的学术型课程和融合学术内容的职业型课程。

但事实上，整合（integrate）的英文解释有两层含义：其一是将两种不同的事物相互融合，以形成一个整体；其二是将一种事物与另一种事物结合，以成为后者的一部分。② 显然，美国学者对学术课程与职业课程整合的解释只体现了"整合"的第二层含义，所形成的两种课程形式都是具有从属关系的课程组合方式，两者要么以学术课程为主导，要么以职业课程为主导。然而，基于整合的第一层含义，现代职业教育中学术课程与职业课程的整合完全可以以全新的课程形式呈现，即将学术课程知识与职业课程知识相互融合而形成一种新的综合型课程模式。因此，"学术课程"与"职业课程"的整合，不仅指其中一方整合另一方的过程，也包括两者相互融合而形成一种新型课程模式的过程。此外，学术课程与职业课程的整合模式还可以体现为集群模块的形式，如问题中心课程、学习领域课程等，这些模式中的课程不再有学术课程与职业课程的二元分野，也不是一门单独的综合课程，而是将工作领域所需的所有知识内容按照一定的方式组织起来，体现了学术知识与职业知识的集群式融合。

在这里需要进一步澄清的是，"学术课程与职业课程的整合"不同于"学术教育与职业教育的整合"。正如有学者所言，学术教育与职业教育的整合是指通过改变课程、重构组织、促进教师合作、加强与就业的联系等措施使得两类教育融为一个有序整体的一系列的活动。③ 可见，"学术课程与职业课程的整合"是实现"学术教育与职业教育整合"的一种具体方式，但不同的是，前者实施的主体是单边

① Finch, R. and Crunkilton, R. , *Curriculum Development in Vocational and Technical Education*: *Planning*, *Content*, *and Implementation*, Boston, MA: Allyn and Bacon, 1999, p. 264.
② ［英］霍恩比：《牛津高阶英汉双解词典》第 4 版，李北达译，商务印书馆 1997 年版，第 777 页。
③ 董仁忠：《学术教育与职业教育的整合——兼谈对我国综合高中课程的思考》，《外国教育研究》2005 年第 8 期。

的职业学校，实施的核心任务是课程建设，是在职业学校内部通过各种课程模式的运作而实施的两类课程知识的相互渗透与融合的过程，以课程的组合形态出现，如综合课程；而后者实施的主体是教育行政部门和各类教育机构，是在教育行政部门的指导与协调下，通过所辖教育机构的共同努力或内部组织方式的变革，而实施的两种教育内容的融合过程，可以以学校的形态出现，如综合高中。在这种综合高中的教育模式内部，既可以有相互独立的学术课程和职业课程，也可以有两者整合的课程形式。

前已述及，基础课、文化课和专业课等更多地适用于中国教育场域，而学术课程和职业课程则更多地源于西方教育实践。既然如此，那么为什么本书还将相关课程概念皆统一到学术课程与职业课程两种概念体系当中，并将其试图应用到中国现代职业教育的实践中来分析与解决问题呢？就此，笔者是这样考虑的：一是学术课程与职业课程的称谓更能体现出两种知识模块的区分，为两种知识的进一步整合厘清思路；二是学术课程比基础课程和文化课程更能体现出能力目标的定位，而职业课程比专业课程更能体现出职业教育的就业性以及与普通（高等）教育的高深性之间的区别。

此外，对于现代职业教育领域中学术课程与职业课程的整合，有研究者提醒两点：一是并非所有的普通文化知识（学术知识）都能与专业课程（职业课程）相融合；二是不能在普通文化知识（学术知识）与专业课程（职业课程）之间建立机械性的联系，否则效果将适得其反。[①] 这进一步告诫我们，在职业教育的课程改革中，不能一味地追求将所有职业领域中的全部学术课程与职业课程都要进行某种形式的整合，而是将学术课程与职业课程的整合作为职业教育课程改革的一种新理念，在教育资源、师资条件允许的情况下，根据职业教育的层次性质、项目领域的专业特点和学生的知识基础，进行有针对性的探索与实践。

---

① 石伟平：《我国职业教育课程改革中的问题与思路》，《中国职业技术教育》2006 年第 1 期。

第三章　我国职业教育学术课程与职业课程整合的历史考察

"要改变中国教育，非注意于中国教育史的研究不可"，同时要把探索教育变迁的"线索与所变化的原因"作为教育史研究的任务，通过总结"若干公例"，做出应付与解决现实教育和未来教育问题的"南针"（舒新城）。[①] 在我国职业教育课程改革的历史进程中，学术课程与职业课程的整合有着萌芽的实践，研究以新中国成立为历史起点，梳理近五十多年来我国职业教育课程改革的历程，归纳课程整合的阶段性特点和历史发展规律，并选择典型的课程整合模式加以解析，以为今后职业教育课程整合的发展提供历史镜照。

第一节　我国职业教育学术课程与职业课程整合的历史嬗变

新中国成立以来，我国职业教育课程改革先后经历了移植普教课程模式、借鉴国际经验与探索中国特色职教课程模式相结合、在独立自省中创新与提高三个发展阶段。在这一历史嬗变的进程中，我国职业教育课程改革的基本思路体现为从学科本位到能力本位再到工作过程本位的转换，课程模式体现为从分段式到模块式再到整合式模式的转变，学术课程与职业课程整合的实践以不同的方式相继呈现着，尽

---

① 叶澜：《二十世纪中国社会科学》（教育学卷），上海人民出版社 2005 年版，第 128 页。

管态势微弱，但有逐渐增强的趋势。

一　移植普教课程模式阶段：学科本位的分段式课程观

从新中国成立到改革开放初期，我国职业教育的课程模式基本嫁接了普通教育的分段式课程模式，体现为文化基础课、专业基础课和专业课三段式的课程结构。这种课程模式是苏联教育模式影响下的产物，渗透着特定历史时代的烙印，为新中国成立后我国经济社会的发展培养了大批合格的劳动者，在职业教育发展史上曾经扮演了重要的角色。它基于斯宾塞"科学知识最有价值"的教育理念，以学科为本位，以系统理论知识的传授为宗旨，强调学科知识的理论性、系统性与完整性。在三种课程类型中，如果说文化基础课和专业课分别承担学术知识和职业知识传授的话，那么专业基础课在某种程度上具有整合学术知识与职业知识的意蕴。专业基础课不仅在课程实施的时间顺序上承启了文化基础课与专业课之间的联系，而且在知识内容的选择上也连接了学术课程知识与职业课程知识，使两者以单科课程（专业基础课）的形式融合在了一起。事实证明，专业基础课所构建的专业基础理论知识在很大程度上融合了某一门或某几门学术课程知识（如数学、物理、化学等）与特定的专业课程知识，因此，它一方面充分利用了学生已有的学术课程知识基础，另一方面又对职业课程知识的学习进行基础性前瞻，进而搭建了过渡性的桥梁，从而实现了学术课程与职业课程最为朴素的整合。

然而，学科本位的分段式课程模式在发挥其重要作用的过程中，也逐渐暴露出其固有的弊病。一方面，它基于知识就是能力的观点，认为课程学习的主要目的就是掌握系统的基础知识、专业知识和职业知识①，课程设计的思路也是按学科知识的内在逻辑展开的，致使所形成的学科本位的课程包括专业基础课过于重视理论知识的传授，忽视了理论知识与实践技能的联系，对动手实践能力的培养度不够。另一方面，它将文化基础课、专业基础课和专业课分开逐项进行，虽有专业基础课本身的朴素融合，但整体而言这种课程模式并没有充分意

---

① 王泽荣：《论职业教育课程观的变革》，《中国职业技术教育》2012年第30期。

识到学术知识与职业知识、学术能力与职业能力、一般态度与职业态度之间的联系，从而造成不同知识类型之间、不同能力维度之间、不同态度性质之间的相关度与相融度不够。从本质上说，这种课程模式是将不同类型的知识、能力与态度的培养分配在了不同的时期，致使同一工作岗位所需的整合性知识、能力与态度不能在同一时段习得，进而不利于完满职业人的生成。

二 借鉴与探索相结合阶段：能力本位的模块式课程观

从20世纪80年代中后期到90年代，随着改革开放的速度加快，市场经济体制的逐步建立，劳动力市场对具有一定综合职业能力并在某一行业岗位具有技术专长的大量技术工人的需求越来越强烈，使原来培养知识型人才的学科本位的分段式课程模式的弊端日益暴露。面对劳动力市场对专门人才的需求，我国职业教育课程实践开始借鉴国际发达国家和地区的先进经验和模式，并将其与中国国情相结合，逐渐进行本土化的探索与实践，最后成功地总结出一些具有中国特色的职业教育课程模式。总体而言，这一时期课程模式的特点是能力导向的，在课程的建设上以模块的形式对相关的知识内容进行融合，并逐渐凸显出学术知识与职业知识的横向整合。

其中，基于行业任务驱动的能力本位教育模式（CBE）和模块式职业技能培训模式（MES）是我国职业教育在20世纪80年代末90年代初期分别从北美和国际劳工组织引介的两种主要课程模式。其共同点表现为它们都是从职业岗位之工作任务对技能的需求出发探讨课程组合的，最终的所学内容是由完成一项工作任务所需的若干学习单元组成的课程模块。与学科中心的课程更关注知识的掌握不同，它们更关心学生能力的提高，因而皆可称为能力本位的课程模式。但是，这种工作任务驱动下的课程模块却是以培养专门的、序列性技术能力为导向的，更多的是基于行为主义训练的视角进行技能培训的思路，而不是从整体主义的视野组合课程的，因此，这种课程模式仅仅是职业课程内部之间的组合，较少关注职业课程知识之外的学术知识的学习，尚谈不上学术知识与职业知识的整合。

不过，令人欣慰的是，从20世纪80年代初期就开始引入我国并在 90 年代逐步推广的德国双元制课程模式则从整体主义的视域同时融合了学术课程与职业课程。这种课程体系由普通课程和专业课程组成，后者包括专业理论、专业计算和专业制图三个课程模块。① 其中，普通课程体系中舍弃了在学科分段式课程模式之文化基础课中占主要地位的数学、物理、化学等学术课程，而是将这些课程融合到三门专业课程模块中，进而形成了一个综合式的专业课程体系，确保了一般的学术课程与专门的职业课程之间的有机融合。以此课程模式为借鉴，我国高职教育在实践中逐步探索出一种新的阶段模块式的课程模式。阶段模块式课程由专业课和基本技能课组成，其中基本技能模块承担对诸如计算技术、文件处理能力、语言能力和计算机能力等基本学术能力的培养。与双元制课程将学术课程的内容融合到专业课中不同，该课程模式是将学术内容与职业内容的整合体现在培养基本技能的学术课程模块当中，让相应的学术内容具有职业导向性，并为专业课服务。

为进一步适应我国社会对职业教育人才培养的需求，在借鉴国际先进职业教育课程模式的基础上，从 20 世纪 80 年代末 90 年代初开始，一批职业教育理论与实践工作者根据我国当时的国情和职业教育的特点，逐步探索出一批具有中国特色的职业教育课程模式，并进行了相应实践。这些模式包括北京市朝阳区职教中心蒋乃平先生牵头研发的"宽基础、活模块"（集群式模块）课程模式（KH）、四川省乐山市农村职业教育探索总结的"宽实活"（KSH）课程模式和河北工业职业技术学院开发的"大专业、宽专业基础、多专门化方向"模块课程模式（DKD）等。这些课程模式的共同特点就是宽基础、活模块，在以文化基础课为学生培养通用能力的基础上，又为学生提供了模块化的岗位专门课程，以提高学生技能培养的针对性和就业方向的灵活性。但就学术课程与职业课程整合的视角而言，这些模式主要体现在文化课模块中对宽广职业元素的渗透，强调综合职业能力的培养。例如，KH 课程模式中的"宽基础"包括政治文化类、公共关系

---

① 黄克孝：《职业和技术教育课程概论》，华东师范大学出版社 2001 年版，第 126 页。

类、工具类和职业群专业类四个课程板块，每种课程类型都具有一定的职业导向性，旨在培养职业集群所需的通用知识和关键能力，因此是在学术课程的基础上实现的对职业内容的融合。

三　借鉴中的独立自省阶段：工作过程本位整合课程观

伴随着课程整合化的趋势，在新的时期我国职业教育继续从国外引进先进的课程模式，如英国的 BTEC 模式和澳大利亚的 TAFE 模式。其中，BTEC 是由英国商业与技术教育委员会设计的职业教育课程模式，从 1998 年开始引入我国，并从 2001 年在全国推广。它强调学术性与职业性的平衡，既注重学生个性的发展，又强调职业能力的培养，通过此课程的学习可获得学术教育和职业教育相融合的学历证书，该文凭意味着学生既具备了职业资格，又达到了一定的学术能力水平。TAFE 是澳大利亚职业教育与培训的一种模式，它的课程学习时间的 80% 都在工作场所进行，因此是一个基于工作本位的教育模式。该模式于 2005 年引入我国的重庆房地产学院，并进行成功实践。这两种课程模式的共同特点，就是瞄准市场需求，培养学生所需的综合职业能力。但是，它们仍是前一阶段课程改革发展的延续，在很大程度上仍体现为能力本位的基本理念，同时也是从国外进行相对机械移植和嫁接的结果。

进入 21 世纪以来，随着高科技的迅速发展以及生产方式的高度智能化，第三次工业革命愈演愈烈，劳动力市场对技术工人综合职业能力的要求比以往任何一个时期都强烈。面对职业岗位的迅速更迭，通过专门培训就能学习和掌握的技术能力已经不再显得那么重要，但与工作情境相关的创造性思维能力、独立解决问题的能力、团队合作精神等一系列的高级学术能力和素养却越来越重要。为此，2000 年发布的《教育部关于加强高职高专教育人才培养工作的意见》明确指出，课程与教学内容体系改革应注重人文社会科学与技术教育相结合。这就为普通教育与职业教育的一体化、学术课程与职业课程的整合带来新的机遇。以此为背景，在综合国际经验与本国历史探索的基础上，在 21 世纪伊始一些理论研究者开始反思并探索新的适宜中国职业教育发展的课程模式。例如，上海职教所的黄克孝先生在 2001

年提出了"多元整合"式职业教育课程建设的新思路。他从课程生成的知识、技能和态度三维视角出发，认为课程的建设应体现对学生的基础知识和专门知识、智力技能和动作技能、一般态度和职业态度的一体化培养。[①] 这是一种基于整合能力观视野下的课程组合思想，它为职业教育学术课程与职业课程的整合提供了新的思路和实践指导。

　　生产方式的高度智能化和信息化加快了工作过程一体化的进程。为适应新的职业环境对人才培养的需要，从 2005 年前后，蕴意整合式课程观思想的基于工作过程本位的课程模式逐渐成为职业教育专家的新宠。工作过程本位理论的倡导者认为，完成一项工作任务是一个系统的工作过程，而不是由多个工作序列简单组合而成的。以这种课程理论为基础，我国职业教育理论与实践工作者于 21 世纪之初，创造性地提出了项目课程模式，并在江苏、上海、广东、浙江等地逐步推广。例如，从 2003 年开始常州机电职业技术学院就积极构建面向高职的数控技术应用专业的项目课程模式。2006 年后，在有关专家的推动下，广州番禺职业技术学院设计类专业、顺德职业技术学院的机械类专业、广东科学技术职业学院的经管类专业、金华职业技术学院的电子商务专业和浙江金融职业学院的市场营销专业等一批职业院校的相关专业都进行了项目化课程的探索与实践，并取得了重要成果，有的甚至以项目化课程为依托进行国家精品课程的建设。项目课程既不同于技能训练的模块式课程，也不同于提供广博知识的宽基础课程，更不是两者纵向的简单叠加，而是以完整的工作过程为平台和课程组合的逻辑起点，将工作过程所需的不同类型的知识（基础知识和专业知识）、能力（智力技能和动作技能）和态度（一般态度和职业态度）整合在一起，形成的一系列综合化的课程体系，实现了学术课程与职业课程的有机融合。可以看出，项目课程也是模块式课程的一种，但它是在传统（能力本位）模块式课程基础上的升华与创新，是按照职业世界的一体化组织课程目标与内容的，体现为认知的、能力

---

　　① 黄克孝：《论职教课程改革的"多元整合"策略思想》，《职教通讯》2001 年第 2 期。

的和情感态度的三个整合式模块，避免了能力本位模块式课程将课程分为基础模块、职业模块甚至拓展模块基础上的机械式叠加课程对人格分裂式培养的弊端。

第二节　我国职业教育学术课程与职业课程整合的历史模式

从我国职业教育课程改革的历程分析中可以看出，在借鉴国际职业教育课程模式经验的基础上，20世纪90年代以来，我国职业教育逐步探索出一些具有本土特色的、蕴意学术课程与职业课程整合理念的典型课程模式。在此，主要精选"宽基础、活模块"（KH）课程模式、"大专业、宽专业基础、多专门化方向"（DKD）课程模式、"宽实活"（KSH）课程模式和项目课程模式四种典型模式，进行全面解读，尤其是从学术课程与职业课程整合的视角加以分析。

一　KH课程模式

（一）KH课程模式产生的背景

在20世纪90年代，随着市场经济体制的逐步建立，我国社会开始从传统农业型社会逐渐向现代工业型社会转变。在这一时期，作为与经济发展联系紧密的职业教育而言，必然要响应社会发展变化对人才的诉求，尤其是需要通过课程改革来促进职业教育与社会关系互动。为此，职业教育课程改革需要处理两对矛盾：一是经济发展带来的职业岗位变动与职业教育课程自身稳定性的矛盾；二是职业学生职业就业能力与职业发展能力培养的矛盾。

就第一对矛盾而言，一方面随着经济转型速度的加快和产业结构的调整升级，职业岗位更新的周期逐渐变短，这就决定了一个人一生只从事一份职业的时代已慢慢过去，人在一生中涉足多种职业越来越成为可能，为此职业教育课程必须培养学生能够胜任不同职业岗位的广泛职业能力；另一方面职业教育课程的改革除了响应社会发展的变化需求外，还要遵循职业教育的内部发展规律，保证课程体系的相对稳定性，避免职业教育沦为功利性的职业训练，以满足职业教育培育完满职业人的基本诉求。[1] 就第二对矛盾而言，一方面职业教育是以职业为定向，因此，职业教育课程的基本功能就是要培养学生针对职业岗位的职业就业能力，这就要求在课程设置中必须确立实践课程的核心地位，确保职业实践能力的培养；另一方面伴随着职业岗位的频繁变动以及企业对复合型人才的需求，职业教育课程还必须培养学生的学习能力、方法能力、社会能力等关键能力或者通用能力，为未来可持续发展奠定基础。

在兼顾经济社会发展需要与职业教育自身稳定性以及学生就业能力与关键能力发展两对平衡的基础上，KH 模式即"宽基础、活模块"课程模式应运而生。"宽基础、活模块"课程模式学名为集群式模块课程，由北京市朝阳区职业教育中心的蒋乃平先生于 1994 年最早提出，并在 20 世纪 90 年代末期得以逐步成熟和完善。该模式继承了中国传统职业教育课程模式的优点，并借鉴了德国双元制、北美的CBE、国际劳工组织的 MES 以及英国的 BTEC 等课程模式的合理之处，且结合本土职业教育的特点，在培养学生宽厚的职业能力基础之上，通过模块化课程的组合，增加课程的职业针对性、灵活性和实用性。因为该模式符合了当时学校教学管理机制和教师对职业教育的理解程度，所以，受到广大职业院校的欢迎，已在全国 20 多个省市的近百所职业院校进行了相应的推广实践。

（二）KH 课程模式的基本结构

KH 模式的课程结构分为两个相互联系又有区别的阶段（见图3－1）：[2][3] 第一阶段为"宽基础"阶段，这一阶段的课程内容整合了相关职业群的知识和技能，并不针对某一特定的职业或工种；第二阶段为"活模块"阶段，此阶段相对于第一阶段来说，课程内容具有很强的针对性和实用性，旨在通过模块化的课程内容组合，实现针对某一特

---

[1] 黄克孝：《职业和技术教育课程概论》，华东师范大学出版社 2001 年版，第 153 页。

[2] 蒋乃平：《宽基础活模块的理论与实践》，宁波出版社 1999 年版，第 13 页。

[3] 蒋乃平：《"宽基础、活模块"课程结构研究》，《中国职业技术教育》2002 年第 3期。

定职业或工种所需知识和技能的培养，其中技能培养是课程的重点。

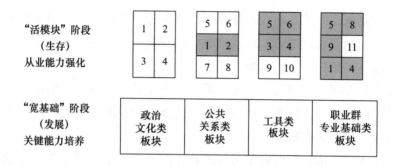

图 3-1 KH 课程模式结构

1. "宽基础" 阶段

"宽基础" 阶段面向职业集群的需要，根据课程目标侧重点和内容性质的不同，将教学内容分为政治文化类、公共关系类、工具类和职业群专业基础类四大板块。板块本质上是模块，由于每个模块的目标和内容相对固定，因此称为板块。其中，政治文化类课程一般由政治、语文、数学、体育四门科目组成，具体的内容设置除了考虑学生基础素质的培养外，还应参考相关的职业规范和要求，将知识进行整合，如数学这门课不仅包括一般的经典性知识，还要与相关的专业特点相结合形成专业数学。公共关系类课程由两类模块组成，一类重点培养公关能力，整合职业道德、职业礼仪，以及公共关系学、心理学、伦理学等内容，使其贯穿于具体的能力模块当中，包括沟通能力、合作能力、信息收集能力、谈判能力等模块；另一类重点培养学生的求职能力和创业能力，因而职业指导和创业教育是主要课程内容。工具类课程由英语、计算机两门课程组成，其自身的"实用性"特点决定其不同于一般学科课程对认知能力的强调，而是更多着眼于具体的实践应用，因此，根据具体的职业群要求，英语或计算机的学习内容将与具体的职业需求整合在一起，体现为一定的专业导向性。职业群专业基础类板块，相较于其他三个板块，与专业的关系更为紧密，其地位类似于传统课程模式中的专业理论课程，重点是培养学生适应职业岗位群的关键能力和通用能力。

2. "活模块"阶段

"活模块"阶段包括与职业群中若干职业相对应的多个"大模块",有多少个职业,就有多少个"大模块",整合了一个职业集群所必备的知识、技能、态度。每个"大模块"又由若干个"小模块"组成,每个"小模块"针对一个工艺流程或一种加工方法所需的能力或知识,其内容是相对完整和独立的,操作水平是可测量和可考核的。"活模块"课程的"活"是关键,主要体现在三个方面:一是大模块数量的"活",随着经济社会的发展,职业变动不断加快,因而应根据不断出现的新职业开发新的"大模块",针对不同年份的学生形成不同的"大模块"组合。二是小模块数量的"活",一方面应根据劳动力市场中技能的更新情况开发新的"小模块",为不同时代的学生形成相异的"小模块"组合;另一方面不同的"小模块"可以跨越"大模块",产生一定的重叠,便于学生灵活选择和学分置换;三是模块内容的"活":除职业群所涵盖的基础模块外,还可以开发设置相应的提升模块,这一模块并不一定与职业资格直接相关,而是为了学生自我提升的需要,如可设置相应的文化艺术类模块,以便开拓学生视野,提高综合人文素养。

(三) KH课程模式的整合意蕴

KH课程模式的两阶段课程都以学生综合职业能力的形成为基本目标,并存在不同侧重,"宽基础"旨在培养学生的关键能力或发展能力,为职业群内的转岗和未来继续深造奠定基础;"活模块"旨在培养学生灵活就业能力或生存能力,能力培养的综合性注定了两类课程内容的各自整合性。

1. "宽基础"课程的内容整合性

"宽基础"面向一群相关职业,既有文化课,也有通用技能课和专业基础课,而且各类课程又不同程度地融合了学术与职业知识,重在培养学生的综合职业能力或关键能力,以应对职业变化对可持续发展能力的需求,拓展就业面。

其一,"宽基础"阶段的政治文化类板块、工具类板块主要由一些传统的文化课程组成，如数学、语文、外语、计算机等科目，这些学术课程虽然仍旧保持基本的学科课程体系结构，但在这些学术知识的传授中也渗透一定的职业能力培养。具体来看，这两个板块内部的每一科目都由基础模块、提高模块和为专业服务的模块组成。其中，基础模块、提高模块的内容是以普通学术知识为主；而为专业服务的模块则是将学术知识与职业知识进行整合，既考虑到关键能力培养的需要，也顾及就业能力培养的需求，体现了课程整合的思想。

其二，"宽基础"阶段的公共关系类板块重点培养学生的社会交往能力，尤其将与职业相关的职业道德与职业礼仪的培养融合在公共关系学、心理学、伦理学的课程教学中，响应了基于岗位的综合社交能力的诉求，以具体培养职业岗位所需的沟通能力、合作能力、信息收集能力和谈判能力等，彰显了学术课程与职业课程融合基础上的综合职业公关能力的培养。

其三，"宽基础"阶段的职业群专业基础类板块，在文化知识学习的基础上与专业实践的关系更进一步，它以相关职业群的现实能力要求为重要参考依据，选取相应的文化知识与相关专业实践知识进行一定程度的整合，从而形成了一种综合性的知识，以培养适应职业岗位群的关键能力和通用能力，体现了较强的学术知识与职业知识整合的意蕴。

2. "活模块"课程的系统包容性

KH 中的"活模块"课程也从不同方面体现为学术与职业课程的整合。首先，就模块的组合而言，一方面每个"大模块"包括一个职业群所必备的知识、技能、态度，呈现为不同类型知识与能力的包容性；另一方面每个小模块又针对一个单独、完整的工艺流程所需的知识、技能进行构建，体现了工作过程知识系统化的原理。其次，"活模块"中的内容之"活"也具有一定程度的整合意蕴，一方面模块的最基本内容涵盖了一个职业群的基本知识和技能要求；另一方面在此基础上还设置了相应的提高模块，旨在满足学生自我提升的需要，并不专门或直接针对某一职业岗位，例如，通过设置文化艺术类模块来开拓学生视野，提升他们的综合职业人文素养。

（四）KH 课程模式的评价

1. 基于传统学科课程体系改造意义的整合

KH 课程模式在整体课程结构方面打破了传统的三段式（文化课、专业基础课和专业课）课程结构，经过改良，设置了"宽基础"和"活模块"两阶段课程类型。基于学术课程与职业课程整合的视角，课程中的"宽基础"一方面在批判原有课程体系过度重视专业能力训练的基础上强调综合职业能力的发展；另一方面在原有学术课程体系基础上渗透一定的职业性。"宽基础"中的"宽"批判原有课程针对单一工种技能的训练，强调方法能力、社会能力等综合能力的发展；批判原有课程重视动作技能的训练，强调心智技能、就业观念、创业情商等素质的培养；批判原有课程重视就业教育，强调学生可持续发展能力的培养。① 与此同时，四个板块中的每个板块在原有知识系统较为完整的学科课程体系基础上，依据为专业服务的原则，将一定的职业知识融入相应的学术知识学习中去，注重培养学生面向某一职业的综合学术素养。

学术课程与职业课程整合的最核心部分是知识的整合，即学术知识与职业知识的整合，整合的前提是确定将包含哪些学术知识与何种职业知识。"宽基础"按照政治文化类、工具类、公共关系类和职业群专业类四大板块对知识内容进行重新组合分配。板块内部具体学科的知识内容继承了传统学科的内容特点，这些系统而完整的学术知识内容为进一步与职业知识的整合奠定了重要基础。"活模块"的"活"主要体现为涵盖职业知识和技能的基础模块与培养普通文化素养的提高模块的结合，其中提高模块不论以何种形式组织，一定是以传统的那些系统化的学术知识为主体的知识内容，但也为专业素养的提高奠定了广泛的人文基础。

2. 尚未突破传统的学科课程体系整体框架

"宽基础、活模块"立足于学生关键能力与就业能力的双重培养，

---

① 蒋乃平：《"宽基础、活模块"课程结构研究》，《中国职业技术教育》2002 年第 3期。

对传统的职业教育课程模式进行了改良，虽然在形式上打破了三段式的课程结构，根据专业的需要重新组合成全新的学习板块或课程模块，但其在本质上仍然是按照学科体系来确定职业教育的课程结构和内容。学术知识与职业知识的整合，仍然是以学术知识为主体，将职业知识整合到学术知识当中。如果说以学术知识为主体的这种整合是为培养学生的关键能力服务的话，那么它对于学生就业能力的培养来说还远远不够，因为这种整合方式本质上并不符合职业岗位对学生知识和能力的倾向性要求。职业对人的知识和能力的最基本要求是完成工作任务，同时还应该具备职业可持续发展能力。这就要求学术知识与职业知识的整合一定要符合人才的职业成长规律和学习者的心理发展规律。但"宽基础、活模块"模式的整合只是具有从属关系的整合，并没有将学术知识与职业知识按照职业成长的需要整合为全新的综合性知识。

二 DKD 课程模式

（一）DKD 课程模式的产生背景

前已述及，从 20 世纪 90 年代起，我国开始逐步引进西方国家相对成熟的职业教育课程模式，如双元制、CBE、MES 等，这些以能力为本位的模块化课程模式打破了传统的学科体系，在培养学生职业技能方面效果显著。但是，这些模块化的课程模式将整体性的工作分解为一个个孤立的任务，对学生进行机械性的培训，忽略了工作的整体性和人类经验的系统性。这种基于行为主义的课程模式主要适用于职业培训，对于我国以学校为主的职业教育来说并不完全适用。因此，20 世纪 90 年代中后期我国的职业教育界开始积极探索符合本土特点、有中国特色的职业教育课程模式，其中包括前述的"宽基础、活模块"课程模式，该模式兼顾了学生职业通用能力和职业就业能力的培养，符合现代职业发展对人才能力的内在要求，为本土化职业教育课程模式的进一步探索奠定了基础。随后，在 20 世纪 90 年代末，由河北工业职业技术学院组织了对全国 30 多所高职院校课程模式的调查工作[①]，通过分析这些高职院校职业教育课程模式现状，并在继承

---

① 傅俊薇：《DKD 模块课程模式的研究与实践》，《教育与职业》2004 年第 29 期。

"宽基础、活模块"课程模式以及其他国内外先进模块课程模式优势的基础上，探索开发出又一种具有中国特色的职教课程新模式，即"大专业、宽专业基础、多专门化方向"课程模式（简称 DKD 模块课程模式），并在一些专业项目中取得显著成效。

（二）DKD 课程模式的基本结构

DKD 课程模式以培养学生的综合职业能力为基本目的，通过对职业岗位需求的知识点、技能点和态度进行系统化和具体化分析，将其转化为一系列课程模块，一方面这些课程模式自成体系，独立于其他课程模块；另一方面课程模块之间根据需要可以进行组合，体现了 DKD 课程模式的模块化和综合化的总体特征。

1. 课程模式的模块组合

DKD 课程模式以综合职业能力分析为基础，将每项技能所需的知识点和技能点进行归类、编写教材，形成不同类型的课程模块。总体上看，该课程模式由文化基础模块和专业模块两大课程模块组成（见图 3 - 2）。① 文化基础模块主要包括语文、数学、英语、政治、计算机、职业道德、公共关系、心理学、礼貌礼仪等普通文化科目，面向所有的学生开设，以此培养他们的基本文化素质、思想道德素质和核心关键能力如交流合作能力、对话协商能力、耐挫能力、求职能力和创造能力等。专业课程模块包括专业基础模块和专门化方向模块两个子模块。其中，专业基础模块以某一职业群通用的理论知识、实践知识和基本技能为主要内容，由知识模块和基本技能模块组成，学生可以根据自身需要和劳动力市场需求进行合理的选择，旨在培养他们面向某个职业群的基本理论知识与实践技能；专门化方向模块由多个专门化方向组成，每个专门化方向模块针对一个特定的职业岗位群，由内容不同的多个专业课组成，包括一个专业理论模块和若干专项理论和专项技能模块，主要培养学生在某一职业岗位群内的职业从业能力。

---

① 窦新顺：《中外职业教育主要课程模式及其开发的比较研究》，硕士学位论文，河北大学，2004。

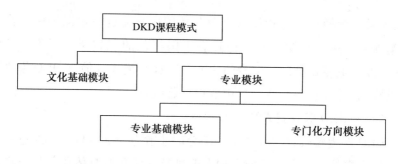

图 3 – 2　DKD 课程模式结构

2. 课程模块的内部组织

就每个课程模块的内部构成来看，它们又都由必修模块和选修模块两类课程组成，每类课程又做出进一步划分。以专业基础模块为例（见图 3 – 3）①，其必修课程模块分为若干个课程模块，每个课程模块又分别由知识模块、技能模块和选修模块组成，因此可以说，专业基础模块中的必修模块由若干组知识模块、技能模块和选修模块组合而成，体现了课程组织的综合性、系统性、完整性特点。此外，为增加课程选择的灵活性，在必修课之外还增加了大量选修模块。从图 3 – 3 中可以看出，与必修模块处于同一级别的选修模块有可能与必修课中某课程模块中的选修模块存在一定的交叉和重合，即必修课从属中的选修课是某个模块课程相对于其他模块课程的必选课，而与必修模块处于同一级别的选修模块则是所有学生的选修课模块，这大大增强了学生在不同模块课程之间的选择性和应付未来劳动力市场变化的灵活性。

（三）DKD 课程模式的整合意蕴

1. 基于多元整合的现代课程观

DKD 课程模式基于劳动过程系统化的工作原理，从多元整合的现代职业教育课程观出发建构课程。② 人类的一切活动包括职业活动都

---

① 窦新顺：《中外职业教育主要课程模式及其开发的比较研究》，硕士学位论文，河北大学，2004 年。

② 傅俊薇：《DKD 模块课程模式的研究与实践》，《教育与职业》2004 年第 29 期。

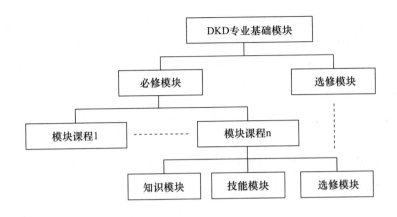

图 3 - 3　DKD 专业基础模块课程结构

是一个完整的行为过程，要完成这一过程，需要具备各种类型的知识、技能和态度。因此，要培养合格的技术技能型人才，职业教育的课程必须根据工作过程系统化的需求开发和组织教学内容。DKD 课程模式正是在这一理念的指导下，在批判学科本位课程观、借鉴国际能力本位模块课程观的基础上，通过对职业集群中若干工作过程的系统化分析而形成的多元整合性的模块化课程组合框架。这种课程模式强调文化知识与专业技能的互融、普遍性与方向性的结合、理论与实践的并重，以培养学生的综合职业能力为最终目标，从宏观的逻辑上整合了学术课程与职业课程领域。

2. 基于内容拼接的课程综合化

DKD 课程模式的基本特征之一就是课程综合化。综合化是为了解决职业院校的学习时限与培养学生通用职业能力和职业群从业能力之间的矛盾①，将开发出来的各个教学模块按照学科相关或相近原则，采用内容拼接的方式形成整合式的课程模块。在这种拼接性的综合化课程中，有些内容已经从"物理混合"质变为"化学融合"，即使处于"物理混合"形式的内容之间也存在较大的联系。这种综合化课程

①　窦新顺：《中外职业教育主要课程模式及其开发的比较研究》，硕士学位论文，河北大学，2004 年。

在一定程度上也反映了学术课程与职业课程整合的思想，但主要是采取"拼盘式"的方式将学术知识、职业知识和职业技能整合在一起。

文化基础课内容由普通学术导向的知识模块、技能模块和选修模块拼接而成，渗透少量的职业集群要素，主要培养学生普通的文化知识和技能。其中，知识模块主要以蕴含语文、数学、英语等课程领域的普通文化知识内容为核心；技能模块以相应的普通文化知识为基础，以培养学生基于普通文化知识、面向专业应用的关键能力为主，如应用数学能力、应用英语能力和应用计算机能力等；选修模块则是为了满足学生提升自我素质的需要而设置，以普通学术内容为主，融合少量的职业集群相关技能。专业课程模块中的专业基础模块在职业导向上更进一步，其课程内容由具有一定职业导向的知识模块、技能模块和选修模块拼接而成，主要是为了培养学生适应某一职业岗位群的关键能力。其中，知识模块由学术知识和职业知识整合在一起，主要是为职业技能的培养提供后续服务；技能模块与知识模块的内容密切相关，以职业技能为主要内容，是针对不同专业的职业技能培养单元；选修模块则整合了学术知识、职业知识和职业技能，但仍以职业技能为主，学术知识、职业知识为职业技能的培养服务。专业课程模块中的专门化方向模块由面向职业领域的多个专业知识、技能和选修模块，以专业从业能力的培养为主，学术与职业整合的意蕴并不明显。

3. 基于活动导向的教学一体性

以培养系统化工作过程所需的综合职业能力为宗旨，这种课程模式在教学的实践中，通过校企合作、产学结合的方式培养人才，尤其是在知识传授、技能的培养中，批判过度重视单科知识传授和单项技能训练的偏颇，从培养企业需求的综合职业能力出发，将典型的产品或服务作为专业实践活动来引导和组织教学。典型的产品或服务是一个个有代表性的系统化工作过程，需要多元的整合性知识、技能和态度。基于活动导向的教学正是以典型的产品或服务作为教学的对象和组织形式，将所需求的知识点和技能点一体化地整合在教学过程中，体现了学术课程知识与职业课程知识、理论知识与实践知识的交汇。

学生通过在典型产品或服务的制作或执行中实现对不同类型知识的融会贯通、不同方面技能的整合，进而不断提升岗位需求的综合职业能力。

（四）DKD 课程模式的评价

1."物理拼接"渗透整合意蕴

DKD 课程模式中整合路径采取的是"拼盘组合式"，虽然拼盘组合式没能实现完全综合，但相关课程之间的联系还是被格外重视，一些表面上看似"物理拼接"的模式已经在某种程度上渗透了朴素的学术课程与职业课程整合的意蕴，有些内容已经从"物理拼接"走向"化学融合"。在 DKD 课程模式看来，如果单纯围绕职业技能的培养，选取并组织普通学术知识，会在一定程度上将知识变得凌乱而分散，并不利于学生普通文化素质的培养。因此，它将某一职业岗位群所涉及的所有知识点、技能点按照学科分别选取出来，形成一系列具体的课程模块。这些包含学术知识、职业知识和职业技能的课程模块，可以根据具体的学习需要进行灵活的拼接组合，成为全新的课程模块，从而实现不同程度的学术内容与职业内容整合。

DKD 课程模式的文化基础课程模块和专业课程模块（专业基础课程模块、专门化课程模块）的内部都由知识模块、技能模块和选修模块组成。这样的课程结构组成，已经反映出强烈的知识、技能和态度进行整合的倾向。尽管具体的侧重点有所不同，如文化基础课程模块，侧重以学术知识为主要内容的知识模块，但是，其内部同样设置了包含职业技能的技能模块；专门化课程模块内部虽然以培养职业技能的模块为主，但由于技能增长的基础性和发展性需求，也注定包含一定的学术知识模块；专业基础课程模块则将学术知识与职业知识整合在知识模块中，并且与职业技能模块紧密地联系在一起。

2."化学融合"难以真正实现

DKD 课程模式尽管采用了模块化、综合化的课程设置，为学术课程与职业课程的整合创造了条件，但从严格意义上讲，其整合只是一种拼盘式的整合，是一种组合型的课程综合化，并没有实现完全意义上的整合。① 虽然每个模块内部的知识模块、技能模块和选修模块结构为学术内容与职业内容的整合提供了一个可以参考的基本框架，但是，仔细分析会发现，知识模块、技能模块、选修课程模块之间的关联，并没有达到真正的"化学融合"。若要实现学术课程与职业课程真正意义上的整合，必须开发出完全综合化的课程架构和课程体系。也就是说，学术知识、职业知识和职业技能都应整合在一门课程当中，而不只是拼盘式地组合在一起。此外，理想状态下学术课程与职业课程的整合应该将综合职业能力所包含的多元要素都整合起来，即将学术知识、职业知识、职业技能、职业态度和职业精神都整合在一起。从这个角度看，DKD 课程模式中学术课程与职业课程的整合还不够完善，需要进一步探索。

三　KSH 课程模式

（一）KSH 课程模式的产生背景

20 世纪 80 年代末 90 年代初，随着我国经济发展方式的转变，农村产业结构和生产方式开始发生变化，产业结构由单一传统农业向多元现代农业过渡，生产方式从小农作业向现代机械作业转型，急需一批掌握现代农业生产技术、懂经营、会管理的现代职业农民。然而，当时的农村职业教育却由于深受普通教育模式学科化的严重影响，脱离了农村经济社会发展的现实，尤其在课程建设中未能真正地体现农村职业教育的自身特色。课程模式主要是对普通基础教育课程模式的简单移植，导致的结果是，普通教育课程模式的一些特点成了农村职业技术教育课程模式的弊端。例如，在课程设置中重视文化理论课程，轻视职业技能课程，遮蔽了职业教育的特色；在教材建设中重视文化知识，弱化职业导向，文化课程的教材直接挪用普通中等学校的教材，没有根据农村的现实需求设计教材；在教学实施中，重视理论知识传授，轻视技能训练，缺少针对特定农村技术岗位的技术技能训练；在能力评价中，重视书面的终结性评价，轻视基于农村生产实践

---

① 窦新顺：《中外职业教育主要课程模式及其开发的比较研究》，硕士学位论文，河北大学，2004 年。

的过程性评价。针对现实的情况，四川省乐山市教委从 1988 年开始，通过多年的理论研究、实践探索与经验总结，形成一种适于西南农村职业教育发展的课程新模式，即"宽实活"课程模式，本书简称 KSH 课程模式。

（二）KSH 课程模式的基本结构

KSH 课程模式结构大致如图 3 - 4 所示。

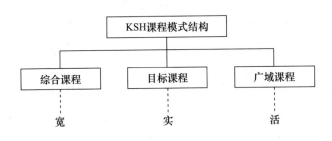

图 3 - 4　KSH 课程模式结构

"宽实活"课程模式最初源于"宽实活"的办学模式，"宽"即专业面要宽，主修一个专业，兼修相关专业，培养综合应用能力；"实"即教学内容要实用，注重培养学生的动手实践能力；"活"即学制要活，办学形式灵活，开放学习机会。"宽"是基础，"实"是核心，"活"是保证。[①] 为顺应这种办学模式的开展，乐山市教委提出了"宽实活"的课程模式，通过课程模式中的"宽""实""活"，实现办学模式中的"宽""实""活"。

1. KSH 课程模式的内涵

以"宽实活"的办学模式为基础，"宽实活"的课程模式有着基本相同的旨趣。"宽"即课程体系覆盖的专业面要宽，不局限于单一专业领域，基于综合职业教育的思想设置内容较广的课程体系；"实"即课程体系中的教学内容要实用，通过加强实践环节教学，培养学生的动手操作能力、生产经营能力与组织管理能力，并穿插到整个课程

---

① 赵家骥、徐厚模、谭力贤：《宽实活办学模式的理论与实践》，《中国教育学刊》1992 年第 5 期。

体系中；"活"即课程体系中的组合要素和组织方式要灵活，以适应不同的办学模式和管理机制。"宽"是基础，强调课程体系与社会的普遍性联系；"实"是核心，强调课程体系与社会的有效性联系；"活"是保证，强调课程体系与社会的灵活性联系。[①] 三者相互作用，互为补充，指导"宽实活"实践体系的建构。

2. KSH 课程模式的结构

基于"宽实活"课程模式的基本内涵，KSH 课程体系由综合课程、目标课程和广域课程组成（见图 3 - 4），分别对应于"宽""实""活"的课程理念。其中，综合课程将多个相关和相近专业融合在一起，将部分学科综合，形成覆盖范围较广的全新课程，体现了该课程模式"宽"的特点；目标课程是以职业目标为导向的课程，它将职业目标而非学科知识作为课程的核心，由综合课程和广域课程的有关知识、技能要素再综合而成，体现了该模式"实"的特点；广域课程是对综合课程与目标课程的延伸和拓展，目的在于进一步扩大原有的学科课程内容，满足学生的特殊兴趣和更高目标的实现。此外，还包括对学生毕业后的跟踪教育课程，体现了该模式"活"的特点。[②] 与"宽实活"的办学模式和课程理念相呼应，综合课程是基础，体现服务性；目标课程是核心，彰显实用性；广域课程是延伸，凸显提高性。

（三）KSH 课程模式的整合意蕴

"宽实活"课程模式在实践当中有多种实例，这些实例在一定的程度上体现了学术课程与职业课程的整合意蕴。其中最典型的两种课程模式是"温饱型"课程模式和"小康型"课程模式。

1. 拼盘式"温饱型"模式跨越了课程整合的鸿沟

"温饱型"课程模式顾名思义是指在 20 世纪 90 年代初为了解决部分农村地区的温饱问题而开发的农村职业技术教育课程模式。[③] 这

---

① 赵家骥、谭力贤：《"宽、实、活"农村职教课程模式的探索与实践》，《职教论坛》1996 年第 3 期。

② 同上。

③ 黄克孝：《职业和技术教育课程概论》，华东师范大学出版社 2001 年版，第 182 页。

种课程模式所体现的学术课程与职业课程的整合是一种拼盘式的整合，即在课程组合上模糊了普通课、专业基础课和职业技术课之间的界限，将专业基础理论一部分融合在普通文化课中，一部分又渗透到专业技术课中，使学术课程与职业课程超越了专业基础课这一看似多余的鸿沟，使两者实现"零距离"的融合与沟通。其中，文化基础课程既包含普通文化内容，也融合了一定专业基础理论，在一定程度上实现了学术知识与职业知识的整合；一些专业基础课程并非单独设置，而是放在专业技术课程当中讲授，这为学术知识融入职业技能的训练中进行一体化教学提供了机遇和可能。

2. 叠加式"小康型"模式拓展了课程整合的视阈

"小康型"课程模式是为满足广大农村地区迈向小康社会的需要而开发的农村职业技术教育课程模式。[①] 该课程模式以叠加式的方式将综合课程、广域课程分别与目标课程相互整合，使得以培养技术能力为主的目标课程实现与综合性学术知识和广域性学术与职业知识的整合，以培养适宜现代农业发展需要的复合型技术人才。其中，综合课程与目标课程叠加在一起形成"深化课程"结构；目标课程与广域课程叠加在一起形成"泛化课程"结构。综合课程内部已经将学术知识与职业知识进行了一定程度的整合，而与目标课程的叠加则增强了这种整合的针对性与实用性，尤其是目标课程的加入使课程整合可以针对特定的农业劳动岗位，进而围绕着特定的职业技能将学术内容与职业内容进行整合。目标课程与广域课程叠加形成的"泛化课程"则增强了整合的适应性与服务性，它是针对一个农村岗位群的素质要求，将广域的学术知识、职业知识和职业技能整合在序列课程内容中，体现了广域意义上的课程的融合。

（四）KSH 课程模式的评价

1. 三维分类拓宽了整合的选择

"宽实活"课程模式为农村职业技术教育课程模式提供了总体的思想指导，提出了综合课程、目标课程、广域课程的整体课程体系结

---

① 黄克孝：《职业和技术教育课程概论》，华东师范大学出版社 2001 年版，第 183 页。

构。针对不同农村劳动岗位，以"宽实活"模式为基础蓝本，可以开发出更具特色性的课程模式。这体现出"宽实活"课程模式的灵活性，为学术课程与职业课程的整合提供了更多的载体，可以依据相应岗位的具体特点，有针对性地进行整合设计，使课程整合更加合理。

2. 叠加"两化"延伸了整合的内涵

"宽实活"课程模式中的综合课程在于培养学生综合的农村劳动技能，体现了"宽"的特点；目标课程针对特定的岗位培养人才，体现了"实"的特点；广域课程旨在满足学生自我提升的需要和岗位发展的需求，体现了"活"的特点。在"小康型"课程模式中，综合课程、广域课程分别与目标课程的交织进一步深化了学术课程与职业课程整合的内涵。一方面，综合课程与目标课程叠加形成的"深化课程"模块，根据特定岗位培养目标的需要，将相应的学术内容、职业内容在原有的基础上进一步融合，使整合目的性、针对性更加明显；另一方面，目标课程与广域课程叠加形成的"泛化课程"模块，以目标课程为基础、广域课程为路径，将学术知识、职业知识和职业技能的整合面向更多的农村岗位，增强了课程整合的适用性。

3. 普遍性与融合性程度待提高

"宽实活"课程模式是一种总体构建理念。由于农村劳动岗位的多样性、差异性、复杂性等特点，决定了职业教育必须针对特定的岗位开发出应有的模式。这些开发出的课程实例，在一定程度上体现了学术内容和职业内容的整合，但这样的整合不便于普遍推广。因此，怎样将"宽实活"课程模式的总体构想与农村具体劳动岗位的特殊性相结合，进而研发出更具有普遍意义的农村职业技术教育课程模式是需要进一步解决的问题。

"宽实活"课程模式虽然在一定程度上体现了课程整合的思想，但从总体架构到具体内容来看，整合还很不完善。如"温饱型"课程模式模糊了普通课、专业基础课和职业技术课之间的界限，在形式上类似于一种综合课程，但这种"模糊"究竟到什么样的程度，采取怎样的整合策略，逻辑上并不清晰，在实践中操作的随意性也较大。虽然在同一门课程中整合了普通文化、专业基础和职业技能等课程内容，但此种整合仍然是一种拼盘式整合，这些内容并没有完全融合在一起。

四　项目课程模式

(一) 项目课程模式的产生背景

进入 21 世纪以来，随着经济转型速度的加快，企业的生产和管理方式也发生了深刻变革。集约型的经济增长方式对企业的生产和管理方式提出了全新的要求。在大多数中小型企业的生产过程中，无论是物质性的生产方式，还是非物质性的服务方式都主要围绕某一特定的项目展开。尤其是中小型企业的项目化生产和服务管理，已经成为企业运行的常规状态。这就要求企业的工作人员必须具有参与并完成特定项目的职业知识、职业技能和职业态度。在此基础上，就业人员还必须能够认同企业文化和价值追求，在工作过程中能够与他人相互合作、相互配合。经济的发展变化带来了企业用人标准和要求的提升，这客观上要求职业教育必须开发出合理的职业教育课程模式、转变人才培养方式，提升人才的培养规格。[①] 虽然 20 世纪 90 年代以来，我国在借鉴西方较为成熟的能力本位的职业教育课程模式的基础上，积极推行模块化的课程，以期通过综合化的课程模式，培养学生的综合职业能力，但这些课程模式的整合主要还是发生于学科课程之间的科际整合，没能实现学科课程与职业课程之间的有效融合。

从本质上说，能力本位的模块化课程模式，忽视了工作过程的整体性和人类经验的整合性特点，学生的学习缺少对真实工作情境的综合体验，难以养成综合职业能力。为此，在借鉴国际课程经验的基础上，由我国学者徐国庆博士在 2003 年最早提出项目课程模式。随后，2004 年教育部颁布了《职业院校技能型紧缺人才培养培训指导方案》明确指出，职业教育的课程开发"要在一定程度上与工

---

① 何向荣：《高等职业教育项目课程：理论、开发、实施》，高等教育出版社 2008 年版，第 36 页。

作过程相联系"。① 而后,具有中国特色的职业教育项目课程模式逐步受到学者们的关注,并通过大量的实践检验,逐渐成熟。

(二)项目课程模式的组织机理

1. 项目课程的内涵

项目课程一般被定义为"以工作任务为课程设置与内容选择的参照点,以项目为单位组织内容并以项目活动为主要学习方式的课程模式"。② 普通教育中的项目指的是某一课题或主题,而职业教育中的项目指的是"具有相对独立性的客观存在的活动模块"。③ 项目课程以项目为参照点来设置课程,以工作任务为中心选择课程内容,通过建立适应职业岗位(群)所需要的学习领域和以项目课程为主体的模块化课程群,形成以能力为核心、以职业实践为主线、以项目课程为主体的模块化专业课程体系。④

2. 项目课程的知识逻辑

项目课程在知识的逻辑组织上,打破了三段式课程的组织方式和内容序列,按照工作项目的需求组织课程知识,将理论知识和实践知识的关系由学科课程中的科层关系转为项目课程中的"焦点与背景"的关系(见图3-5)⑤,实践知识处于项目的焦点,理论知识充当项目的背景。同时,在理论知识和实践知识的内部组织中,也打破了学术课程与职业课程的相互分野,将工作任务所需的学术知识点和职业知识点共同融入理论知识中,将工作项目所需的学术能力点和技术技能点融入实践知识中,以同等的地位包容不同类型的知识点或技能点。

此外,工作项目不等同于课程门类,两者存在一个复杂的转化过程。究其原因在于各门课时分配的均衡性与不同项目学习时间差异性

① 赵志群、赵丹丹、弭晓英:《我国职业教育课程改革理论与实践回顾》,《教育发展研究》2005年第15期。

② 徐国庆:《职业教育课程论》,华东师范大学出版社2008年版,第176页。

③ 同上书,第175页。

④ 张建国、赵惠君:《我国高等职业教育课程体系的改革与发展趋向》,《长江工程职业技术学院学报》2009年第2期。

⑤ 徐国庆:《理论与实践整合的职教课程模式探析》,《职教通讯》2003年第9期。

之间存在矛盾。为了解决这样的矛盾，需要根据一定的规则对各个具体工作项目进行重新组织与整合。其中最基本的组织与整合规则是相关性原则和同级性原则。相关性原则意味着在工作任务分析的基础上，将那些知识含量相对较少且彼此之间具有联系的工作项目综合在一起构成一门全新的课程；同级性原则指的是整合的工作项目隶属于同一级别同一层次。

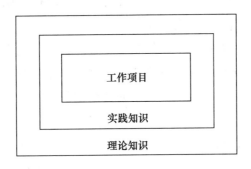

图 3 - 5　项目课程的知识组织逻辑

3. 项目课程的关联模式

项目课程当中的具体项目是课程学习的载体，而每一门课程当中往往会根据工作任务的需要开发多个供学习者学习的工作项目。不同的工作项目之间通过一定的方式关联在一起，学生通过学习这些工作项目，完成既定的工作任务，培养综合职业能力。项目之间的关联方式决定着具体的学习方式，因此具体设计也要依据不同的专业进行。项目之间典型的关联模式有三种：（1）递进式。各个项目之间按照完成难度由易到难的顺序关联在一起。（2）并列式。各个项目相对独立，既无明显联系，又无明显差别，因此以并列的方式关联在一起，构成整体工作任务。（3）流程式。各个具体工作项目按照工作的先后顺序关联在一起。

（三）项目课程模式的整合意蕴

从职业教育学术课程与职业课程整合的视角看，项目课程呈现出以下总体特点：项目课程结构以项目为核心，呈现出一种"并行"结构，是对学科体系课程"串行"结构的解构。项目课程中学术知识的排序方式和课程容量根据不同的专业进行了针对性的调整与组合。经过解构而重构的课程，是一种以项目为核心的、整合了相关学术知识、职业技能的综合型课程。

1. 理论基础中的整合思想

项目课程的理论基础可概括为联系论、结构论、综合论和结果论。[①] 四种理论基础虽然没有明确地表明学术课程与职业课程的整合理念，但都蕴含着课程整合的思路。

联系论认为，要培养学生的职业能力，就必须建立知识与工作任务的关系。也就是说，必须围绕着工作过程来组织相关课程知识的学习，解构学科体系与技能培养体系的彼此割裂，实现学术知识与职业技能的必要联系。

结构论认为，知识的组织方式比知识本身更为重要。因此，职业教育的课程结构必须能够反映工作结构，这就需要将相应的学术知识和职业知识根据工作结构的需求整合到不同的项目中去。

综合论认为，职业教育课程使学生掌握完整的工作过程对培养他们的职业能力具有重要的意义。而通过项目课程的学习来实现这样的目标意味着必须将学术知识与职业知识、职业技能整合为完整的工作过程知识。

结果论认为，具体的学习只有指向典型产品的制造或典型服务的创造才有意义。将项目课程理解为过程与结果的统一体，通过典型的产品或服务这种显性的结果引导，不但能够实现知识与技能的整合，还能激发学生的兴趣，从而将学术知识、职业技能、职业态度等因素整合在一起。

2. 课程建构中的整合思路

项目课程以一种综合化的课程形态出现，集中体现了学术课程与职业课程整合的内在要求。从不同的角度看，项目课程可以有不同的

---

① 徐国庆：《职业教育课程论》，华东师范大学出版社2008年版，第178页。

分类方式:① (1) 根据项目的职业针对性,可分为封闭项目与开放项目。职业教育的多数项目属于封闭项目,因为职业教育针对具体的职业,工作过程相对确定,工作目标与工作要求也比较明确,一般以确定的职业知识为核心,在职业知识的学习过程中渗透着一些学术知识的学习。可见,在封闭项目中,学术知识与职业知识的整合比较浅显。开放项目的设计则顺应了时代的发展变化,重视学生的可迁移能力以及主动地、弹性地、负责任地完成任务的能力,将学生的一般学术知识与特定的职业知识整合到一起,实现对学生综合职业能力的培养。(2) 根据项目所包含工作的复杂程度,可分为单项项目与综合项目。其中,单项项目针对局部的工作任务而设计,目的在于培养学生的单项职业能力,其课程内容以针对性极强的职业知识为核心,学术知识只是充当为职业知识服务的功能,是比较初步的整合。综合项目的功能在于培养学生的综合职业能力,课程内容中学术知识与职业知识之间不是简单的谁为谁服务的关系,而是围绕着综合职业能力的培养,选取具有内在关联的学术知识与职业知识整合到一起。

　　3. 实践问题导向的整合路径

　　项目课程开发的关键是处理好学术知识与职业知识之间的关系。传统知识本位的课程模式中,学术知识体系与职业知识体系是先后呈现的关系,两者基本处于割裂的状态。项目课程内在要求整合学术知识与职业知识两类知识。项目课程的学术知识不是基于学科体系的完整需要而选择的,而是基于整个工作过程,围绕着职业知识的学习而选取的。整合的关键在于找到学术知识与职业知识的契合点。这个契合点就是实践性问题。② 围绕着实践性问题的解决,学生需要综合运用学术知识与职业知识,在问题解决的过程中,实现学术知识与职业知识的整合。

　　(四) 项目课程模式的评价

　　1. 多元化课程开发主体为整合奠定基础

　　项目课程的开发主体由课程专家、企业或行业专家以及职业院校

---

① 徐国庆:《职业教育课程论》,华东师范大学出版社 2008 年版,第 189 页。
② 同上书,第 194 页。

的教师共同组成。课程专家能够依据教育学的规律对课程的开发进行总体控制，企业或行业专家能够为职业课程的开发提供反映职业现实需求的一手资料，职业院校的教师了解教学一线的真实状况。这都在一定程度上保证了学术课程与职业课程的开发质量，从而为学术课程与职业课程的进一步整合奠定了基础。

2. 项目化课程运作模式为整合提供载体

项目化的课程建立在工作任务的分析基础之上，以工作体系为基准构造课程体系、选取课程内容。课程内容以具体化的工作项目作为载体，是一个融合了学术知识、职业知识、职业态度、职业情感的完整系统。工作项目的学习过程就是工作任务的完成过程，这一过程出现的实践性问题成为学术知识与职业知识整合的契合点。也就是说，工作项目中出现的实践性问题的解决，需要学生综合运用学术知识、职业知识、职业技能等多种要素。

3. 系统性课程学习内容为整合提供可能

项目课程以职业活动作为主线，将完整的工作项目作为学生理论学习与实践锻炼的内容。让学生在做中学、在学中做，使学生的心理过程与行动过程相统一，实现理论与实践的合二为一。理论与实践的融合避免了理论学习与实践训练的彼此割裂，符合真实工作过程的需要。项目课程学习的系统性，即理论学习与实践学习的融合内在要求并且已经包含着学术知识与职业知识的整合。学术知识作为理论知识的重要内容为培养学生的关键能力而服务，职业知识作为实践知识的主体旨在培养学生的就业能力。因此，两者需要真正地整合在一起才能完成培养学生综合职业能力的目标。

4. 典型性课程结果限制项目课程的推广

项目课程为职业教育课程的整合提供了载体，但并非所有的课程都能项目化，也就决定着学术课程与职业课程有失去整合载体的危险。因为只有那些典型产品或服务才会成为具体的课程学习的项目，有些课程难以找到所谓的典型产品或服务，因此很难开发出符合要求的项目。学术知识与职业知识的整合在缺少项目这个具体载体的情况下，整合可能更多的是一种构想，很难落实到具体的课程实施过程中去。

第三节　我国职业教育学术课程与职业课程
整合的历史规律

从前面论述中可知，我国职业教育在课程改革的历史进程中，经历了不同的发展阶段，每个时期都具有较为显著的特点，并以不同的方式不同程度地整合着学术性知识与职业性知识的内容。但必须要说明的是，不同的时期并没有明显的时间界限，前一时期的课程模式有可能在后一时期仍作为重要的课程形式交错存在着，例如专业基础课、模块课等课程形式在当今职业教育课程实践中仍具有相应的角色和地位。总体而言，就学术性与职业性融合的视角，新中国成立后我国职业教育课程改革发展主要呈现以下规律性特点：

一　国外引介与草根创新相结合

只有引介，没有创新，是危险的；只有探索，没有借鉴，是盲目的。引介与创新相结合，才能保持课程改革与发展的生机活力。就课程改革的整体规律性而言，我国职业教育课程整合发展呈现出国外引介与草根创新相结合的特点。改革开放以来，针对新中国成立后遗留下的、曾经起到重要作用的学科本位的分段式课程模式日益暴露的缺点，我国职业教育界敢于开阔思路、拓展视野，迎着国家改革开放的春风，积极从德国、北美、国际劳工组织引进先进的职业教育理念和课程模式，并进行推广实践。无论是 CBE、MES，还是双元制课程，都在一定程度上满足了当时社会对技能型人才培养的需求。但是，仅仅移植与嫁接国际经验和模式还不能完全破解我国职业教育改革与发展中遇到的难题，因此，在这一时期，一批职业教育理论和实践者针对中国的实际，创造性地提出了"宽基础、活模块""宽实活"和"大专业、宽专业基础、多专门化方向"等具有本土特色的课程模式，并进行一线实践，满足了我国社会和职业教育发展的迫切需求。在世纪之交的新时期，国际借鉴与自主创新相结合的特点仍然存在。从英国的 BTEC 到澳大利亚的 TAFE，都被作为新时期职业教育国际先进的职业教育模式引介到我国。与此同时，新的课程形式被逐步提出和推广使用，多元整合型课程、项目课程等正是我国职业教育学者在借鉴国际经验的基础上进一步思考和创新的结果。

二 从课程内部延伸到工作场域

基于学术性与职业性融合的视角，从课程发展的纵向规律看，新中国成立后，我国职业教育的课程整合体现为从基于课程内部规律的整合到基于外部职业需求驱动的整合。学科本位的分段式课程中的专业基础课程虽在一定程度上体现学术性知识与职业性知识的融合，但是，它更多的是从学科知识的内在逻辑出发来选择和组织知识的。如果说分段式课程是苏联教育模式影响下的产物，那么专业基础课的组合则深受凯洛夫教育学思想的影响。在传统教育思想的桎梏下，这种课程的整合剥离了学科与实践、课程与经验、学习与生活之间的必然联系，理论性强，应用性不足。这种模式下培养的人才是不符合社会发展对职业教育人才培养的规律性需求的。因此，从 20 世纪 80 年代中后期开始，基于工作世界对应用型技能人才的实际需求，我国职业教育通过国际借鉴与自主创新相结合的方式，不断引进和提出一批实用的人才培养的课程新模式。与课程模式的整体性特点一样，这些模式中体现学术性与职业性融合理念的课程形式将课程内容选择与组织的依据延伸到职业岗位中的工作场域。双元制中的专业课、阶段模块式中的基本技能课、KH 中的"宽基础"课程、DKD 的专业基础课程、KSH 中的综合课程、工作过程本位的项目课程等都在充分考虑职业岗位对学术能力与职业能力的综合需求后，将学术性内容与职业性内容进行不同程度的交叉与融合，实现了课程建设从内部驱动到外部驱动的逐步转变。

三 从单一性融合到多元性整合

就课程整合的内容来看，我国职业教育的课程改革呈现出从单一的知识性融合到集知识与能力、过程与方法、态度与情感等一体的多元性融合趋势。前已述及，在学科本位的分段式课程时期，专业基础课的组合原理是从单纯的学科内在知识的逻辑关系组织课程的，它是从专业课程学习的思路出发将相关的学术理论知识与一定的专业理论知识相联系起来的，致使这种课程知识是单一的基础理论知识。但是，仅有基础理论的融合是不能与工作世界的系统化发展对复合型人才的需求相匹配的，为此，我国职业教育先后通过引介或创新的方式，实践了融合多元模块的课程类型。例如，双元制中的专业课从专业理论知识、工具性知识和应用性知识三重视角将传统的文化基础课中的科学课程知识渗透到不同类型的专业课中，易于培养学生的复合型能力。此外，还有阶段模块中的基本技能课、KH 中的"宽基础"课程、KSH 中的综合课程和多元整合型课程中的项目课程等。尤其是项目课程，基于系统化的工作过程需要，将各种学术性和职业性层面的理论知识、技能知识和素养知识都整合在一体化的课程体系中，摆脱了学科型专业基础课只强调理论知识学习的单调性，从更加广义的视角培养了学习者面对复杂工作世界的综合职业能力。

四　从单科型课程到模块式课程

就学术性与职业性融合的形式而言，课程整合体现出从单科型课程向各种形式的模块式课程发展的方向。学科本位的专业基础课程往往针对某个职业集群之专业课程学习的需要，以独立课程的形式将学术性知识和职业性知识融合在一起，并且理论色彩强烈，灵活性、应用性和针对性皆较差。为摆脱这种局限性，我国职业教育通过引进和创新各种形式的模块式课程来实现学术性与职业性的融合。双元制课程中的专业课分为专业理论、专业计算和专业制图三个模块，KH 模式将"宽基础"课程分为政治文化类、公共关系类、工具类和职业群专业类四个模块，DKD 模式将专业基础模块又分为知识模块、技能模块和选修模块。各种形式的模块式课程分别从不同的维度将工作需要的学术性知识和职业性知识融合在一起，要么是基于专业课程融合相关的学术性知识，要么是基于文化课程融合相关的职业性知识，要么是基于专业基础课程整合双边课程知识、技能，但共同的特点是它们都以模块的形式体现出来，且不乏理论与实践的统一性、职业集群的共有性和职业方向的选择性等特点。事实上，第三阶段的多元整合式课程也是一种高级的模块式课程形式，基于此理念下的工作过程本位的项目课程也是将工作所需的不同类型知识形成各类课程模块建构在一体化的综合课程体系之下。相对于单科型课程，模块式课程更加适合当今工作世界多元性与职业岗位变换性的需要。

第四章 我国职业教育学术课程与职业课程整合的现实审视

在新时期尤其是 2010 年以来，随着社会对职业教育质量要求的逐步提高，职业教育正在从规模增长向内涵式发展转型。在这一转型的过程中，职业教育课程的改革仍是不可回避的核心议题，其中学术课程与职业课程的整合也逐步引起有关方面的重视。研究从政策分析、典型模式解读、现实反思等维度审视我国职业教育学术课程与职业课程整合的现状，总结课程整合的基本特点与问题，为后续课程整合的完善发展与持续推动提供现实基础和批判性思路。

第一节 我国职业教育学术课程与职业课程整合的现实政策

长期以来，面临自身存在的各种问题，职业教育一直通过各项改革理顺其内部发展的各种关系，试图实现其与外在社会之间的良性互动。在 1999 年全国全面实施素质教育以来，我国职业教育无论在高等层级还是在中等阶段都在深入贯彻素质教育这一思想，以高素质劳动者和综合发展的技术技能型人才的培养为目标取向，通过深化内部各领域的改革，推进职业教育质量的全面提升。但是，改革的效果并不明显，职业教育仍然存在"重技轻文"的现象，"技术能力"的培养远远超过"综合职业素质"的发展。因此，进入 2010 年以来，随着《国家中长期教育改革和发展规划纲要（2010—2020 年）》（以下简称《教育规划纲要》）的颁布，职业教育进入了新一轮的改革征程,尤其强调职业教育内涵的建设,试图建成具有中国特色、世界水平的高质量的现代职业教育。其中,课程改革是新一轮职业教育改革的重要方面,也是职业教育内涵建设的核心内容。经过对《教育规划纲要》发布以来所出台的一系列职业教育政策文本的分析得知,学术课程与课程整合在新的时期逐步受到国务院和教育部等有关部门的重视,主要体现在以下三个方面。

一 对职业教育目的与功能的完整性包容

对职业教育目的与功能的完整性包容是职业教育政策推进学术课程与职业课程整合的目标导向。首先,2010 年的《教育规划纲要》提出,发展职业教育是"推动经济发展、促进就业、改善民生……"的重要途径,因此职业教育要"面向人人、面向社会,着力培育学生的职业道德、职业技能和就业创业能力",并强调要"把提高质量作为重点"。[①]《教育规划纲要》将职业教育的"经济性"目标与"为人性"目标联系在一起,并强调学生综合职业能力的培养,成为职业教育学术课程与职业课程整合改革的重要法律引导性文件。2014 年,由国务院发布的《关于加快发展现代职业教育的决定》进一步重申和明确了职业教育的功能任务,认为职业教育应服务于"经济社会发展"与"人的全面发展"的双重需求,培养"数以亿计的高素质劳动者和技术技能型人才"。[②]为贯彻此文件精神,随后由教育部等六部委联合发布了《现代职业教育体系建设规划(2014—2020 年)》(以下简称《规划》)。在《规划》中,六部委强调"建立现代职业教育体系,是促进现代职业教育服务转方式、调结构、促改革、保就业、惠民生和工业化、信息化、城镇化、农业现代化同步发展的制度性安排","对打造中国经济升级版……满足人民群众生产生活多样化的需求,实现中华民族伟大复兴的中国梦都具有重要意义";为此,现代职业教育应以"培养数以亿计的工程师、高级技工和高素质职业人才"为

[①] 国务院:《国家中长期教育改革和发展规划纲要(2010—2020 年)》,2010 年 7 月 29 日。

[②] 《国务院关于加快发展现代职业教育的决定》,2014 年 5 月 2 日。

目标，并通过提升人才培养的层次、促进全体劳动者的"可持续发展"来实现。① 这就进一步衔接了职业教育外部综合发展需求与内在机制改革需要的联系，将职业教育的完整性目标与完善性功能相对接，进而为职业教育的课程改革提供了内外交会的政策引领点。

二　对文化课改革及职业要素融入的强调

对职业教育课程改革的支持尤其是对文化课程职业要素融入的强调是政策推进学术课程与职业课程整合的直接内容。2010 年由教育部印发的《中等职业教育改革创新行动计划（2010—2012 年)》指出，职业教育"应以提高学生综合职业能力和服务终身发展为目标"，因此需要"对接课程标准，更新课程内容、调整课程结构"，建立科学合理的课程体系。② 虽然没有明确蕴意学术课程与职业课程整合的思想，但仅就其课程建设的目标导向而言也具有突破性的意义。2014 年《国务院关于加快发展现代职业教育的决定》首次明确强调，"职业教育与普通教育的相互沟通"是现代职业教育建立的一种重要途径，这成为职业教育学术课程与职业课程整合的上位理念和教育规约性，进而也就使得学术课程与职业课程整合获得合法性地位，并成为职业教育与普通教育融通的一个重要实践方式。进而《决定》指出，应建立健全课程衔接体系，尤其是要"全面实施素质教育"，将"职业道德、人文素质教育"贯穿于教育培养的全过程。③ 这就将全面发展的职业教育观融入课程内容的建构中，并特别突出了人文素质教育的重要性。体现学术课程与职业课程融合理念的最为重要的文件是于 2015 年发布的《教育部关于深化职业教育教学改革全面提高人才培养质量的若干意见》（以下简称《意见》)。在《意见》中，以贯彻"立德树人"理念为契机，教育部指出应将"德育""文化基础教育""中华民族传统文化教育"和"职业精神培育"作为职业教育课程与教学

---

① 教育部等六部委：《现代职业教育体系建设规划（2014—2020 年)》，2014 年 6 月 16 日。

② 教育部：《中等职业教育改革创新行动计划（2010—2012 年)》，2010 年 11 月 27 日。

③ 《国务院关于加快发展现代职业教育的决定》，2014 年 5 月 2 日。

改革的重要任务，并突出强调应加强"公共基础课与专业课"的
"相互融通"以及"职业技能与职业精神"的"高度融合"，并主张
推进课程建设的"综合化、模块化和项目化"。① 这成为职业教育学
术课程与职业课程整合的直接政策来源。随后在教育部印发的《高等
职业教育创新发展行动计划（2015—2018 年）》中，将这种思想在高
职教育中做了进一步融入，认为高职教育应坚持"知识学习、技能培
养与品德修养相统一"，将"人文素养"和"职业素质教育"纳入人
才培养方案的全过程。② 此外，在《中等职业学校德育大纲》（2014
年修订）中，教育部也明确指出，中职"专业技能课"应结合课程
特点，"充分挖掘德育因素，有机渗透德育内容"，将德育寓于专业内
容的教学中。③ 可见，职业教育学术课程与职业课程的整合，是新时
期职业教育响应外部社会需求和个体综合发展需求的重要改革内容，
是中等和高等职业教育实现文化课程重建及其专业化改革的必然
路径。

三 对教师双重素质及教学一体化的推进

对教师"双重"素质发展及其导向的教学一体化推进是政策推进
职业教育学术课程与职业课程整合的现实举措。这里的"双重"素质
主要是指教师要拥有"学术＋职业"双重素养。对于这方面，近年教
育部出台的有关文件也开始逐步关注，尤其是文化课程教师的"职业
化"发展越来越引起注意。例如，在 2011 年《教育部关于"十二
五"期间加强中等职业学校教师队伍建设的意见》（以下简称《意
见》）中指出，在"十二五"期间，应把"加强职业理想教育"作为
中职教育师资队伍建设的重要工作，并强调"将职业理想教育与推动
教师专业成长紧密结合起来"，通过各项措施全面提升教师职业道德

---

① 《教育部关于深化职业教育教学改革　全面提高人才培养质量的若干意见》，2015
年 7 月 27 日。

② 教育部：《高等职业教育创新发展行动计划（2015—2018 年）》，2015 年 10 月 19
日。

③ 教育部：《中等职业学校德育大纲（2014 年修订）》，2014 年 12 月 22 日。

水平。①《意见》虽然没有明确教师主体是文化课程教师还是专业教师，但是仅从文化课程教师的"职业理想"发展和专业课程教师的"职业道德"提升而言就足可以看出教育部对职业教育教师"双课程视野"发展的重视。在 2013 年教育部印发的《中等职业学校教师专业标准（试行）》中，分别从"专业理念与师德""专业知识"和"专业能力"三个方面规定了中职学校教师应该具有的各项品质②，从专业标准的二级指标如"职业理解与认识""职业背景知识""教育知识""通识性知识""沟通与合作"等方面都可以看出无论对学术课程教师的专业性，还是对职业课程教师的通识性都有综合发展的要求。值得欣慰的是，2016 年教育部等七部委联合印发的《职业学校教师企业实践规定》（以下简称《规定》）则充分给予了文化课程教师应有的地位和尊重，《规定》将参与企业实践的教师主体从以往的"专业课教师"单一主体扩展到包括文化课程教师的所有职业院校教师，并明确强调"公共基础课教师"也应"定期到企业进行考察、调研和学习"。③ 除对职业院校教师课程整合视野的"双重"素养有要求外，有关政策文件还进一步倡导教学的综合化改革。例如，在2012 年《教育部办公厅关于制订中等职业学校专业教学标准的意见》中就要求，公共基础课的教学应加强与"学生生活、专业和社会实践"的联系，而对于部分公共课如物理和化学等课程，则可以通过多种形式"融入"专业课程教学中。④ 这不仅反映了学术课程教学专业化的必要性，而且还凸显出专业课程教学融合学术课程的必然性。随后，在 2014 年教育部先后发布两批、共 230 个中等职业学校专业教学标准，对各专业学术课程的专业化教学和职业课程的学术性渗透提出了具体要求。最后，在 2015 年的《教育部关于深化职业教育教学改革全面提高人才培养质量的若干意见》中，将公共基础课的"实践

---

① 《教育部关于"十二五"期间加强中等职业学校教师队伍建设的意见》，2011 年 12 月 24 日。

② 教育部：《中等职业学校教师专业标准（试行）》，2013 年 9 月 20 日。

③ 教育部等七部委：《职业学校教师企业实践规定》，2016 年 5 月 11 日。

④ 《教育部办公厅关于制订中等职业学校专业教学标准的意见》，2012 年 12 月 7 日。

性教学"和专业课的"实践性教学"放到了平等的地位,认为"公共基础课和专业课都要加强实践性教学",且实践性教学课时应占总课时的"一半以上"。[①] 这一强调与《职业学校教师企业实践规定》对公共基础课教师"企业实践"的规定如出一辙,表明教育有关部门对学术课程的专业化改革越来越给予关注。

第二节 我国职业教育学术课程与职业课程整合的现实模式

在新的时期新的政策的推动下,我国职业教育的现实实践通过不同的方式渗透着学术课程与职业课程整合的意蕴,其中,典型课程模式是反映学术课程与职业课程整合的最为直接的指标。研究通过随机抽样、典型聚焦、跟踪访谈、文献检索等多种方法收集资料,归纳为以下四种蕴意课程整合的典型模式。通过对这些典型个案进行深度描绘,解析课程整合模式的结构与机理,归纳课程整合的特点,分析存在的问题,为后续课程整合的完善提供事实依据和发展思路。

一 任务驱动课程模式

任务驱动(Task – Driven/Task – Oriented)是一种基于建构主义学习理论而形成的理论联系实际的教育范式,其中的"任务"是现实职业世界中的具体工作环节。任务驱动教学法,是指将教学内容设计成一个或多个具体的任务,通过以任务为驱动,以实例为先导,引导学生思考、掌握教学内容,进而培养学生分析问题与解决问题能力的教学法。[②] 它与项目教学法的区别是:后者学习的对象是一个完整的项目任务,源于系统的工作过程,包括若干工作任务环节,项目的结果是一个完整可视的产品;而任务驱动教学法的对象则是一个具体的

[①] 《教育部关于深化职业教育教学改革 全面提高人才培养质量的若干意见》,2015年7月27日。

[②] 徐肇杰:《任务驱动教学法与项目教学法之比较》,《教育与职业》2008年第11期。

工作任务。因此可以说，任务驱动教学法和项目教学法本质上都是基于行动导向的教学方法，但在具体内涵上任务驱动教学仅是项目教学的一个具体步骤或环节。任务驱动教学法一般经历任务设计、任务实施与任务评价等环节，如果从广义教学论与广义课程论的视角，这种教学法同样也可适用于课程模式的建设，因为课程也须经历课程设计、课程实施与课程评价等环节。以任务为驱动，课程与教学可以围绕相同的工作任务，以学生为中心，以教师为主导，同步运行。因此，本书将任务驱动的教学模式解读为任务驱动的课程模式。

（一）任务驱动课程模式产生的背景

从学术课程与职业课程整合的视角看，任务驱动的课程模式适用于学术课程的职业化整合改革。这种理念一方面响应了当前我国职业教育课程改革的政策导向，另一方面有助于解决我国现实中职业教育文化课程实施中存在的弊病。早在 2008 年印发的《教育部关于进一步深化中等职业教育教学改革若干意见》中就强调，中职学校文化课的教学应与社会实际和学生的生活相联系，要凸显职业教育的特色，服务于学生的专业学习和终身发展。[①] 之后，教育部也相继出台了若干文件，进一步推进职业教育文化课程的专业化改革，尤其在 2015年颁发的《教育部关于深化职业教育教学改革　全面提高人才培养质量的若干意见》中更加突出了这一点，文件指出，"加强公共基础课与专业课间的相互融通与配合"，文化课也应加强实践教学环节，"为学生的高质量就业和职业生涯的更好发展奠定基础"。[②] 然而，在我国职业教育的现实实践中，学术课程（文化课程）的教学质量仍令人担忧，"学生上课睡觉连成片""教师上课积极性不高"等现象时有发生，究其原因一方面源于学生认为学术课程对专业无用且枯燥无味；另一方面因为教师照本宣科、就学术课程而讲学术课程，无视学生专业发展的需要。

[①] 《教育部关于进一步深化中等职业教育教学改革若干意见》，2008 年 12 月 13 日。
[②] 《教育部关于深化职业教育教学改革　全面提高人才培养质量的若干意见》，2015年 7 月 29 日。

围绕学术课程的现实问题，在一些发达地区的部分职业院校已经开始逐步探索学术课程（包括数学、英语、德育课程等）的专业化改革。以数学课程为例，已有如上海现代职业技术学校、浙江常山职业中专和江苏无锡城市职业技术学院等中高职学校进行了该课程的专业化整合试验，并形成了一些经典的课程模式。其中，在浙江 CS 职业中专，从 2010 年起在意大利职业教育专家的指导下，该校探索了汽修专业数学课程的职业化改革，并逐步形成了任务驱动的整合式教学内容与方法，本书将其界定为任务驱动的课程模式。以此为个案，研究将全面解读与诠释任务驱动课程模式的运行机理和整合意蕴，以进一步提高这种模式的实践推广价值。

（二）任务驱动课程模式的内在机理

经历了多年的探索与实践，并经过相关学者的研究建议，浙江 CS 职业中专将数学课程与汽修专业课程相结合，建构了较为成熟的《汽修数学》课程整合模式（见图 4－1）[1]，形成了工作任务导向的模块化课程内容，并以任务驱动的案例式教学方法组织实施。

1. 任务导向的模块化课程内容

根据弗莱登塔尔的数学教学内容思想（课程内容源于现实生活）和情境认知理论，CS 职业中专组织数学课程教师在专业课程教师的帮助下，将原数学教材中的"职业模块"（原数学教材共由"基础模块""职业模块"和"拓展模块"三模块构成）与汽修专业课程内容相整合，形成了任务导向的模块化的教学内容，并以树状图的形式呈现出来。根据图 4－1 以及对其的进一步解释性资料，可以看出《汽修数学》课程以不同的工作任务为导向，分为微积分初步（求导）、概率与统计、向量、三角、函数和立体几何六大课程模块，分别培养相应的任务解决能力。[2]

---

① 徐东：《整合视角下中职数学课程改革与实践探索——以 Q 职业中专汽修专业为例》，硕士学位论文，浙江师范大学，2015 年。
② 同上。

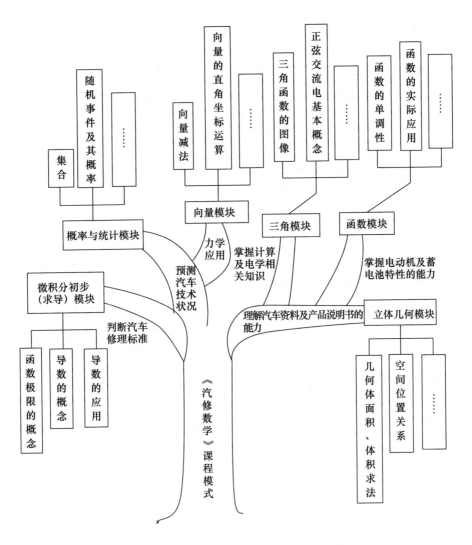

图 4 - 1　任务驱动的《汽修数学》课程模式

（1）微积分初步（求导）模块——判断汽车修理标准：包括函数极限的概念、导数的概念和导数在求最值中的应用等内容，旨在培养学生利用导数求汽车年当量使用费用最小的年限、判定大修与更新界限计算法等的能力；

（2）概率与统计模块——预测汽车技术状况：包括集合、随机事件及其概率、等可能性事件的频率、互斥事件发生的概率、相互独立事件同时发生的概率、汽车故障诊断中的概念分析法、统计初步等内容，旨在培养学生运用概率的知识诊断，分析汽车发生故障以及运用统计知识预测汽车技术状况的能力；

（3）向量模块——力学应用：包括向量的概念、向量的加减运算、数乘向量、向量的直角坐标运算、平面向量的正交分解及运算、向量在空间直角坐标轴上的投影、向量在求合力矩与力偶矩中的应用和外力偶矩和扭矩等内容，旨在培养学生综合力学应用的能力；

（4）三角模块——计算能力与电学基础知识理解：包括直角三角形、斜度与锥度、角的概念、弧度制、三角函数的概念、正弦函数的性质和图像、正弦交流电基本概念、正弦定理与余弦定理以及计算器操作等内容，旨在培养学生利用三角知识解决汽修专业中有关计算问题的能力，并了解汽车电路图、电学基础知识；

（5）函数模块——理解电动机及蓄电池特性：包括函数的概念及表示方法、函数的单调性、一元一次函数、电解液的密度及其与温度的函数关系、一元二次函数、指数幂运算及指数函数和函数的应用等内容，旨在培养学生利用函数图像理解直流串激式电动机特性和汽车蓄电池工作特性的能力；

（6）立体几何模块——理解汽车资料及产品说明书：包括空间中直线与直线、直线与平面、平面与平面的位置关系、常见几何体的性质以及面积与体积计算、汽车发动机压缩比的计算、液压缸中活塞杆在工作台移动范围内的体积计算、斜二测画法、正等测画法、投影法基本知识和三视图等内容，主要培养学生充分理解汽车资料和产品说明书的能力。

2. 任务驱动的案例式教学实施

根据弗莱登塔尔的数学教学思想（数学教学的情境性）和建构主义学习理论，CS 职业中专汽修专业的数学课程教师将基于工作任务的具体专业实例渗透到数学课程教学过程中，以数学基本理论来解决现实中的问题，进而培养学生理论应用实践的能力。根据相关研究者的梳理①，整个教学流程围绕具体工作任务的解决可归纳为导入专业问题、新知识讲授与专业问题解决和新知应用与实践问题解决三大阶段，现以立体几何中"祖恒定律和物体体积测量方法"知识的学习为例，介绍"柴油机排量与压缩比的计算"这一问题在整个教学中的植入过程。

（1）导入专业问题：数学课程教师在上课开始时，为响应专业课中"柴油发动机保养"对"柴油机排量与压缩比计算"这一问题的需要，把"如何计算柴油机排量与压缩比"这一问题抛给学生，激发学生学习数学知识的兴趣。在此基础上，数学课程教师带领学生回顾与"柴油机排量和压缩比计算"相关的数学基础知识，包括圆柱、圆锥等体积公式，并让学生简单练习圆柱、圆锥体积的计算，加强学生对相关公式的掌握情况，为专业问题的解决奠定牢固的知识基础。

（2）新知识讲授与专业问题解决：在这一过程中，教师先后呈现给学生两个问题："汽油发动机排量与压缩比的计算"和"柴油发动机排量与压缩比的计算"，因为后者比前者较为复杂，必须采用渐进式的教学方式。在解决"汽油发动机排量与压缩比的计算"例题中，由于汽油发动机内燃室近似看成一个圆锥，因此学生可以直接运用先前学习的圆锥体积公式进行计算，这一任务较为容易，通过这一问题的解决可以进一步强化学生对圆锥体积基础知识的掌握，并为后续新知识的学习和真正问题的解决奠定基础。随后，教师让学生根据既定的条件，计算"柴油发动机排量与压缩比"。但是，与汽油发动机不同的是，柴油发动机并不是规则的锥体结构，必须结合其他知识进行综合解决。因此，这时教师在学生的疑问下开始带领他们学习"祖恒定律和物体体积测量方法"这一新的数学知识。经过对新知识的理解与掌握之后，教师重新让学生回到问题二中，用所学新知识并结合旧知识，综合解决"柴油发动机排量与压缩比的计算"这一实际问题，并进行课题练习，直至基本掌握。最后，教师总结圆柱、圆锥体积公

① 徐东、徐春红：《中职学校文化课融入专业课教学模式的研究——以浙江某中职学校汽修专业数学课为例》，《职教通讯》2014 年第 6 期。

式在专业问题解决时的注意事项。

（3）新知识应用与实践问题解决：这一阶段教师将通过布置实践作业的方式，使学生将课堂学习的新知识与具体实践相结合，进一步强化对新知识的掌握情况和对专业问题的解决能力。具体作业为"将圆柱、圆锥体积公式与发动机实体相结合进行测量、计算"。学生在课后深入实训室甚至走到工厂车间，通过认知发动机实物、测量发动机具体指标，形成对实践问题的直观认识、获得真实的数据信息，进而利用测量所得的数据，并结合"圆柱、圆锥体积公式"和"祖恒定律和物体体积测量方法"等知识计算"柴油发动机排量与压缩比"，并在可能的情况下将计算所得数据与标准数据相比较，得出柴油发动机出现故障的原因，进而确定"柴油发动机的保养内容"。在对学生作业评价时，数学课程教师邀请专业课程教师参与检查作业完成的质量情况。通过实践任务导向的作业练习，学生不仅进一步巩固了所学的数学新知识，而且还切实提高了运用数学问题解决汽修专业实际问题的能力。

（三）任务驱动课程模式的整合意蕴

任务驱动的课程模式，以具体的工作任务为导向，在数学课程教师和专业课程教师的共同努力下，将数学课程知识以模块化的方式与相应的工作任务相结合构建课程，并通过渗透专业案例的方式组织教学，体现了较强的整合意蕴，是一种学术课程与职业课程整合的经典模式。

1. 指向综合能力发展的课程整合设计

学术课程与职业课程整合的终极目的就是提升学生的综合职业能力，培养完美的职业人，而任务驱动的融合专业内容的数学课程模式就充分体现了这一点。改革后的《汽修数学》课程不是围绕数学知识本身的发展顺序而组织课程的，而是根据汽修工作场所所需的若干工作任务技能而分类组织课程的，数学知识与工作任务解决的相结合，有利于培养学生基于数学基础知识的综合职业能力。在课程的内容组织中，将数学课程的微积分初步（求导）、概率与统计、向量、三角、函数和立体几何六大模块与专业实践中岗位所需的六大工作任务相结合，分别培养学生在判断汽车修理标准、预测汽车技术状况、力学应用、计算与理解电学知识、理解电动机及蓄电池特性和理解汽车资料及产品说明书等方面的能力，这些能力建立在数学基础知识的掌握与专业实践问题的解决基础之上，不是纯粹的操作技能，而是一种整合学术课程与职业课程后所生成的综合职业能力。

2. 导向专业问题解决的教学综合实践

任务驱动的模块化数学课程在教学过程中也是将理论知识讲解和专业问题的解决联系在一起的，教学的最终目的是培养学生解决工作领域真实问题的能力。从以上案例式教学实施的过程来看，教师将"柴油发动机保养"所需的"柴油机排量与压缩比计算"这一专业问题作为案例，将其植入到数学新知识的学习中。首先，在新知识学习之前，将"如何计算柴油机排量与压缩比"这一问题抛给学生，一方面为学生学习数学新知识留下悬念，另一方面让学生亲身体会到数学知识在专业问题解决中的重要性，进而激发他们学习数学课程的积极性。随后，在新知识的应用中，教师采取循序渐进的方式从简单问题的解决入手，逐层深入到新知识的学习和专业问题的解决中，扫除了学生解决专业问题的障碍，巧妙、适时地将数学新知识与专业问题相联系。最后，在课后评价阶段，教师通过布置实践作业的方式，让学生深入车间利用所学知识解决实践中真实存在的问题，体现了学习数学知识的初衷。

3. 走向课程综合建构的教师互动合作

《汽修数学》这一综合课程的建构是在数学教师和专业教师的共同努力下完成的。根据相关资料的描述，在《汽修数学》教学计划的形成中先后经历以下步骤：①汽修专业各科专业课程教师在制订专业课全年教学计划时，将相关专业知识中涉及的数学知识列在《专业课教学计划表》中，提供给数学课程教师；②数学课程教师将各专业课程中涉及的数学知识点进行归纳整理，并在了解专业实践的基础上，寻求数学知识点与专业课内容的结合点；③数学教师将这种建立的联系返回给专业课程教师，专业课程教师进行确认，并提出修改建议；④根据专业课程教师的建议，数学课教师将相互关联的知识点调整和优化，根据数学课程的知识逻辑和相关工作任务的技能领域将知识点组合成不同的知识模块，最终形成完整的教学计划。① 可见，在整个教学计划的制订中，形成了以数学课程教师为主导、专业课程教师为辅助的教学合作关系，双方共同致力于整合式的课程建构。

（四）任务驱动课程模式的评价

实践证明，任务驱动的课程整合模式大大提高了学生学习的积极性，教学效果明显提高，但这种课程模式对教师们的要求也同样提高，尤其是对数学课程教师的专业素养要求较高，同时需要专业课程教师的全程参与。

1. 有利于教学效果的明显改善

根据相关研究者的调查结果表明，这种任务驱动的数学课程整合模式取得了显著成效，教学效果明显提高。从企业对实习生的综合评价来看，实验组在解决问题能力、综合素质表现上优于对照组；从数学课程教师的评价来看，实验组在学习态度上明显改善，实验组的数学平均成绩显著高于对照组；从专业课程教师的评价来看，实验组在专业课学习能力上显著提高，专业课程平均成绩也明显高于对照组。② 可见，经过整合后的课程内容以及案例式的教学方式符合了学生学习的需求，在一定程度上缓解了现实中学术课程教学所面临的难题，总体上提高了学生学习的积极性和效果。学生学习态度的改善、学习成绩和问题解决能力的提高不仅体现在学术课程中，还表现在专业课程中。因此，这种"一箭双雕"的课程整合模式值得借鉴和推广。

2. 对学术课程教师综合能力要求较高

任务驱动的整合式课程模式对学术课程教师的综合能力要求大大提高，尤其对于学术课程教师的专业素养要求提出了前所未有的挑战。如前所述，要合理地组织数学课程知识并与专业课程或任务技能建立联系，数学课程教师必须对专业实践有所了解。即使专业课程教

---

① 徐东：《整合视角下中职数学课程改革与实践探索——以 Q 职业中专汽修专业为例》，硕士学位论文，浙江师范大学，2015 年。
② 同上。

师提供了专业课程所需的数学知识点，数学课程教师也同样需要具备一定的专业素养，因为在数学知识的教学中，同样需要将专业案例嵌入其中，并引领学生将数学知识与专业问题相联系。因此，这就要求学术课程教师必须通过阅读专业教材、深入校内实训室甚至到企业一线车间，对专业岗位所涉及的任务领域以及相关的工作客体等有所了解，一方面实现专业课程与学术课程知识点的合理对接，另一方面在课程教学中做到知识点贯通的游刃有余，从而更好地培养学生的综合实践能力。

3. 需要职业课程教师的全程参与

从课程的设计到实施再到最后的评价，任务驱动的数学课程模式都不是数学课程教师单独表演的独角戏，需要职业课程教师的全程参与。如前所述，在教学计划的形成中，有了职业课程教师提供的《专业课教学计划表》，数学课程教师才会获取专业课程所需的数学知识点，进而有了职业课程教师的进一步建议，才使数学课程教师有效建立数学知识点与专业课程知识点的科学联系。在教学实施中，前述个案并没有明确职业课程教师的参与，但是，从整合的质量要求来讲，职业课程教师也必须参与其中，例如，职业课程教师可以适当地参与数学课程的课堂教学，辅助数学课程教师向学生更形象地解释职业场景对数学知识的需求，这正是个案中需要进一步完善的。在课后的评价中，案例也表明，让职业课程教师参与到对学生实践能力和学习效果的评价，这也正是整合式课程效果评价所需的，以便考察学生的综合实践能力。

二　素质育化课程模式

素质育化，是指将职业道德、时代精神、民族精神以及生态化专业理念有机融合、系统育化，旨在培养具有社会责任感、有社会主义觉悟、有独立批判意识和创造能力、有较强创新精神和实践能力的高素质高技能人才。[1]"育化"是从土壤学中"潜育化"的概念移植过

---

① 顾斌：《"双体系"人才培养之路是高职必然选择》，《教育与职业》2012年第12期。

来的，即"育而化之"。① 以此为教育理念建立起的课程模式则为"素质育化"课程模式，其目的在于通过"素质育化"课程体系的建构培养未来职业人系统化、多元化的综合职业素质。

（一）素质育化课程模式产生的背景

素质育化源于素质教育理念的提出。中共中央、国务院于 1999年正式做出了"全面推进素质教育"的决定，随后有关"素质教育"的强调不断出现在国务院、教育部等有关部门所发布的重要文件中，并很快渗透到职业教育领域。其中，在高职方面，2000 年的《教育部关于加强高职高专教育人才培养工作的意见》首次提出高职教育应"全面推进素质教育"；② 2006 年的《教育部关于全面提高高等职业教育教学质量的若干意见》强调，高职教育应为社会主义现代化建设培养"千百万高素质技能型专门人才"；③ 2011 年的《教育部关于推进高等职业教育改革创新　引领职业教育科学发展的若干意见》指出，高职教育应以培养"高端技能型专门人才"为主要任务。④ 从"素质"到"高素质"再到"高端"，彰显了教育部门对高职教育人才培养综合素质的要求越来越高。与此同时，中职阶段的素质教育也被同步提上日程。在 2000 年教育部印发的《教育部关于全面推进素质教育、深化中等职业教育教学改革的意见》中明确指出，中职教育应"全面推进素质教育"，培养社会需要的"高素质劳动者"；⑤ 2008 年的《教育部关于进一步深化中等职业教育教学改革的若干意见》进一步强调了中职"全面推进素质教育"的重要性，尤其要全面培养学生的"综合素质"。⑥ 从"素质"到"综合素质"，同样凸显出教育部对

① 张红：《"双体系"融合下的素质育化课程体系构建》，《现代教育》2013 年第 23—24 期。

② 《教育部关于加强高职高专教育人才培养工作的意见》，2000 年 1 月 17 日。

③ 《教育部关于全面提高高等职业教育教学质量的若干意见》，2006 年 11 月 16 日。

④ 《教育部关于推进高等职业教育改革创新　引领职业教育科学发展的若干意见》，2011 年 9 月 29 日。

⑤ 《教育部关于全面推进素质教育、深化中等职业教育教学改革的意见》，2000 年 3 月 21 日。

⑥ 《教育部关于进一步深化中等职业教育教学改革的若干意见》，2008 年 12 月 13 日。

中等职业教育人才培养质量的高要求。而 2015 年《教育部关于深化职业教育教学改革　全面提高人才培养质量的若干意见》则明确提出，职业教育应培养学生的"文化素质、科学素养、综合职业能力和可持续发展能力"①，将素质教育拓展到更加宽泛的范畴和更加突出的位置，中高职素质教育任务异常艰巨。

一方面为积极响应教育有关部门对职业教育全面推进素质教育的决定，另一方面为解决现实中职业教育文化课程教学的学科化倾向及其与专业课和"第二课堂"不贯通的现象②，一批职业院校通过改革人才培养模式，创新课程体系和教学范式，逐步探索出基于人文教育、素质教育等理念的经典教育模式，尤其是部分院校推出的素质教育课程模式可谓是学术课程与职业课程整合的典范。其中，比较有代表性的是由苏州 GM 职业技术学院所创建的素质育化课程模式。素质育化课程模式是由苏州 GM 职业技术学院结合学院专业特色，与高等职业教育素质教育理念发展相伴递进式成长的、定位于"培养具有社会责任感的、有批判意识的、有较强创新能力和实践能力的高素质艺术设计专门人才"的素质教育课程新模式③，其充溢着学术课程与职业课程融合的核心理念，值得有关职业院校学习与借鉴。

（二）素质育化课程模式的运行机理

苏州 GM 职业技术学院的素质育化课程模式先后经历了"双体系"素质育化课程体系和"双融合"素质育化课程体系两个阶段，并正在逐步走向"多元融合"的素质育化课程体系阶段。本书将以相对成熟的第二阶段即"双融合"素质育化课程体系（见图 4－2)④ 及其实施为基本内容，介绍素质育化课程模式的基本结构以及运行机理。

---

① 《教育部关于深化职业教育教学改革　全面提高人才培养质量的若干意见》，2015 年 7 月 29 日。
② 顾斌：《"双体系"人才培养之路是高职必然选择》，《教育与职业》2012 年第 12 期。
③ 王建良：《实现技能和素养双提升》，《中国教育报》2014 年 4 月 28 日第 7 版。
④ 张红：《"双体系"融合下的素质育化课程体系构建》，《现代教育》2013 年第 23—24 期。

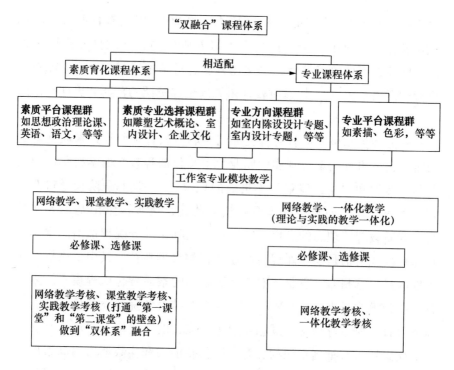

图 4-2　"双融合"素质育化课程体系

1. "双融合"素质育化课程体系

　　所谓"双融合"，一是指融合文化课程学习与专业课程学习，二是指融合课堂学习和社会实践（即第一课堂和第二课堂），旨在将知识传授与学生的专业兴趣点紧密结合，同时避免专业教学沦为单纯的技能传授，实现学生综合素质的全面提升。[①] 为此，一方面，学校在文化课程与专业课程的融合探索中，在原公共文化课的基础上，通过将全校原有的语文、外语、思政、史论、体育、计算机、公共艺术和心理健康八大学科进行整合重建公共基础部，对文化课程所培养的知识、能力与素养进行重新定位，建立由素质平台课程和素质专业选择课程两大模块组成的素质育化通识课程体系，与专业课程的"平台 + 方向"课程群相匹配。其中的素质平台课程群是面向所有学生的公共

---

　　① 王建良：《实现技能和素养双提升》，《中国教育报》2014 年 4 月 28 日第 7 版。

必修课，各课程保持相对独立；而素质专业选择课程群则是面向部分学生的必修课，或者说是限选课，注重课程内容与专业课程内容的融合，强调素质育化课程为专业服务。① 另一方面，该校还在第一课堂之外，积极拓展以发展学生个性特长、培养实践与创新能力为主要目的的第二课堂，包括各类网络学习、社团实践等社会活动等，统称为"素质育化项目课程"。至此，"双融合"课程体系即是一种基于"文化课与专业课""第一课堂与第二课堂"交叉融合理念的"素质育化通识课程＋素质育化项目课程"形成的有机的素质育化课程体系，是一个"全员育人、全程育人、全面育人"的生态课程集群。

2. "三位一体"素质育化教学范式

"三位一体"的素质育化教学范式，是苏州 GM 职业技术学院在推进素质育化课程改革过程中，为配套"双融合"素质育化课程体系，首先由两课及史论教研室的教师和专家经过探索提出的一种新的教学模式，它由课堂教学、网络教学和实践教学三大部分组成，目的是建设"以生为主"的素质育化课程体系。② 目前，这一教学范式已经推广至所有公共基础课的教学改革中。其中，课堂教学采取"主题＋讨论"的形式，通过宽松自由的演讲、案例、对话、辩论等多种手段考查学生掌握和运用主题相关知识的能力，突出学生的"主体地位"，教师以"主导者"角色组织与引导学生讨论，并详细记录整个讨论过程；网络教学以学生自学为主、教师答疑为辅的形式进行，教师根据教材内容开发教学资源库，学校搭建网络课程平台，并通过网络学时量、机考、论坛等观测点指标考查学生完成学习任务的质量和评价学习效果；实践教学采取项目体验式，创建"自学＋导航＋自主实践"项目课程形式，通过集体组织实践、学生团队实践、学生个体实践等多种形式，强化理论知识与实践知识的融合，并通过让学生制作 PPT、撰写调查报告、创作 DV 或动画等手段具体考察他们理论联

---

① 张红：《"双体系"融合下的素质育化课程体系构建》，《现代教育》2013 年第 23—24 期。

② 黄正军：《艺术类高职院校体育课"三位一体"教学模式应用探讨》，《当代职业教育》2014 年第 9 期。

系实际的能力。①② 可见，"三位一体"的素质育化教学范式在原有课堂教学的基础上，通过网络平台和课外实践的方式拓展了教学的时间和空间，满足了学生个性化的需求，彰显了学生的主体地位。

3."工作室制"人才培养模式

"工作室"起源于现代设计教育的里程碑——20 世纪初德国包豪斯学院的"工作坊"。"工作室制"人才培养模式就是以"工作室"为各种教学活动的平台，将理论教学与实践训练融为一体，以项目任务为主线，在导师或社会专家的指导下，学生通过观察、讨论、参与项目、总结评价等方式，获得较强的专业技能和职业素养，成为合格的艺术设计人才的培养模式。③ 根据"工作室制"人才培养模式的基本模型图（见图 4 – 3）④ 可知，其主要由教学项目、教学空间、课程体系、教学团队、教学模式和管理机制六大要素组成。其中，教学项目是人才培养的主线，由实际企业项目和虚拟教学项目组成，打破传统的学科知识体系，以项目需求为导向、以完成项目任务为手段训练学生的综合职业能力；教学空间作为"工作室制"人才培养的平台，是所有工作室教学硬件条件的总称，为学习专业技能、培养职业素质和社会就业体验提供综合空间；课程体系是人才培养的核心载体，是根据职业岗位能力的分解而形成的模块化课程群；教学团队是人才培养的关键，由"负责人 + 教师 + 技师"组成，其中负责人构建整体的建设方案，教师主讲核心课程，技师负责工艺流程和技术要领的指导；教学模式是人才培养的路径，以实践教学模式为主体，以小班化师徒制为组织形式，纵横穿插理论教学；管理机制作为人才培养的保障，建成了明确的"工作室"管理制度、独特的"学业报告书"制

① 张红：《"双体系"融合下的素质育化课程体系构建》，《现代教育》2013 年第 23—24 期。

② 黄琴：《高职院校"双融合"素质育化课程体系实践探微》，《学校党建与思想教育》2015 年第 4 期。

③ 张红：《"双体系"融合下的素质育化课程体系构建》，《现代教育》2013 年第 23—24 期。

④ 李国兵：《高职设计院校"工作室制"培养模式核心要素研究》，《经营管理者》2015 年第 36 期。

的教学质量评价体系以及有效的数字化管理平台。① 可见，"工作室制"人才培养模式是对素质育化课程体系运行模式的整体描绘，是以"工作室"为主要载体、由多元要素组成的动态运行框架。

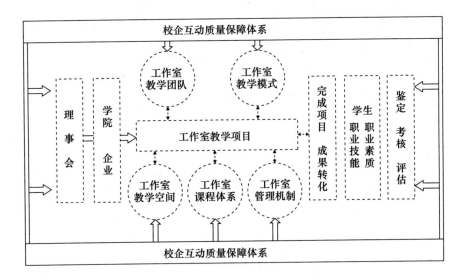

图 4 - 3　"工作室制"人才培养模式平台

（三）素质育化课程模式的整合意蕴

素质育化课程模式在结构组合、目的追寻及其运行机制上体现着较强的学术课程与职业课程整合的意蕴，它旨在通过普通文化课程的改革，形成独特的素质育化课程体系，并重在强化素质育化课程与专业课程的相互融合，最终致力于培养具有综合职业能力的完满职业人，而这又依赖健全运行机制的保障。

1. 学术课程与职业课程的横向互动

从前述可知，素质育化课程体系是在"双融合"理念的基础上建立起来的一种整合课程模式，其充溢着学术课程与职业课程互动的意蕴。其中，仅就从文化课程与专业课程融合的层面来讲，其本身就体

---

① 李国兵：《高职设计院校"工作室制"培养模式核心要素研究》，《经营管理者》2015 年第 36 期。

现了学术课程与职业课程整合的意蕴。根据这一融合的理念，学校经过对原有公共基础课程的改造，形成了由素质平台课程和素质专业选择课程两大模块组合的素质育化通识课程体系，其中的素质专业选择课程就是学术课程与职业课程互动的最好模式，它是针对部分专业有针对性地制定的文化课程与专业课程融合的课程，是一种限选课程。与此同时，以第二课堂为主的素质育化项目课程则是一种以网络学习、实践活动为载体的融合学术与职业内容的整合式课程，旨在培养面向实践领域的综合职业素养。此外，素质专业选择课程还以"工作室"为场域平台，以专业模块教学为纽带，以课堂教学、网络教学和实践教学"三位一体"的教学方式为手段，实现了与"专业方向课程"群的相互联结和互动，是一种内涵更加丰富的学术课程与职业课程的融合样态。

2. 人文素养与专业技能的跨界交流

素质育化课程模式建立的最终目的是促进学生以人文素养为基本要素的"软实力"和以专业能力为核心价值的"硬实力"的相融合[①]，即实现人文素养与专业技能的跨界交流。"工作室制"培养模式的核心理念就是将美术教育与工艺技术教育有机结合，将工艺手段提升到较高层面，培养具有较高艺术理论修养同时掌握工艺技能的复合型人才。[②] 素质育化通识课程体系的建立，在于通过融合义化课程与专业课程的知识内容来培养学生与职业相关的价值尺度、精神品格与健全人格；第二课堂的拓展在于培养学生面向职业的探究创新能力和问题解决能力；"主题讨论"式的课堂教学在于培养学生面向任务领域的信息收集能力、问题分析与解决能力、逻辑思维能力、灵活应变能力与团队合作素养；网络教学以知识传授为重点，旨在通过良好学习习惯的养成与自学能力的提高，培养学生可持续发展的能力；实践课程通过各种社会实践活动的开展，熏陶学生的职业思想，锻炼学

---

① 丁晓昌、徐子敏、经宝贵：《江苏省高等职业教育改革发展创新案例集》，高等教育出版社 2014 年版，第 189 页。

② 李国兵：《高职设计院校"工作室制"培养模式核心要素研究》，《经营管理者》2015 年第 36 期。

生的职业意志，增强学生的职业品质，以及进一步提高职业相关的交流沟通能力、组织协调能力和社会适应能力。这些都是人文素养与专业技能相统一的结果。

3. 保障机制的多维融合

为推进"素质育化课程"体系的有效运行，学校在教师队伍、评价机制和组织管理机制等方面形成了多维度的保障机制，有力推进着学术课程与职业课程的整合。其中，在教师队伍方面，组建了由文化课教师、思政课教师和专业课教师三方协同推进的课程教学团队，为学术课程教师与职业课程教师的深度合作提供了有利空间；在评价机制方面，建立了贯通素质育化课程与专业课程的学分制评价方式，学生在课堂学习、网络自主学习和社会实践活动中都可以获得相应学分；在组织管理机制方面，整合成立"公共基础部"，并通过建立与相关教学院系之间的横向互通机制，为学术课程与职业课程的交流与融合提供纽带和桥梁。① 此外，"工作室制"人才培养模式以"工作室"的形式为不同学科的教师队伍之间、校内教师与校外教师之间、教师与学生之间的有效交流提供了沟通的平台，尤其是"工作室教学项目"的运行动态地推进了融合学术课程与职业课程的"素质育化课程"体系的实质性运转。

（四）素质育化课程模式的评价

"素质育化"课程模式作为学术课程与职业课程整合的经典模式，蕴意全新的课程整合理念，具有独特的课程整合优势，对其模式特点的进一步梳理有利于相关职业院校找到更好的突破点，实现对经典模式有的放矢的借鉴。

1. "技艺"结合新理念，"三全"育人新方式

前已所述，素质育化课程模式是在借鉴德国包豪斯学院艺术教育理念的基础上，将艺术教育与技术教育相互结合的产物，旨在从高端艺术的层面培养学生的复合型工艺技能。这种融合理念正切合了工艺

---

① 丁晓昌、徐子敏、经宝贵：《江苏省高等职业教育改革发展创新案例集》，高等教育出版社 2014 年版，第 191 页。

美术学科的特有属性，对于提升工艺技能的高端素养有着重要的应用价值。更可以想象的是，这种"技艺"结合新理念可以推广到除艺术之外的更多工程类或服务类学科，如机械设计、工程设计、营销策划，甚至学前教育领域，因为任何一项产品或服务都可以称得上艺术，因此这些领域都可以通过艺术化的理念、方式和手段来提高产品设计或服务的质量和水平。而这一"技艺"结合新理念又落实到"全科""全员"和"全程"的人才培养路径中，通过文化课程与专业课程的"全科"整合、"全体"教职员工及企业专家的"全程"参与，共同致力于"全面育人""育全面人"的人才培养目标的实现。

2. 双边课程整合是内核，项目化教学是关键

从前面的分析中可知，学术课程与职业课程的整合是素质育化课程模式的核心理念之一。为此，学院通过各种手段，促进文化课程与专业课程的有机融合，尤其创建了素质专业选择课程模块，根据不同专业的特点将有关专业课程知识与不同门类的通识课程相联系，并通过开放第二课堂、建立"三位一体"的教学范式、组建三方协同的教学团队、搭建学分评价平台等多种路径保障课程融合的动态实施，有效地发挥了"1+1＞2"的整合优势，较大程度上解决了文化课与专业课"两张皮"的现实问题。推动课程双边课程融合的关键则是项目化的教学范式。素质专业选择课与专业方向课的融合就是建立在"工作室制"语境下模块化项目教学基础上进行的。在项目化教学中，学习内容由若干教学模块组成，每个模块围绕一个特有专题展开，双方教师合作承担每一模块课程的教学工作，且内容各有侧重。此外，以第二课堂为主的素质育化项目课程的教学实践本身就是一种实践导向的项目化教学范式，旨在以项目化的方式锻炼学生发现问题、分析问题与解决问题的能力。

3. 学术课程以教师为主导，职业课教师提供支持

素质育化课程模式本质上是一种以学术课程为主导的课程模式，因此学术课程教师承担主导者的角色，职业课程教师仅起着配合参与者的角色，尤其体现在"素质专业选择课程"模块的设计与运行中。因此，学术课程教师应首先转变观念，以培养高端技能型人才为导

向，切实提高学术课程创新改革的意识，推进学术课程的职业化进程。其次，学术课程教师应积极"下基层""走基层"，主动建立与具体专业院系课程教师的联系，多了解不同专业的特点和行业需求，为课程的专业化融合收集资料和寻求建议。再次，学术课程教师应以学术课程知识模块的分类为基础，针对不同专业特点的需求，在职业课程教师的帮助下，设计不同侧重的素质育化课程模块。最后，学术课程教师应在"工作室制"人才培养模式的运行中起到引领的作用，避免课程建设的过度专业化倾向，着力推进素质育化核心理念的实践。当然，职业课程教师的专业化导向仍起到重要的支持作用。

三 文化育人课程模式

文化育人之"育"与素质育化之"育"有着异曲同工之妙，但此处之"文化"与前述的"素质"相比是一个相对狭义的概念，更多地指向"职业文化"，主要涉及与具体职业情境相关的诸如职业道德、职业审美、职业体质、职业操守等方面，是一种与职业技能相融合的职业学术素养；而"素质"涉及更加广泛的范畴，是一种与技术技能相对的高级综合性素养。由于培养目标的范畴不同，文化育人课程模式不同于素质育化课程模式。

（一）文化育人课程模式提出的背景

如果说创新是一个民族的灵魂，那么文化则是一个民族的支柱，而且创新是在传承文化的基础上进行的。文化与民族相伴而生，中华民族在上下五千年的历史征程中，积淀了博大精深的民族文化。文化具有丰富的内涵，往往表现为物质文化、制度文化和精神文化三个层面。但就现代这个物欲横流的社会而言，非物质文化对中华民族伟大复兴的实现显得格外重要。因为，当今部分个体对物质功利主义的执迷追求已经使他们丧失了对社会行为规范的正常恪守、对社会公德底线的起码尊重、对职业道德和职业精神的忠于遵守。

文化缺失与匮乏的填补虽不是一日之功，但教育对文化的传授功不可没，尤其对于培养现代职业人的职业教育而言可谓责无旁贷。还记得职业教育的学人们在批判职业教育没有特色、职业教育普教化问题较为严重的时候，但又曾几何时职业教育又"犯"下了过于职业化、技能化的"滔天罪行",围绕此问题的言论亦甚嚣尘上。职业教育由于过于追求经济功利主义,重在培养学生的技术技能,而却忽略对精神文化、职业文化的训育,以致毕业生不能干一行、爱一行、专一行,因此也就很难在一个职业或岗位上长久工作下去,这也就难免会造成职业院校的毕业生就业率高、离职率也高的"滞后式陷阱"之现象。因此,职业教育培养现代职业人的职业文化迫在眉睫。

党的十八届三中全会《关于全面深化改革若干重大问题的决定》指出,要"完善中华优秀传统文化教育,形成爱学习、爱劳动、爱祖国活动的有效形式和长效机制,增强学生社会责任感、创新精神、实践能力……改进美育教学,提高学生审美和人文素养"。这不仅仅是对普通教育而言的,职业教育也应当认领其责。李克强总理在第三次全国职业教育工作会议上也特别强调职业精神培养的重要性,认为"职业技能人才应该是高素质、全面发展的人才,更应该是有敬业精神加职业精神的人才。职业教育不仅要培养职业技能,更要培养职业精神"。教育部在 2011 年公布的《教育部关于推进高等职业教育改革创新 引领职业教育科学发展的若干意见》也指出,高等职业学校要把"现代企业优秀文化理念融入人才培养全过程,强化学生职业道德和职业精神"。① 可见,职业精神、职业文化的训育成为当代中国职业教育发展的必然内容。

事实上,近年我国部分职业院校也确实关注到了职业文化教育的重要性,并在人才培养目标调整、课程体系建设、教学实践支持、能力评价方式等方面进行了不同程度的探索实践,并取得了相应成果,得到了一定程度的推广。例如,深圳 ZJ 学院在近年的实践中,逐渐探索出一套"文化育人"的人才培养模式,在课程体系、教学资源、支持服务等方面形成了"一揽子"工程,以高度的文化自觉推进文化育人,在强化学生职业能力的同时,重视提升学生的职业文化。在此,主要从课程建设方面,系统论述该校的基于"文化育人"理念的

---

① 《教育部关于推进高等职业教育改革创新 引领职业教育科学发展的若干意见》,2011 年 9 月 29 日。

教育模式，并从学术课程与职业课程整合的视角加以分析。

（二）文化育人课程模式的重构

基于文化育人的理念，深圳 ZJ 学院创新了课程建设思路，通过构建文化育人课程体系、创建"行业+专业"文化课程、创新文化素质基础课程、塑造专业课程文化内涵等形式，增强文化与专业、文化与职业、文化与行业的联系，形成较为完备的文化育人课程模式。

1. 构建文化育人课程体系

以"基础性、文化性、职业性、综合性、拓展性"为依据，精心甄选并科学构建必修课和选修课并行的"6+2+1+4"文化育人课程体系（见图4-4）。其中，"6"是指文化素质必修课，包括毛泽东思想和中国特色社会主义理论体系概论、思想道德修养与法律基础、形

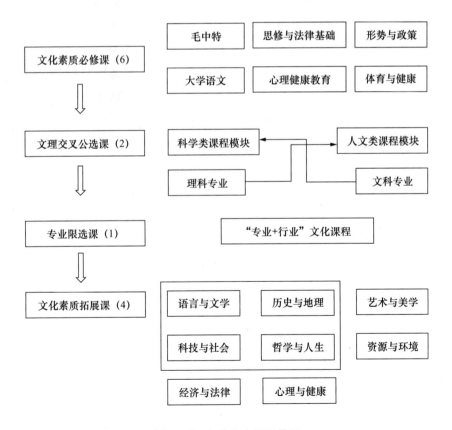

图4-4　文化育人课程体系

势与政策、大学语文、心理健康教育、体育与健康等课程；"2"是指要求文理交叉选修的校级公共选修通识课程，通过搭建交叉复合式选课平台，文科专业学生选修一定数量的科学类课程，理工科专业学生选修一定数量的人文类课程，推动专业交叉、文理渗透，促进科学精神与人文精神的有机融合；"1"是指面向各专业开设的作为限选课的"专业＋行业"文化课程，旨在加强专业、行业与文化的联系；"4"是指文化素质拓展课，要求学生从语言与文学、历史与地理、艺术与美学、科技与社会、哲学与人生、环境与资源、经济与法律、心理与健康等文化素质校级公共选修课模块中选修至少覆盖 4 个模块的课程。在课程建设的基础上，科学设定各类课程的学时学分比例，进一步突出文化素质教育课程的基础地位。

2. 创建"行业＋专业"文化课程

专业文化是职业院校文化建设的基本单元。学校通过不断更新专业建设理念，在加强专业硬件建设的同时，把专业文化作为专业建设的灵魂，并创建了"行业＋专业"文化课程。在课程建设的过程中，学校成立由专业教师、行业企业专家和技术大师组成的"专业＋行业"文化课程开发团队，结合专业、行业特点，提炼各专业长期积淀形成并适应新时代发展需求的"专业精神"，以"专业精神"统领专业文化建设，精心设计"专业＋行业"文化课程的内容，突出有关专业内容的起源、嬗变历程、特点和发展趋势，突出有关行业的规则、原则、价值观、行业精神等，并通过一些典型的案例来系统反映有关专业、行业的文化内涵与要求，从而开发具有鲜明专业特色和行业特色的"专业＋行业"文化课程，并将职业道德和职业素养作为一个模块纳入"专业＋行业"文化课程，作为各专业的限选课程。例如，为培养未来"汽车销售人"的"诚信、仁和、坚韧、担当"的职业文化理念，在"汽车技术服务与营销"专业开设了"汽车文化""销售艺术""演讲与口才""中华文明赏析"等专业文化课程。

3. 创新文化素质基础课程

值得注意的是，文化育人课程体系中的 6 门文化素质必修课和相关的文理交叉选修课（数学、科学等）并不是普通教育课程体系中的复制品，而是在结合职业院校特色、职业学生需求和职业文化特点的基础上的创新与改造。例如，学校成立大学语文教育研究中心，以"职业人文"理念为导向，将传统的《大学语文》课程转变为高职特色鲜明、人文底蕴深厚、切合学生需求、深受学生欢迎的文化素质课程；按照"文化育人"的要求，深化《高等数学》《大学物理》课程改革，将科学发展史、科学人物和科学思想等内容引入课堂教学，开设数学文化、物理文化等方面的选修课程，重点讲授科学思想与科学精神，激发学生对科学探索的兴趣，培养学生的科学思维习惯、科学探索精神等科学素养；创新计算机应用基础课程，将 Word、Photoshop、Excel 等模块与专业相关知识模块相联系（如分别与汽车宣传册设计、体现汽车文化与背景的 Logo 设计、汽车年度销量统计相联系）[1]，增强计算机课程的应用性和职业性；成立思想政治理论课产学研用指导委员会，探索"立体化—多方位"以及"1 + 1 = 1"的育人模式，即思想政治理论课课堂教学与学生课外文化活动（含社会实践）深度融合、合二为一。

4. 塑造专业课程的文化内涵

为进一步强化职业文化的教育，培养学生具体专业、行业的人文素质、思维方式和职业规范，学校除加强文化课程本身的建设、创新以外，还非常注重塑造专业课程的文化内涵，通过多种方式增强专业课程的内容和教学对职业文化的渗透。首先，建立突出文化育人的课程标准，规范专业课程教学的基本要求，使所有专业教育都向文化育人拓展，促进文化育人与专业教学活动的有机融合。其次，改革教学内容，深入挖掘专业课程中的文化要素和人文精神，在专业知识的讲授中加入文化常识、科学常识、专业历史、人物大师、重大成就等内容，强化专业领域的历史沿革、发展背景、制度文化、企业和职业文化、精神文化、新科技的影响、中外差异比较、相关案例等的渗透，[2]

---

① 吴雪飞：《计算机应用基础课程与企业文化对接实验》，《计算机教育》2011 年第 23 期。

② 曾凡华：《发挥课堂优势塑造经济类课程文化内涵》，《中国职业技术教育》2014 年第 26 期。

揭示专业的文化底蕴和价值理念。最后，在教学方式上注重专业文化与专业实践的联系，强化在实习、实践教学和社会实践中融入职业道德、职业素质和人文素养教育，并注意采用课题模拟、项目参与、社会实践、角色扮演等多元的教学方法，激发学生的职业参与意识，培养学生基于行业专业的职业文化、职业创新能力。

（三）学术课程与职业课程整合的意蕴

从以上论述中可以看出，深圳 ZJ 学院在基于文化教育理念的课程创新中，不仅指向基础文化本身，而且将文化要素更多地和具体的专业、行业相联系，进而以课程建设为载体，将学术文化要素和职业专业要素相互融合，从而为培养综合职业能力的现代职业人服务。

1. 指向具有综合职业能力的现代职业人的培养

职业教育要规避过度的功利主义取向，避免人才培养的技术化、职业化的另一个极端，必须关注学生的综合职业素养，尤其是要培养学生的职业精神。深圳 ZJ 学院文化育人导向的课程模式的建设正是基于这种综合职业能力的现代职业人的培养目标为取向的。"6＋2＋1＋4"文化育人课程体系不同课程模块的建设正是从不同方面夯实、拓宽和培养学生的基础文化、跨学科文化、广域文化等学术素养，增强学生的综合文化素养，进而为胜任具体的技术岗位服务；而且基础文化、跨学科文化、广域文化课程不是仅仅指向文化素养培养的，而是在内容和教学方面都融合了相关的职业要素。"专业＋行业"文化课程正是兼顾了学生文化素养和专业素养的双重需求，重在培养基础文化素养在职业实践中的应用能力，在提高学生文化课学习兴趣的同时，培养了学生的综合职业能力。渗透文化要素的专业课程则更多地考虑了学生专业行业领域内的职业文化，着重培养学生基于技术能力应用的综合素养尤其是对职业岗位的忠诚度和归属感。

2. 融合学术内容与职业内容的一体化课程建设

文化育人课程模式以培养综合职业能力的现代职业人为目标，通过文化课程与专业课程的相互渗透和融合，走向一体化课程框架的建构。就文化素质基础课程而言，学校在原有普通学术课程的基础上加以改造，渗透相应的职业文化和专业内容要素，成为基于职业导向的学术应用型课程，尤其是计算机应用基础课程和思想政治教育课程注意关照与具体的行业职业的联系，注重与实践教学的融合，使固有的理论内容不再枯燥。"专业＋行业"文化课程作为另一种基于职业导向的文化应用课程，相比文化素质基础课程，它对职业的蕴意更强，与具体的行业相联系，渗透了更多的职业要素，且不同的专业选修不同的课程模块，特色更鲜明。与此同时，占据更大比例的专业课程，也一改原有的狭义技术能力导向的课程建设范式，融合了更多的学术文化要素，严格地讲，是融合了具有文化意蕴的职业文化要素，使专业课程的内容不再那么晦涩难懂和"冷酷无情"。

3. 关联学术理论与职业应用的一体化教学实施

具有综合职业能力的现代职业人的培养不仅依托一体化的课程建设，更需要落实在渗透学术内容与职业内容的一体化教学实施中。因此，学校除在静态上注重课程的整合式建设以外，还在教学的动态实践中，有意实现学术内容与职业内容的一体化传授、学术能力与职业能力的一体化培养。例如，在基础文化素质课程的教学中，计算机应用基础课程教师针对汽车行业的需要，将计算机不同知识模块与行业任务相联系，有针对性地实施教学，让学生主动参与到基于专业实践的计算机理论学习中去；而对于思想政治课的教学，学校更是从学校的层面加以引领，探索出基于理论联系实际的产学研一体化的"1＋1＝1"的教学模式。就专业课的教学而言，以塑造专业课程的文化内涵为契机，相关专业课程教师敢于开拓思路、冲破樊篱，将教材中没有的与专业行业相关的历史常识、人物典故、职业伦理和最新的科技创新案例渗透到具体的课程教学中，增强了专业内容的人文性，激发了学生学习专业技能的兴趣，从而培养学生的综合职业能力。

（四）文化育人课程模式的评价

文化育人课程模式以"文化育人"为基本理念，以职业人的职业文化素养培养为重要目标指向，通过建立多元的课程整合方式，不同程度地将文化知识与专业、行业相联系，是一种推广度较高的课程整合模式。

1. 基于文化育人理念，关照职业人文素养

不管是否具有明确的学术课程与职业课程整合的思想意向，学校

课程改革与创新的初衷是源于当今职业学生人文素养的缺失而提出的，因此其首先强调的是以"文化"育人，这一"文化"本身具有广义的内涵，不仅包括职业文化，还包括社会文化与公民道德等综合素养。但是，即使这样，学生综合文化素养的提高也会促进综合职业能力和职业素养的正比例提高。事实上，在不同课程模式的创建中，无论是基于职业导向的文化素质课程和专业文化课程，还是基于文化导向的职业专业课程；无论是在课程内容的融合中，还是在教学过程的渗透中，都不是盲目地提高学生的综合文化素养，而是都在不同程度地与学生所学专业相联系，关照学生基于职业的人文素养的培养。因此，文化育人课程模式在某种程度上可以称为职业人文素养育化课程模式。

2. 课程模式类型多样，整合侧重各有不同

文化育人课程模式中的各种具体课程模式都蕴意了学术课程与职业课程整合的基本要素，而各种课程模式根据具体课程类型的差异，体现为不同程度的整合意蕴。基础文化素质课程重在培养学生的基础文化知识和素养，具有一定的职业导向性，且不同教师有着不同程度的设计和实施；文理交叉选修课程从学科视野的角度拓宽了学生的科学或人文素养，也具有一定的广域职业导向性；文化素质拓展课程是根据不同的专业需求开设的相应组合模块，具有职业的应用性；"专业＋行业"文化课程则是根据具体的专业特点开设的专业选修文化课程，渗透了较多的职业要素，具有较强的职业整合性意蕴；而专业课程的内容和教学又渗透和融合了相关的学术文化要素，具有较强的学术整合式意蕴。因此，虽然课程模式各异，但从不同的视角分析，不同类型的课程及其实施都以其特有的方式融合了学术或职业的相关内容。

3. 课程整合视野开阔，专业推广程度较高

文化育人课程模式适合所有专业领域课程整合模式的建设，推广度较高。因为在现代工作世界中，职业文化素养是每个行业的现代职业人所必须具备的，这就要求各专业在课程模式的建设中必须将特定的职业文化素养蕴意到不同类型的课程中，实现不同程度的整合式建构。因此，这里的不同类型的课程整合模式可以应用到几乎所有的专

业项目中，只是需要在具体的操作中根据不同的专业需求进行有针对性的设计、选择和实施而已。基础文化课程每一个专业都必须开设，学科交叉课程在文理之间相互选修，素质拓展课程根据行业需求进行模块选择；"专业＋行业"文化课程根据具体的行业专业需求有针对性设计，专业课程根据特定的课程特点和专业需求进行专门设计。在课程的教学中，即使选择了共同的文化课程，不同专业的任课教师也应根据专业所需有针对性地进行教学设计和实施。

四　CDIO 课程模式

CDIO（Conceive – Design – Implement – Operate）课程模式的设计理念源于 21 世纪伊始的国外研究团队所创建的 CDIO 工程教育模式。在 2000 年，由美国麻省理工学院和瑞典皇家工学院等四所大学组成的跨国研究团队，获得了 Knut and Alice Wallenberg 基金会近 1600 万美元的巨额资助，经过 4 年的探索研究，成立 CDIO 国际合作组织，并创建了 CDIO 工程教育模式。在 CDIO 工程教育模式中，C、D、I、O 分别代表产品的构思（Conceive）、设计（Design）、实现（Implement）和运行（Operate）四个完整的过程。CDIO 工程教育模式以产品开始研发到产品最后运行的一个完整的生命周期为载体，将完整的产品生产过程渗透到教育教学过程，将各门课程有机联系起来，并让学生在学习理论的同时参与专业实践，使学生在实践中学会工作岗位所需的知识、能力和素质。CDIO 工程教育模式因其理念较为新颖、教学大纲较为系统、课程整合性较强，很快在全世界得到了广泛应用，为各国培养了大批工程实用技术人才。

（一）CDIO 课程模式产生的背景

在现代职业世界中，工作场域对个体综合素质的要求越来越高，毕业生掌握一技之长已经不能完全胜任未来工作岗位的需要，而是需要在掌握技术能力的同时，渗透有综合学术能力与素养的提高。CDIO 课程模式恰恰迎合了这种工作世界对个体综合职业能力的培养需求。通过 CDIO 课程模式所贯通的整个产品生产与运行的完整教学过程，学习者可以在掌握技术能力的同时，养成完整工作过程所需的解决问题、系统思维、合作沟通、职业伦理等方面的综合能力与素养。

在我国，首先由普通高校汕头大学在 2006 年结合本校人才培养改革的需求，加入 CDIO 组织，旨在建立符合国际工程教育标准的课程体系。在此基础上，汕头大学又结合我国当前工程领域缺失道德教育的现状，将道德（Ethics）、诚信（Integrity）和职业化（Professionalism）理念渗透到工程教育的全过程，创建了全新的 EIP – CDIO 培养模式。受其影响，最近几年一批职业学院也参与其中，在一些专业领域开发适合特定行业需求的课程运行模式。其中，包括广东白云学院的服装设计与工程专业、江西应用工程职业学院的室内设计专业、四川宜宾职业技术学院和安徽六安职业技术学院的电子信息工程专业等都纷纷采用 CDIO 工程教育理念进行课程开发，形成了基于 CDIO 工程教育理念的课程模式，简称 CDIO 课程模式。

（二）CDIO 课程模式的基本结构

综合各职业院校在相关专业领域所开发的课程模式，CDIO 课程是一种基于项目设计为核心而形成的三级项目组合式课程结构（见图 4 – 5）。其中，一级项目包含专业必备的知识、技术和能力要求的项目，由引导项目、典型项目和高级项目层层递进组成；二级项目包含一组培养不同类型素质或能力的课程模块，具体由基础素质课程模块（C）、技术基础课程模块（D）、核心能力课程模块（I）和素质拓展课程模块（O）四部分组成；三级项目是在各二级项目的基础上所形成的若干专门的知识、技术项目，即具体的课程，从而形成了以三个一级项目为主线，四个二级项目为支撑，若干个三级项目为支持的一体化课程体系。下面以广东 BY 学院的服装设计与工程专业为例，具体介绍 CDIO 课程模式不同级别的课程项目及其功能。①②③

---

① 王银华、马达礼：《在服装设计专业人才培养体系中应用 CDIO 理念的思考》，http://wenku.baidu.com/link? url = aHYzfzUFoqG_ dp3RyFNashBuLNbR7amNsmSIqtziR3 yzEKennxWD3cJAybhUlGWLezeUN9tQoRcvjoXKj – 5ojDVOP81dlwpWAWCwsKf40Xm，2013 年 1 月 20 日。

② 马达礼：《服装设计教学中应用 CDIO 理念的思考》，《广东白云学院学刊》2011 年第 3 期。

③ 广东白云学院教务处：《基于 CDIO 理念的服装设计与工程专业人才培养方案》，载《2013 级人才培养方案》，2013 年，第 399—416 页。

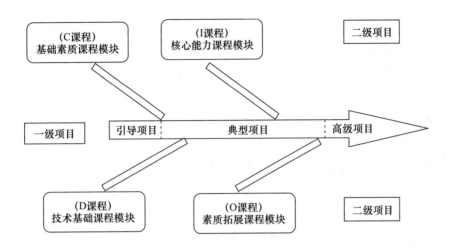

图 4 - 5　CDIO 工程教育课程结构模式

1. 一级项目课程

一级项目主要是按照项目所需的知识、能力和素养的专业性、综合性程度进行课程项目的层层递进而展开的，包括引导项目、典型项目和高级项目。

首先，引导项目作为一级项目课程的第一个项目，主要涵盖项目所需的基础知识，重在培养学生的专业综合基础知识和素养，形成对专业岗位的早期认知，同时为学生专业创新能力的养成奠定基础。在广东 BY 学院服装设计专业，引导项目表现为服装导论，这一课程项目的目的旨在培养学生扎实的人文学科和工程技术基础知识，以及较高的文化艺术素养和较强的审美能力。杜威曾强调，"职业教育计划应该人文化和宽基础化，以提高其适应性。"① 这里的引导课程"服装导论"虽然不是纯粹的宽基础课程，但其将广博的知识与专业领域的相结合也体现了宽基础的价值意蕴。

其次，典型项目作为一级项目的第二个项目，是围绕专业岗位的需要，对引导项目的进一步深化和拓展。以服装设计专业为例，典型

① ［美］约翰·杜威：《民主主义与教育》，王承绪译，人民教育出版社 2001 年版，第 334—335 页。

的项目课程可包括服装效果图的设计、服装的立体裁剪、服装的工业制版、服装的专题设计、服装的品牌企划和服装的品牌设计等不同领域。由此可以看出，典型项目是以典型的岗位任务为出发点而设计的综合实践课程。它不同于基于简单典型任务分析而形成的系列碎片化课程，而是在碎片化课程（三级课程）完成以后，在不同的项目模块领域开展的一种综合任务应用课程，并由此可以形成一个相对完整的阶段性产品。通过一系列典型项目课程的学习，学生可以养成初步的项目相关的科学研究、科技开发及组织管理能力，尤其是相关服装产品的创作能力。此外，还可以掌握相关资料检索的方法，养成项目外语的应用能力，形成较强的自学能力和创新意识。

最后，高级项目作为一级项目课程的第三阶段，其目的旨在培养学生的综合项目设计与开发能力。在广东 BY 学院的服装设计专业，高级项目表现为服装设计创作和毕业设计（论文），以最终的设计产品参与大学生时装周比赛。在美国，这一高级项目也称为顶点项目，即在最后一个学期进行的，旨在考查学生综合运用前期所学的各种知识进行项目综合设计的能力而形成的一门综合项目课程。根据广东 BY 学院服装设计专业项目的描述，其高级项目在于通过学生综合设计能力的训练，激发其创新能力，从而培养其成为一名优秀的服装设计师。

2. 二级项目课程和三级项目课程

二级项目课程是根据工程项目的构思（Conceive）、设计（Design）、实现（Implement）和运行（Operate）四个步骤逐步展开的课程模块式组合。由于引导项目和高级项目均一般是一门课程，因此，这里的二级项目主要是对一级项目中典型项目的分解，包括基础素质课程模块（C 课程）、技术基础课程模块（D 课程）、核心能力课程模块（I 课程）和素质拓展课程模块（O 课程）；三级项目是各二级项目课程的具体分支。仍以广东 BY 学院的服装设计专业为例，对相关课程模块做进一步说明。

其中，基础素质课程模块主要包括造型设计和服装工程基础领域，具体包含美术基础（素描、色彩）、设计基础、服装材料、服饰图案等三级项目课程。旨在通过这些专业基础知识的学习，培养学生独立完成服装设计构思、效果图、基础纸样和推板及确定加工工艺与成衣制作的基本专业能力。

技术基础课程模块主要体现为服装开发设计及其表现领域，具体包括服装设计基础、服装设计效果图、中外服装史、图形图像处理、服装 CAD 等三级项目课程。在这一阶段的典型一级项目课程可表现为服装专题设计、服装品牌设计、电脑辅助设计等模块。因此，通过该阶段课程的学习，学生不仅可以掌握与服装设计相关的基础理论知识和技术、手段与技巧，还可以在此基础上完成相关典型项目的设计工作。

核心能力课程模块表现为服装设计综合创作，具体包括服装品牌企划、服装设计综合训练、牛仔服装设计、制作样衣、制版打版等三级项目课程。在这一阶段，要求学生掌握主要服装材料的结构性能和特点，具有对服装材料的选择、鉴别和初步开发的能力，以及执着的求知精神和变通解决问题的思维能力，但更为重要的是，要求学生掌握服装款式、结构、工艺设计方法和成衣化生产工艺技术，以及具有较强的艺工结合的能力。因此，该课程与技术基础课程模块不同的是，它更注重成衣服装的综合设计与创作能力，而后者主要是培养学生设计衣服部件的能力。

素质拓展课程模块主要表现为专业拓展及创新项目，具体包括服装生产管理、服装市场营销、服饰品设计、形象设计等三级项目课程。此课程模块的主要目的在于培养学生在成品服装创作的基础上所需的一些拓展能力以及在服装设计、生产、销售过程中所需的综合职业素养，可包括服装市场预测与市场营销的基本能力，服装设计、生产和销售过程中所需的良好身心素养、团队合作精神、与人沟通的能力、较强的社会责任感，以及基于时代焦点和主流价值观的服饰品和综合形象设计与实现的能力。

（三）CDIO 课程模式的整合思想

从以上广东 BY 学院服装设计与工程专业的课程结构可以看出，CDIO 课程模式以项目分层的形式，将课程按照项目综合程度的等级分为具体的不同层级，进而形成一体化的课程群。在项目课程的展开过程中，低级项目课程为高级项目课程服务，体现了不同程度的学术课程与职业课程整合的意蕴。

1. 以"创新能力"目标为引领的一体化课程设计

广东 BY 学院服装设计与工程专业为培养学生的综合职业素养尤其是服装设计的创新能力，以"创新能力"目标为引领，打破传统学科体系下课程内容的简单序化方式，将专业课程按照所对应的项目级别分为从宏观到具体的三级课程体系。这种基于项目任务的等级化、模块化课程设计虽然最终落脚于具体专业课程和项目任务的实现上，但是该专业强调的是具有创新能力的服装设计师的培养，因此从第三级的具体课程到第一级的总论课程都渗透和执行着创新意识的培养，并最终服务于第一级的服装设计创作和毕业设计（论文）的完成。因此，从培养服装设计行业的创新能力而言，这一课程体系具有融合学术素养（创新）和专业素养（服装设计）一体化培养的意蕴。

2. 融合职业道德教育于服装创作的全过程

一体化的三级项目课程体系主要是针对专业课程而言的，那么在学术课程的渗透方面，广东 BY 学院服装设计与工程专业的 CDIO 课程模式也进行了相关的创新。首先，在 CDIO 课程模式以外，要求学生选修人文、社会和艺术等公共基础课，以便为专业素养的提高奠定广泛的基础。但更为重要的是，CDIO 课程模式基于工程教育的理念，将职业道德素养的核心要素包括道德（Ethics）、正直（Integrity）和职业化（Professionalism）与服装设计的构思、设计、实现和运行的整个流程相融合，创建了 EIP. CDIO 的课程模式，旨在培养学生在服装整个创作流程过程中所需的职业伦理素养。职业伦理对职业人的完满成长起着关键的作用。正如洪堡所说，"有些知识应该是普及的……只有一个良好的、正直的、启明的人和市民，才能成为一个好的手工业者……"① 显然，职业伦理是其所言的重中之重。服装设计的整个流程在课程体系中的表现就是所谓的二级项目对应的四个课程模块。因此，从服装造型的构思到服装原件的设计，再到服装产品的创作，最后到服装产品的运营四个先后环节，都渗透着对"准服装设计师"创新能力素养、优良职业品质和专业设计素养的培养，这也就充分展现了学术素养与专业知识相整合的课程建设构想。

3. 达成综合职业能力的一级项目课程设计

CDIO 课程模式的一级项目由引导项目、典型项目和高级项目组成。如果说引导项目是主要介绍简单的专业入门知识的话，那么典型项目和高级项目则是整合了相关的学术课程与职业课程，旨在培养学生基于系统思维、逻辑思维、批判思维、创造思维、良好职业道德、团队协作、口头表达、适应职业环境等综合职业素养的服装创作能力，进而培养具有集真、善、美于一体的完美人格的未来服装设计师。引导项目是一个整合人文、科学、专业技术知识于一体的职业应用型课程，体现了通识知识与专业知识的整合。典型项目课程是基于不同类型的二级项目课程所形成的项目综合实践课程。在每一个二级项目领域，当所有的三级项目课程完成后，都有一个相对综合型的项目实践课程，旨在通过项目实践的综合训练，应用前期所学的相关专业理论，并渗透相应的职业道德教育。典型的服装设计综合实践项目课程在不同的二级项目课程阶段可分别表现为服装效果图的构思、服装部件的设计、成品服装的创作以及服装的销售与管理，这些课程都是基于完整的项目而展开的，可以培养学生基于项目的综合职业能力。而对于高级项目中的服装设计创作和毕业设计（论文），则是更为综合型的项目，与其说是课程，不如说是对所有课程知识及其所养成能力的综合运用。将毕业设计（论文）与大学生时装周比赛相结合，旨在考查学生综合运用前期所学各种知识进行项目综合设计的能

---

① 威廉·冯·洪堡：维基百科，http://zh.wikipedia.org/wiki/%E5%A8%81%E5%BB%89%C2%B7%E9%A6%AE%C2%B7%E6%B4%AA%E5%A0%A1，2011 年 12 月 20日。

力，高度体现了学术课程知识与职业课程知识相融合的理念。

（四）CDIO 课程模式的评价

CDIO 课程模式以"创新能力"的培养引领课程的一体化建设，将职业道德教育与工程设计流程相融合，有利于培养学生的综合职业能力。但是，限于 CDIO 工程教育本身的特点，该课程模式更多地应用于工程设计专业领域，且教师素质要求较高。

1. 基于创新理念引领，培养综合职业素养

CDIO 课程模式的独特之处在于它的创新理念，能够打破传统学科体系下课程内容的简单序化方式，把课程内容的设计体用项目来代称，形成具体的三个一级项目、四个二级项目和若干个三级项目。其中，在一级项目的三个课程项目的建设中，体现了旨在培养学生综合职业素养的学术课程与职业课程整合的理念，并把这一理念落实到具体项目课程的实际操作上，要求学生在项目实施中不断地"做中学"，从而培养工程设计领域所需的各种综合职业素养。在综合职业素养的培养中，CDIO 课程模式一个重要的特点就是注重培养学生的创新意识，如服装设计专业特别强调培养具有创新能力的服装设计师。此外，EIP. CDIO 课程模式的创建，又拓展了综合职业素养的培养，特别强调职业道德素养的训育，并将这种德育理念渗透到项目的构思、设计、实现和运行四个完整的过程，在培养学生设计能力、创新能力的同时，提高了未来设计师的职业品格修养，从而实现具有综合职业素养的完满职业人的培养。

2. 基于工程设计领域，课程推广程度受限

CDIO 课程模式在国内学校中的应用多数限于工程设计相关专业领域，例如，服装设计与工程专业、室内设计专业、电子信息工程专业等。在 CDIO 模式的创建之初，其宗旨就是为解决工程设计领域相关的操作问题。在具体的教学实施中，将工程设计的理念和步骤渗透到教学的全过程，旨在让学生通过参与工程设计的整个过程掌握所学理论知识，并强化基于工作过程的综合职业能力培养。工程设计专业的各类课程都具有很强的工程实践性，它要求教学内容与实践环节密切相连，并成为一贯制的整体式实践教学，而 CDIO 课程模式恰恰迎

合了工程设计专业领域的需要，通过工程设计的四个步骤将所有相关的课程贯通在一起，形成递进式的教学模式，并结合实践教学、道德教育等，不断深化学生对理论知识的学习，使学生具备开发实际项目的工程能力，并培养学生独立学习能力、实践创新能力和团队合作精神等综合职业素养，这正是各工程专业实施 CDIO 模式的契合点。而正因为如此，这种课程模式在非工程设计专业领域的推广度不高。例如，旅游管理、财务会计、商务英语等专业领域所指向的工作岗位都不能体现明确的工程设计思路，因此这些专业不适宜采用 CDIO 课程模式。

3. 基于实践过程教学，师资水平要求较高

在 CDIO 课程模式的实施中，基于工程实践过程，将理论课程与项目实践相结合，并渗透很大程度的学术课程与职业课程整合的理念，且以培养以"创新能力"为导向的综合职业素养为主要目标。因此，相比传统的学科本位的课程模式，这种课程模式的教学对教师素质要求较高。例如，一级项目中的典型项目，其本质是一种综合实践课程，是在各二级项目模块结束之后所形成的一种综合项目课程，其基于理论又寓于实践，基于专业又融合学术。因此，要求教师具有"双师型"素养，既要懂得专业理论知识，又要具备工程实践能力；既要具有专业知识，又要具有综合学术素养。对于一级项目中的高级项目而言，更是如此。例如，广东 BY 学院服装设计专业的高级项目将毕业设计（论文）与大学生时装周比赛相结合，这就要求指导教师具有更加整体性的视野和较强的市场洞察意识，通过厚实的专业知识储备提高学生项目综合设计能力，通过开阔的市场洞察意识指导学生设计更加引领时代潮流的服装产品。

第三节　我国职业教育学术课程与职业课程整合的现实反思

通过对政策文本的分析以及对现实经典课程模式的解析可以看

到，新时期我国职业教育在学术课程与职业课程的整合方面，呈现出与历史发展各阶段不同的特点，总体特征就是整合愈发受到官方的关注，与市场对人才发展需求的互动更加密切；经典课程模式与历史上的课程模式相比，更明显地体现出学术课程与职业课程整合的意蕴，意味着职业教育学术课程与职业课程的整合也逐步受到实践的重视。

一 法规政策的整合支持渐显

从前面有关法规条文的解析中可以看出，自 2010 年以来，国家教育有关部门对职业教育学术课程与职业课程整合的推动意识逐渐显现，逐步意识到培养完满的职业人对社会各方面发展的重要意义，并试图通过学术课程与职业课程的融合及其教学的一体化改革来实现。综合职业素质的培养既是新的时期对素质教育的新诠释，又是应对新的时期社会发展各方面需求的战略要义，教育有关部门从法规的层面进一步推进职业教育的功能完善进而实现对完满职业人的培养，对职业教育课程的整合性改革与发展提供了重要的价值引导。以此为基础，相关的文件政策又对职业教育课程的具体整合路径进行明确，尤其是于 2015 年颁布的《教育部关于深化职业教育教学改革全面提高人才培养质量的若干意见》特别提出了"公共基础课与专业课"的"相互融通"的实践路径，对学术课程与职业课程的整合性建设提供了直接的政策支持。课程的改革需要教师以及教学的支持，为此，相关法规文件对文化课程教师的职业化发展及其专业化教学实践提出了进一步的要求，从而形成了对学术课程与职业课程整合实践发展的相对完善的法规流程的支持。

二 经典课程模式的自觉呈现

经过对当前四个经典课程整合模式与历史发展阶段的四个课程整合模式的比较不难看出，本章中的课程模式对学术课程与职业课程整合的蕴意更加强烈。如果说历史上的四个课程整合模式是刻意地从学术课程与职业课程整合的视角去解读的话，那么这里的四个课程整合模式则是真正意义上的学术课程与职业课程整合的模式。与以往相比，当前的经典课程整合模式整合的理念更加明确，整合的思路更加清晰，整合的模式更加现实。正如在第三章所言，无论是 KH、DKD、

KSH，还是项目课程模式虽然都在一定程度上蕴意了学术课程与职业课程整合的理念，但是，其初衷并没有明确地指向学术课程与职业课程的整合，前三者是一种旨在培养学生宽厚广博知识基础、增强灵活就业的模块型整合式课程模式，而项目课程模式则是在批判理实分离的传统课程模式基础上，基于典型任务的解决而建构的理论与实践一体化的课程模式，因此从具体的课程建构而言，并没有明显体现出学术课程与职业课程整合的理念。可喜的是，当前精选的四种课程整合模式都在很大程度上体现了学术课程与职业课程整合的理念，并在具体的课程建构中形成了经典的课程整合模式。这里的四种模式分别基于任务驱动、素质育化、文化育人以及 CDIO 的课程建设理念，建构了不同类型的课程整合模式：要么以单独的课程模式呈现，如任务驱动模式中汽修数学课程的开发；要么以多种课程类型的组合方式呈现，如文化育人课程模式中"行业＋专业"文化课程、文化素质基础课程和具有文化内涵的专业课程的三重组合。而且，这些课程的整合式改革更多的是一种结合自身专业特色而进行的独立自主的实践，例如，苏州 GM 职业技术学院的素质育化课程模式是基于独特的工艺美术学科性质而建构的，广东 BY 学院的 CDIO 课程模式是基于特定的服装设计工程学科特点而创建的。这种自下而上的自觉式改革正是当前职业教育课程发展所需要的。

然而，经典课程模式毕竟是根据研究的目的，从现实实践中选择的相对优秀的案例，其并不代表我国职业教育课程整合的整体现实状况。为此，笔者通过现场考察、随机访谈、人才培养方案文本分析等多渠道收集更多职业院校的数据。最后经过对数据的归纳梳理发现，我国职业教育学术课程与职业课程整合的整体状况并不乐观，从课程目标到课程模式、教学实施等方面都存在不同程度的问题。

三 课程目标的要素互动不足

人才培养目标是课程目标的宏观体现。通过对大多数专业人才培养方案中关于培养目标的描述中得知，它们并未充分地考虑到学生多元素养的互动与融合。尤其在提到"德、智、体、美全面发展"的目标规格中，基本都是泛泛而谈，并没有有针对性地与相关的专业领域相联系，对全面发展的人所需的人文、社会、科学等学科素养也缺乏与具体专业的联系，职业导向严重不足。虽然很多职业院校都谈及职业道德素养的发展需求，然而大多数职业院校却并没有将这些职业道德素养与具体的行业专业相联系，引致不同院校以及同一所院校不同专业关于职业道德目标的表述都基本趋向一致。例如，很多职业院校都将具有"良好"的"职业道德"或"品质""爱岗敬业"的精神、较强的"服务意识"等职业伦理素养作为其人才培养目标或规格的重要组成部分加以规定，此外还有诸如"团队精神""坚忍不拔的毅力""诚信品质"等高级伦理素养。作为普通学术素养的重要组成部分，普识的职业伦理素养是每一个职业领域所必需的，但是如果仅仅停留在此层面，不将其与具体的行业特色相联系进行有针对性培养的话，那么就很难造就出干一行、爱一行和专一行的大批忠实的职业人。这就要求广大职业院校在人才培养目标的定位中应在对职业素养分解的基础上进一步重构，实现不同素养之间的互动和融合，进而为课程的整合建构提供目标引领。

四 课程模式的整合建构不够

虽然在经典的课程整合模式中看到了不同程度的学术课程与职业课程整合的蕴意，但是，从对更多的职业院校的课程计划和实践模式的考察和分析中却发现，并没有出现太多学术性与职业性相融合的课程模式，或者说学术课程与职业课程的整合式建构在现实的实践中还不是一种普遍现象。虽然很多院校也强调了综合职业能力的培养和课程的整合式建设，但是并没有出现明显的课程整合模式和实践方式。更多职业院校的课程整体结构还是在原有学科课程模式基础上的修修补补，其中中职学校的课程仍旧是"公共文化课＋专业课"的组合，高职专科院校的课程是"职业素质课＋职业技能课＋职业拓展课"的组合，应用本科院校的课程则是"公共课＋学科基础课＋专业课"的组合。在这种情况下，就很难出现明确的学术课程与职业课程整合的基本模式。尽管在相对成熟的部分高职专科院校的职业素质课中出现了诸如科技艺术活动、人际沟通、职业角色体验等专业综合素养课程，体现了一定的学术课程与职业课程整合的理念，但是更多地也仅仅停留在预设的课程计划中，在具体的实践中往往表现为课程内容开发不足、课程教学实施不到位的现象，或者作为选修课可有可无。究其原因，主要是当前职业院校将更多的精力用在了专业课程的建设中，并没有意识到这些综合素质课程建设的重要性。倡导学术课程与职业课程的整合，并不是要求完全颠覆现有的课程体系而实现课程呈现方式的彻底变革，而是提倡广大职业院校根据自身的专业特色和项目需求，在现有的基础上开发一些典型的课程整合模式，或者在现有的课程内部加以渗透和融合，以实现对学生综合素养的培养。

五　课程教学的融合意识不强

教学是推进课程整合实施的动态要素，教师则是主导教学实施的主体力量，学术课程与职业课程的整合实践要求双方教学的相互融合。然而，通过对大量职业院校学术课程与职业课程教师的访谈以及对部分课程的观察发现，虽然广大教师都意识到了学生综合职业素养发展的重要性，但是，在教学实践中并没有很好地采取相应的融合教学策略，整合意识严重不足。一方面，双方教师没有较好的整合素养和融合意识，各自的融合教学实践明显不足。例如，学术课程教师在课程设计中并没有有意识地将其与专业课程知识或专业行业需求相联系，在教学实践中主要限于课堂理论传授，没有结合企业的一线实践进行情境教学，在课程评价中也没有针对专业需求设计学术课程考核题目；而职业课程教师更是"孤僻"地专注于专业课程的教学，重在学生技能的训练，不太重视学生综合职业素养的发展。另一方面，双方教师的合作意识不强，更没有建立一个相对稳固的教学合作机制。大多数学术课程教师与职业课程教师不仅没有邀请对方参与到自身的课程建设、课程实施和课程评价中，更没有主动地参与到对方的课程建设、课程实施和课程评价中，更多地表现为各自为政、彼此隔离的教学状态。当研究者问及教师们为什么出现这种现象时，多数教师的回答是"能完成自己教学的本职任务就不错了，根本没有过多的精力去顾及对方的课程或教学"。这主要源于教师的综合素养不够。这就要求广大职业院校的教师们必须基于双重课程整合的视野，在提高自身双重素养的基础上，通过各种方式实现双方教学的交互式融合。

第五章　我国职业教育学术课程与职业课程整合的国际借鉴

　　研究别国的教育发展规律和实践经验，能够"提供崭新的国际视角，以新的认识框架来重新审视本国的教育"，从而促进本国教育的改革与发展。① 放眼世界发达国家和地区，在职业教育的改革与发展中，积累了丰富的学术课程与职业课程整合的基本经验，尤其是以美国、英国和德国为代表的国家从 20 世纪 80 年代以来，通过一系列改革，从不同视域不同程度地对职业教育领域内学术课程与职业课程进行整合，值得我国职业教育课程整合实践的学习。

第一节　美国职业教育学术课程与职业课程的整合研究

　　自 20 世纪七八十年代以来，随着信息技术的广泛应用，美国的社会形态逐渐从工业社会过渡到后工业社会或信息社会。在后工业社会时期，生产方式以高度的自动化、信息化、智能化和网络化呈现出新的特点，工作环境发生重要变化，职业世界对技术劳动力的需求不仅仅局限在技术能力这一单一素养上，更多地需要他们具备多元的学术能力。这种劳动力市场的需求引致职业教育领域的哲学范式的转换，并进而引起职业教育法律对职业教育课程整合的关注。20 世纪

---

　　① 冯增俊、陈时见、项贤明：《当代比较教育学》，人民教育出版社 2008 年版，第 5 页。

80 年代以来，在职业教育法律的影响下，美国职业教育通过实践与总结，不断探索出一系列经典的学术课程与职业课程的整合模式，在学术课程教师和职业课程教师的合作下，共同推进技术技能型人才的综合发展。

一　课程整合的社会背景

（一）工作世界的变化

在新的社会形态下，工作世界发生重大变化。面对多变、复杂和多元的工作环境，人们根本无法预测自己将来要得到什么样的工作以及从多种工作中选择什么样的工作。与此同时，社会生产方式的变化对劳动者的素质提出了前所未有的要求，劳动者不仅需要具有与高度自动化和充分信息化之物理环境对话的技术能力，更为重要的是，要处理好各种复杂的社会关系，要学会学习、学会做事、学会与他人相处以及学会生存。这一时期，对学生学术能力的需要比历史上任何时代都强烈，缺少学术能力的个体将很难完全地参与到未来的职业与社会。[1]

这就需要职业教育在培养个体技术能力的同时，渗透对学术能力的培养，正如美国国家教育与经济中心（National Center on Education and the Economy，NCEE）指出的，"如果没有首先为劳动者提供一个坚实的基础教育的话，没有一个国家能够产生高度合格的技术劳动力"，同时该机构对相关单位调查后还发现，仅有 5% 的雇主单位关心技术短缺，而其他单位则提出了对具有良好工作道德和健康社会行为的劳动者的需求。[2] 面对全球竞争性的挑战，美国劳工部"获得必要技能秘书委员会"（Secretary's Commission on Achieving Necessary Skills，SCANS）于 1991 年通过对制造、销售、餐饮等多种职业领域

---

① Donna, P. , Jennifer, S. etc. , *Capitalizing on Context: Curriculum Integration in Career and Technical Education: A Joint Report of the NRCCTE Curriculum Integration Workgroup*, Louisville, KY: National Research Center for Career and Technical Education, 2010, pp. 4, 41.

② The National Center on Education and the Economy, *America's Choice: High Skills or Low Wages*, *the Report of the Commission on the Skills of the American Workforce*, New York, NY: National Center on Education and the Economy, 1990, p. 3.

分析后发现，具备"知道如何做"的能力的毕业生才是未来工作世界中最为需求的人才，这就需要个体具备基本的读写算数听说的基本技能、思考技能和个人素养三个方面的基本学术能力①，这也就使职业教育必须通过学术课程与职业课程的整合来实现。

（二）哲学范式的转换

自 1917 年美国建立现代职业教育制度以来，似乎职业教育就同普通教育处于彼此分离的态势，建立在职业主义基础上的职业教育一直倡导着"为工作做准备"的人才培养目标，并在实践的过程中以行为主义基础上的任务分析法设计课程，并以行为训练法强化个体操作技能的达成。随着新形势下工作世界环境的转变，这种以大卫·史尼登（David Snedden）和查尔斯·珀斯尔（Charles Prosser）为首建立起来的社会效率哲学意义上的职业主义性质的职业教育已经显得越来越步履维艰。

为顺应社会形势的转变，20 世纪 80 年代以来，在美国的社会实践中，后现代主义、批评教育理论开始逐渐成为主导的哲学思潮，并且伴有实用主义哲学复活的趋势。也正是在此基础上，新职业主义思潮在美国职业教育领域兴起，进而挑战持续长达半个多世纪行为主义和社会效率哲学范式的职业主义实践。新职业主义集后现代主义、批评教育理论和实用主义哲学理念为一体，强调个体综合职业能力的培养而不是特定岗位技能的规训，主张通过学术课程与职业课程的整合来实现个体在广泛职业领域中关键能力或通用学术能力尤其是批判思维和问题解决能力的达成。

（三）法律焦点的转移

为积极响应社会环境的转变及其所带来的工作世界和哲学范式的变化，从 20 世纪 80 年代以来，美国职业教育法律也做出重要调整，特别强调职业教育学术课程与职业课程的整合。相比之前的职业教育法，《1984 年珀金斯职业教育法》（*Carl D. Perkins Vocational Education*

---

① Secretary's Commission on Achieving Necessary Skills, *What Work Requires of Schools: A SCANS Report for America* 2000, Washington D. C.: U. S. Department of Labor, 1991, p. iii.

Act of 1984）增加了富有里程碑意义的一个条款，即要求职业教育在实践中通过传授基本的数学和科学原理的课程或特殊战略的设计来增强职业教育的学术基础，旨在进一步增强毕业生适应变化中的工作世界的能力。而后的《1990 年珀金斯职业与应用技术教育法》（*Carl D. Perkins Vocational and Applied Technology Education Act of* 1990）关注的重要内容领域即是学术课程与职业课程的整合，它强调职业教育要通过设计一系列课程来实现学术教育与职业内容的融合，以便使学生能够同时获得学术能力和职业能力。以此为标志，在整个 90 年代，学术课程与职业课程的整合成为美国职业教育改革最为重要的议题。

随后的职业教育法进一步表达了对职业教育学术课程与职业课程整合的支持力度，尤其在综合职业能力的达成方面有了较为具体的规定。《1998 年珀金斯职业与应用技术教育修正法》（*Carl D. Perkins Vocational and Applied Technology Education Amendments of* 1998）要求职业教育通过学术课程的整合促使毕业生获得面向 21 世纪的以下核心能力：坚实的基础和高级学术能力，计算机和其他技能性能力，理论知识和交流的能力，问题解决、团队工作和就业能力以及终身获得其他知识和技能的能力。最新的《2006 年珀金斯生涯和技术教育完善法》（*Carl D. Perkins Career and Technical Education Improvement Act of* 2006）进一步强调，要通过各种教育活动和服务整合严格的和富有挑战性的学术和生涯与技术的教学，促进中等和中等后教育阶段职业教育学生对于学术和生涯与技术能力的更为充分的掌握，这些能力包括学术知识、高阶推理和问题解决能力、工作态度、一般就业技能、技术能力、特定岗位技能等。两部法律的宗旨都表明职业教育必须通过学术课程与职业课程的整合来培养个体应对复杂环境变化的综合职业能力。

二　课程整合的主要模式

为实施职业教育法所倡导的学术课程与职业课程的整合，以响应工作世界的变化和哲学范式的转换，由美国国家职业教育研究中心（National Center for Research in Vocational Education，NCRVE）牵头，通过大量的试验与探索，形成了若干典型的学术课程与职业课程的整合模式，并在现实的实践中不断得以发展与完善。经过笔者的梳理，美国职业教育学术课程与职业课程的整合主要有 12 种模式，主要归于以下四种类型。

（一）融合职业内容的学术型课程

融合职业内容的学术型课程，就是在传统学术课程的基础上渗透不同程度的职业内容，从而使传统学术课程具有一定的职业导向性。其中包括通识教育课程、应用学术课程和补习课程三种模式。

通识教育课程是最为常见的课程模式，与普通学校中的传统课程基本一致，如语言、社会、科学、艺术与人文、健康与体育等都是一般性的基础学术课程。个体通过这些课程的学习可以增强对公民责任、艺术与人文等周围意义世界的感知与理解，抵消现代世界和城市化对个体造成的人格分裂，在快速发展的生活世界中寻求安全感，从而提高个体生存与生活的质量；同时，还有助于个体在交流技能、创新思维、问题解决等方面的高级职业能力的养成与提高。① 但与普通学校的通识课程不同的是，这些职业学校的通识课程都具有一定的职业导向性。因此，在很多职业院校，这些课程往往提供对一定职业背景与情境知识的初步理解，一些人文与社会课程可以增强对当代技术社会历史基础的理解以及相应职业伦理的认知，从而有效和负责任地使用技术和科学；在英语写作或阅读等语言课程中，也使学生有意识地与自己过去的职业经验或未来的职业生涯等情境相联系。例如在芝加哥的一所建筑工程技术高中（ACE Tech Charter High School）建筑专业的阅读课程中，教师将作品《芒果街上的小屋》（*House on Mango Street*）作为阅读材料，使学生通过对小说内容的阅读来认知和领悟建筑环境和材料选择的重要性。② 调查结果表明，很多学生都对这种方

---

① W. Norton and Eileen, K., A Time to Every Purpose: Integrating Occupational and Academic Education in Community Colleges and Technical Institutes, http://www.eric.ed.gov/PDFS/ED350405.pdf, 1992.

② Eileen, Q. K., John, D., Patrick, K., "ACE TECH: The Fourth Year of CTE and Academic Integration", *Techniques: Connecting Education & Careers*, Vol. 83, No. 8, 2008, pp. 22 - 25.

式的学习表现出浓厚的兴趣，他们喜欢这些阅读课程胜于其他课程，因为该课程直接指向他们的生涯目标。

应用学术课程是较具代表性的融合职业内容的学术课程模式，是在标准学术课程如写作、数学和科学等课程的基础上在广义职业领域中的应用，如应用交际、技术或商务写作、应用或技术数学、应用物理、农业或商务经济等，甚至有在更具体职业领域如护理、健康科学、婚庆、警报、教育、电子、管理、兽医等方面的技术写作或应用数学课程。这些课程不是对一般通识课程以及相关职业课程的替代，而是在一定职业导向的基础上对其的进一步补充。例如，在俄勒冈州的职业学院，应用交际课程被作为学校英语和商业课程的补充课程，进一步衔接了基本理论与职业领域的联系。再如，应用物理课程"技术原理"可以提供与系统力学、流体、电与热能四大能量相关职业在诸如压力、速度、阻抗、能量等的一些基本物理原理的应用。[①] 但是，在现实的实践中，由于各种条件的限制，这种应用学术课程一般很少由学术课程教师和职业课程教师合作来承担，而仅由其中一方教师来实施，从而产生了不同方向的偏颇性，学术课程教师往往偏向于纯学术基础课程的教学，显得较为抽象和理论；而职业课程教师则相反。这种课程模式的另一个缺点是，它过早地分流不同职业领域的学生，限制了他们视野面的拓展，不利于不同职业领域学生之间的横向交流和互动。

此外，在很多社区学院，也存在第三种职业导向的学术课程模式即补习课程，是社区学院执行发展教育功能的重要课程模式，包括职业补习和英语作为第二语言的课程（English as a Second Language courses，ESL）。在诸多社区学院，这种课程是独立且具有系统组织的，通过这些课程的设立，来实现个体在阅读、写作、基础数学等领域的通识。但是，在很多时候，这些课程也具有对某一职业领域的入门导向性。如在华盛顿的雅基马社区学院（Yakima Community College）有

---

① W. Norton., Gary, D. etc., The Cunning Hand, the Cultured Mind: Models for Integrating Vocational and Academic Education, http://www.eric.ed.gov/PDFS/ED334421.pdf, 1991.

一种称为"技术导论"（Introduction to Technology）的职业补习课程，其提供了在相应技术性职业如农业、工程、自动化机械等背景中所需的数学、阅读和写作等方面的知识教学。① 英语作为第二语言的课程之所以被称为是课程整合的一种方式，就在于它通过将与职业有关的信息和情境渗透到阅读、词汇以及写作等教学内容中来培养个体需求的基本职业能力②，这满足了广大非英语语言国家移民对语言培训和基本职业目标的需求。这类课程需要语言教师和职业课程教师的合作来完成，如在伊利诺伊州的一些社区学院，该项目的课程虽是由语言教师直接承担的，但职业课程教师却经常与语言教师合作或参与语言教师的培养，以帮助语言教师发展与职业相关的语言课程。③

（二）融合学术内容的职业型课程

融合学术内容的职业型课程就是在职业课程中融合相关学术内容的课程类型，主要有融合学术能力的跨学科职业课程和融合学术模块的扩充式职业课程两种模式，使职业课程在职业倾向的基础上更具有人文的意蕴。

融合学术能力的跨学科职业课程，要求职业课程教师和学术课程教师一起协同将某一学术课程如写作、阅读、交流、人文等知识内容渗透到各自课程的教学当中，以培养学生的通识职业能力。其中，跨学科的写作课程是最为普遍的一种模式，它要求所有职业课程教师将写作练习融合到各自常规的教学过程当中，如可以让学生通过写作来描述本专业在未来职业路径中的角色，或者在面对问题时应采取的解决方案等内容，甚至可以用学术性评价方式如写作性考试来作为考核职业课程的方式。通过这种写作课程的渗透，还可以帮助学生进一步

---

① W. Norton and Eileen, K. , A Time to Every Purpose: Integrating Occupational and Academic Education in Community Colleges and Technical Institutes, http://www. eric. ed. gov/PDFS/ED350405. pdf, 1992.

② W. Norton, *Working in the Middle: Strengthening Education and Training for the Mid - skilled Labor Force*, San Francisco, CA: Josset - Bass, 1996.

③ Debra, D. B. , William, R. Ⅳ, H. Sue, T. , Integration of Academic and Occupational Education in the Illinois Community College System, http://www. eric. ed. gov/PDFS/ED418757. pdf, 1997.

澄清和组织自我的思想，以成为更为主动的学习者。① 此外，跨学科的阅读课程可以通过让所有学生阅读同一本书，要求不同专业领域的学生从不同的视角围绕书本中相同的内容主题进行讨论，从而培养学生的探究力、领导力等；跨学科的交流课程在于激发学生在班级中更加积极地参与讨论和提问，提高学生的交流、问题解决和批判思维的能力；还有跨技术的人文课程旨在通过在职业课程中包容人文的要素来增强学生对相应职业领域中的历史、伦理、艺术与审美等方面的理解。在这些跨学科的课程模式中，学术课程教师与职业课程教师参与发展课程的程度往往有所差异，一般是后者的参与度较低，源于这种课程的教学将占用具体岗位技能的教学时间，且职业课程教师的学术能力不高。

　　为积极响应《2006 年珀金斯生涯和技术教育完善法》中关于学术与生涯技术教学整合的强调，美国国家生涯与技术教育研究中心（National Research Center for Career and Technical Education，NRCCTE）（前身为 NCRVE）授权进一步深化了对融合学术能力的跨学科职业课程模式的研究，重点探索和推广了数学、科学和阅读三门学术课程在生涯与技术教育课程教学中的融合路径和方式。在课程整合中，渗透了一种基于情境教学理论的七要素教学框架，这种教学法不需要牺牲职业课程的内容，也不需要人为地强迫增加学术课程的内容，而是通过内嵌于职业课程中的学术课程知识来支撑两者的融合。以生涯与技术教育中的数学课程（Math – in – CTE）模式为例，七要素教学框架先后表现为介绍职业课程知识、考查学生对与职业课程相关的数学知识的认识、讲解嵌入在职业课程中的数学例题、强化相关数学概念在职业情境中的应用、攻克经典数学测试题与相应职业情境的联系、为学生提供表达对职业课程中数学概念理解的机会、正式评价嵌入在职

---

① Beverly, T. W., "More and More Professors in Many Academic Disciplines Routinely Require Students to Do Extensive Writing", *Chronicle of Higher Education*, Vol. 36, No. 44, 1990, pp. A13 – 14.

业课程中的数学问题的解决能力七个教学步骤。① 在这种整合式教学实践中，每一位职业课程教师都有数学课程教师的陪伴，他们共同开发课程并协同推进课程教学的有效实施。实践证明，通过这种教学试验，学生不仅在标准数学测验中成绩得到显著提高，而且也没有减弱相关职业技术能力的水平。

融合学术模块的扩充式职业课程，则是要求职业课程的教师将历史、伦理等视域的学术课程模块融合到相应的职业课程中，即从学术学科中引出材料单元到标准的职业课程当中，以达到扩展学生知识和视野的目的。例如，在南缅因州职业技术学院（Southern Maine Vocational – Technical College）的法律应用课程中引入了有关法律应用历史的内容，在纳什维尔州立技术学院（Nashville State Technical Institute）的工业工程、机械工程、商业技术等课程中引入了有关历史、伦理和审美等学术内容方面的模块。② 尽管与前述的融合学术能力的跨学科职业课程融合模式一样，这种课程也是一种在职业课程中融合更多学术内容的方式，都需要两种教师的协同合作，但不同的是，前者是在范畴上的扩充，以应用于学校所有职业项目，试图需要整个学校机构的支持，而这种模式的发展则只限定在具体领域的课程中，是围绕特定职业目的的学术课程教师和职业课程教师共同合作的结果。但是，相对于前者，这种模式更具有情境性和独特性，因此持续的时间不够长久。

（三）综合型课程

与前两种课程类型不同的是，综合型课程不是以既定的学术或职业课程为基础，而是通过建立一门或一组整合的新型课程来融合职业与学术内容的课程方式，包括融合学术视野和职业关照的交叉学科课

---

① Stone, J. R. III, Alfeld, C. and Pearson, D., "Rigor and relevance: Testing a Model of Enhanced Math Learning in Career and Technical Education", *American Educational Research Journal*, Vol. 45, No. 3, 2008, pp. 767 – 795.

② W. Norton and Eileen, K., A Time to Every Purpose: Integrating Occupational and Academic Education in Community Colleges and Technical Institutes, http://www.eric.ed.gov/PDFS/ED350405.pdf, 1992.

程和个性化的高级项目课程两种模式。

交叉学科课程是"将历史、伦理、文学、哲学以及社会或人类文学等学术课程的观点应用到职业相关的发展性内容或主题中"而形成的一门新型课程模式，[①] 目的在于通过为职业学生提供更为新型的和更具挑战性的教学方法来进一步扩展学生的学术视野，特别强调工作的社会、政治、哲学与伦理要素。例如，爱荷华州的柯克伍德社区学院（Kirkwood Community College）开发了"美国的工作"这一综合文学课程，其中的很多关于工作的科幻或非科幻的情境往往被用作对工作态度的考察，对过去、现在和未来工作的理解，以及发展学生关于基本人类经验如工作方面的交流技能，以达到对在解释故事和其他符号性表象时的胜任；同时该学院还通过建立"文化和技术"课程渗透大量对工作的文学关心以及关于现代伦理如基因工程方面的内容。[②]此外，美国国家科学基金会还资助发展了一项先进技术教育课程即STEM课程，融合科学（Science）、技术（Technology）、工程（Engineering）与数学（Mathematics）四个基本领域，以适应现代经济社会对综合职业能力的中等技术劳动力的需求。这些综合课程的共同要素就是将学术学科如历史、文学、伦理、哲学、科学等领域及其概念和分析方法应用于技术的发展、工作以及产生的社会效应，或者其他与就业相关的主题。这些课程需要学术与职业等多种学科教师的共同努力，通过发展新的支撑性材料来形成新的混合型课程。

高级项目课程是一种使用项目方法，针对个性化的项目需求而设立的整合式课程或课程序列，一般设在最后一个学期进行，因此有时也称为顶点课程。[③] 这种课程不是为了培养常规专业课程所预设的特

---

① W. Norton, Norena, N. etc., *Community College Innovations in Workforce Preparation*：*Curriculum Integration and Tech – prep*, Mission Viejo, C. A.：A Joint Publication of the League for Innovation in Community College, 1996, p. 7.

② W. Norton and Eileen, K., A Time to Every Purpose：Integrating Occupational and Academic Education in Community Colleges and Technical Institutes, http：//www. eric. ed. gov/PDFS/ED350405. pdf, 1992.

③ W. Norton, Gary, D. etc., The Cunning Hand, the Cultured Mind：Models for Integrating Vocational and Academic Education, http：//www. eric. ed. gov/PDFS/ED334421. pdf, 1991.

定的专业技能，而是为使学生应付未来复杂性工作环境而实现在问题解决能力、项目执行能力、团队协作能力以及展现自我能力等综合学术能力的达成。顶点课程的设计和教学工作要求项目小组所有专业课程教师的共同参与，以增强课程能力的针对性、普适应和综合性。根据笔者在美国当地的调查，俄克拉荷马州立大学技术学院（Oklahoma State University Institute of Technology）的工程技术系拥有两个级别的顶点课程。首先，有一门总的顶点课程，它是该系所有学生学习经验的顶点，在学生实习期间开展。学生通过团队工作分析影响业主潜在生产力的真实问题的原因，进而通过设计解决方案、检测最优方案、解释结果与反馈等实践过程，培养识别问题、制定解决问题目标和战略的能力等。① 其次，在土木工程具体项目领域也有一种项目顶点课程，其要求学生独立完成一项为期一个学期的研究主题，每一个主题都包括项目计划、研究与设计和最终的论文与陈述三个基本环节，旨在培养学生执行整个项目过程的能力、独立完成工作任务的能力以及口头陈述的能力。② 项目顶点课程的开展锻炼了个体研究问题和分析问题的能力，增强了工作意识的整体性和工作责任的独立性。

（四）模块型课程

这种课程是围绕某一职业集群或领域而设置的由两门或两门以上相互补充的课程组成的一套课程体系，它将阅读、写作、数学等学术基础性课程和特定职业学科领域的课程整合在一个框架之下。这种课程允许教师使用至少一门其他课程的材料，从不同的视角产生相似的主题，发展共同的例子和应用，在一门以上的课程中同时进行，或者依赖于其他的课程来传授必要的基础，要求学生必须修完事先设定的所有课程。根据课程数量的不同可分为串联式、集群式、学习型社区、校中校或学园式和磁石学校五种模式。

串联式课程是一种由一组成对（学术＋职业）的课程串联而成的

---

① Michael, F., *Capstone Course syllabus*. Okmulgee, OK: Oklahoma State University Institute of Technology, 2011, p. 1.

② Jennifer, B., *Capstone Project Course Syllabus*, Okmulgee, OK: Oklahoma State University Institute of Technology, 2011, p. 1.

课程模式。如俄勒冈州的一所社区学院（Chemetketa Community College）将写作课程与服务实习两门课程相串行，在服务实习中将学生引入到相应的人类服务中心，并要求学生进行相关主题的写作，通过加强学术课程与职业课程之间的联系来增强他们对人类的服务意识。集群式课程则是集合两门以上相互联系的课程而形成的课程模式，如基础企业集群课程引入了商业、写作和经济课程，而高级企业集群则引入了管理学基础、哲学、价值和商务伦理以及文学写作等课程。①基于工作的学习（Work – Based Learning，WBL）作为集群课程的一种，它将课堂内的学术教学和生涯兴趣同校外场域中的建构的工作经验相结合，并通过学徒制、实习、导师指导、学校企业或合作教育的形式实现，以便为学生提供一个重要的生涯路径。② 实践证明，集群课程环境下的学生有较强的人际关系，他们更易于合作，倾向于形成研究团队等支持性体系。这种课程模式需要所涉教师的共同努力，以联合形成计划。

如果集群式课程扩充到更大的课程团队的话，就形成了学习型社区的模式，任何数量的学科都可以联系成为学习型社区。不管具体学科是什么，学习型社区最重要的方面是跨学科的学习、机制的建立、各种学科领域技能的整合，以及更加积极的教学方法如研讨、小组讨论等的使用。如有些学院围绕艺术设计专业，融合了一系列的学术课程，包括阅读、应用和艺术等领域，具体还有"语言与隐喻"英语、"自然规律"科学，以及"人文要素设计"和"认知心理学"等社会课程。另有密歇根的三角洲学院（Delta College）将生物—伦理—护理项目（Bio – Ethics – Nursing）作为一个学习型社区，参与其中的学生学习包括卫生保健、保健伦理和大学写作三门课程，旨在培养项目

---

① W. Norton and Eileen, K., A Time to Every Purpose：Integrating Occupational and Academic Education in Community Colleges and Technical Institutes, http：//www. eric. ed. gov/PDFS/ED350405. pdf, 1992.

② Naylor, M., Work – Based Learning, http：//www. eric. ed. gov/PDFS/ED411417. pdf, 1997.

领域所需要的核心能力和一般能力。① 当学习型社区达到一定的规模后，就演变成为校中校模式或学园模式，在这种模式中的教师与学生具有较为共同的文化和社会认同感。与其所在的学校相比，学园具有规模小、师生比大的特点，因而有助于教师之间、师生之间更为广泛地交流和个体问题的解决。最后，当这种学园模式规模发展到一定程度而脱离于所在的学校时就演变为专门的磁石学校（学院），是围绕特定的职业集群如电子、计算机、商业等领域而设立的功能较为齐全的、具有独立系统的集群式学校组织，这种形式更多地发生在中等职业教育阶段，称为磁石中学，如加州的工商管理磁石学校（Business Administration Magnet School）、健康专业磁石学校（Health Professions Magnet）和市中心商业学校（Downtown Business Magnet）等。②

总体而言，这五种模块式课程虽然包含不同数量的课程、教师和学生，但都具有相同的目的，它们都旨在提供一个让所有教师能够展现自我、由两门或两门以上课程相互作用组成的组织，使教师能够识别和渗透在其他课程中可以获得的知识和能力，以便形成通用的案例和应用，进而为特定职业领域的学生服务。由于提供了一个扫除学科间障碍、有助于合作生成的机会，因此，这种模式在整合职业与学术内容方面的潜力是无穷的。但是，校中校模式和磁石学校模式是以多种方式扩充了的集群式课程模式，将所涉学生在整个学业年限中集合在一起，完成一个项目中所有课程的学习，因而灵活性不够。而串行和集群式模式则具有很多校中校模式不具有的优点，尽管学生在某一学期必须致力于集群内所有课程的学习，但他们可以在集群式课程和传统课程中相互轮流，甚至整个一学期都可以不学相应的模块课程。

三 课程整合的基本经验

美国职业教育学术课程与职业课程整合的改革经过 20 多年的发展，在联邦政府的大力支持下，通过广大职业院校的积极探索以及理

---

① James, J., Roberta, C. T., We're Doing It: Michigan Models for Academic and Occupational Integration, http://www.eric.ed.gov/PDFS/ED399997.pdf, 1996.

② W. Norton, Gary, D. etc., The Cunning Hand, the Cultured Mind: Models for Integrating Vocational and Academic Education, http://www.eric.ed.gov/PDFS/ED334421.pdf, 1991.

论研究者的进一步总结和梳理，积累了丰富的理论和实践成果，丰富的经验值得我国职业教育学习。

（一）渐进法律支持是课程整合的外在力量

为响应工作世界对技术技能型人才的新需求，进入 20 世纪 80 年代以来，美国的职业教育法先后更新四次，逐步完善各项内容，其中一项核心的议题就是逐步强化对职业教育学术课程与职业课程整合的政策支持。首先，《1984 年珀金斯职业教育法》强调了基本的数学和科学原理对毕业生可持续发展职业能力养成的重要性，并要求职业教育增强该部分课程内容的设计，为后续法律关于学术课程与职业课程整合的引入奠定了重要基础。其次，《1990 年珀金斯职业与应用技术教育法》则直接引入了"学术教育与职业内容的整合"，并强调通过一系列课程设计促进学术与职业课程的融合，真正开启了美国职业教育学术课程与职业课程整合的重要时期。最后，《1998 年珀金斯职业与应用技术教育修正法》和《2006 年珀金斯生涯和技术教育完善法》更突出地强调职业教育应通过学术与职业课程的融合来培养学生面向21 世纪的各项综合职业能力，将课程整合的议题与最新的时代发展需求相一致。可见，每次法律都包含对职业教育学术课程与职业课程整合的相关条款，且每次都有新的内容，不断彰显对课程整合的推动力度。在法律的支持下，美国职业教育的研究机构先后投入大量的人力、物力和财力，推动了职业教育学术课程与职业课程的整合研究，取得了重要成果。

（二）典型模式开发是课程整合的核心内容

在职业教育研究机构的推动下，以及大批社区学院、技术学院、职业学校的实践支持下，美国职业教育形成了一系列典型的课程整合模式，有力地推动了学术课程与职业课程的整合。从前面的论述中可知，美国职业教育学术课程与职业课程整合的模式主要归于四大类别，分别为融合职业内容的学术型课程、融合学术内容的职业型课程、综合型课程和模块型课程。其中，前两类课程模式主要是在现有的课程基础上融合一定的其他课程要素而形成的一边主导的整合型课程，综合型课程是在融合学术内容和职业内容的基础上形成的一种真正整合型课程，模块型课程是由若干门课程围绕同样的目的组合起来的集群型课程。每类课程模式又包括几种具体的课程整合模式，每种课程整合模式根据其课程性质都有各自的具体目标指向，且有不同的实践情境和条件要求。这些课程整合模式构成了美国职业教育学术课程与职业课程整合的核心内容，它们是推动课程整合的必要载体。这些课程整合模式的不同类型也告诫我们，并没有一个放之四海而皆准的课程整合模式，而是需要在现有条件的基础上，分门别类地构建适宜实践需求的课程模式；同时也表明课程整合不是机械地追求学术课程与职业课程整合的一体化建设，它允许学术课程与职业课程形式上的分野，但排斥两种课程的彼此绝对分裂。

（三）双元教师合作是课程整合的内在动力

从各种典型课程整合模式的理论诠释与现实实践中也得知，虽然它们都有着不同的目标指向，且需要不同的具体条件支撑，但所有课程整合模式的建设都集聚了学术课程教师和职业课程教师的双边智慧。无论是渗透职业内容的学术型课程、融合学术内容的职业型课程，还是综合型课程和模块型课程，其课程模式的开发以及教学实施都建立在学术课程教师与职业课程教师的共同参与基础之上，只是在具体课程模式中所承担的角色不同而已。其中，在融合职业内容的学术型课程和融合学术内容的职业型课程中，教师的合作是以一边教师为主导者、另一边教师为参与者的角色分工，前者以学术课程教师为主导，后者以职业课程教师为主导；在综合型课程和模块型课程中，学术课程教师和职业课程教师几乎处于完全对等的角色，整合型课程内容或集群课程的开发是他们共同的工作任务，整合型课程教学的实施也是在他们双方的相互协同下进行的。教师是课程建设的主持人与课程实施的当事者，脱离了教师参与的课程方案将是一纸空文，失去了教师参与的教学实践将是没有方向的实践；而没有学术课程教师与职业课程教师合作的职业教育课程建设与实践则是彼此孤立的课程分野与教学实践，最终将导向职业人格的分裂。因此，如果说法律支持是课程整合的外部力量的话，那么学术课程与职业课程的合作则是推动课程整合的内在动力。

第二节　英国职业教育学术课程与 职业课程的整合研究

继续教育学院作为英国职业教育的实施主体，执行着 16—19 岁技能型人才培养的主要任务。在 16—19 岁英国职业教育中，学术课程主要有英语和数学，这些课程的学习有以下三种情况：其一，如果学生在普通中学 GCSE 考试中，课程成绩低于 C 级，则需在继续教育学院重修这两门课程，直至达到 C 级或 C 级以上等级；其二，如果通过这一等级的学生想继续学习这些课程知识，则可以在职业课程的教学中提升相关技能，但目前尚未有典型的课程融合模式；其三，如果通过数学 C 等级的学生希望继续学习专门的数学课程，但又不想参与 A Level 数学课程的学习，则可以学习一种新型的核心数学课程。

其中，核心数学是由英国教育部于 2014 年提出并在 16—19 岁教育阶段实施的三级资格课程计划，实施的主体包括高级中学、六级学院和继续教育学院。它旨在摆脱纯数学理论知识的学习，将其与生活世界相联系，对于促进其他 A Level 课程学习、高等教育课程学习以及就业与生活都具有重要的价值。就继续教育学院而言，核心数学在某种程度上可以称得上一种融合学术课程与职业课程的基本模式，它对于其他专业课程的学习具有整合和促进的作用。因此，本书将核心数学作为英国职业教育学术课程与职业课程整合的典型模式加以解读与分析。

一　课程整合的社会背景

由于核心数学课程是在整个 16—19 岁教育阶段开设，而不仅仅是在继续教育学院实施，因此，这里将课程整合的背景放在整个高中教育阶段中考察，且考虑到学生就业与升学的双重需求。

（一）高中阶段数学教育的危机

高中生参与数学学习比重的低下是英国核心数学课程开展的直接动因。根据 2010 年的《纳菲尔德报告》（*Nuffield Report*）调查显示，在全球领先的 24 个发达国家或地区中①，英格兰、威尔士、北爱尔兰高中教育阶段（16—19 岁）参与数学学习的学生比例是最低的，都没有超过 20%；苏格兰稍微好一些，但依旧是非常低的，是处于 20%—50% 的三个国家或地区之一（另外两个分别是西班牙和中国香港地区）；而其他的 18 个国家均超过了 50%，其中 14 个国家超过了 80%，甚至有 8 个国家的高中生全部都在学习数学课程。就数学教育的政策而言，在所调查的 24 个国家中，有 8 个国家或地区（捷克、爱沙尼亚、芬兰、日本、韩国、俄罗斯、瑞典和中国台湾）要求所有高中学生必修数学，有 13 个和 9 个国家分别要求高中阶段的普通教育和职业教育的学生必修数学，只有 6 个国家或地区没有强制要求 16 岁以上的学生必修数学，其中就包括英国的 4 个地区；另外两个是爱尔兰和澳大利亚（新南威尔士地区），后者也与英国有着深厚的文化和历史渊源关系。② 上述一系列数字表明，英国高中数学教育陷入严重的危机。高中数学知识的匮乏不仅影响同一阶段其他课程的学习，而且对于未来的高等教育课程学习以及就业与生活都会带来较大困扰，从而使英国的年轻人在全球竞争中处于劣势。

（二）高等教育对数学技能的需要

高等教育相关学科对数学技能的需求是英国核心数学课程实施的长远关照。相关研究表明，数学与统计知识和技能广泛地体现在大学的有关课程中，它们是很多大学生进行其他课程学习的基本工具，然而现实却是令人心寒的。英国高等教育学会（Higher Education Academy）于 2014 年开展了一项关于数学转移的调查。研究选取了大学中的商业管理、化学、计算机、经济学、地理学、社会学和心理学 7 个学科，旨在调查这些学科对于数学与统计知识的需求。结果显示，所有 7 个学科对数学和统计都有不同程度的需求；每年有 8.5 万名学生

---

① 这 24 国家或地区主要来自 OECD，其中包括英国的英格兰、苏格兰、威尔士和北爱尔兰 4 个国家。

② Hodgen, J., Pepper, D., Sturman, L. and Ruddock, G., Is the UK an outlier? An International Comparison of Upper Secondary Mathematics Education, http://www.core - maths. org/media/2075/is - the - uk - an - outlier_ nuffield - foundation_ v_ final - 1. pdf, 2010.

进入大学学习这些学科，再加上其他对数学有相似需求的学科，合计大约每年将有 20 万名大学生需要学习数学。① 尽管最近几年，进入这些学科拥有 A 或 AS Level 数学成绩的学生有所增加，但数量仍然有限；很多学生虽然已经通过 GCSE 的 B 级或 C 级，但是已经很少或没有涉及数学至少两年的时间。报告还显示，很多进入大学的学生对数学或统计技能缺少自信甚至存在焦虑，进而严重影响了其他课程的学习。有些大学尽管为数学和统计的学习提供了有效的支持，但参与的学生依旧少得可怜。原因可能是多方面的，但至少高中阶段对学生数学的支持显然是不够的。因此，报告建议，大学教育的前期提供者应该清醒地意识到数学知识对于高等教育学位的重要性，各专业学科的核心利益相关者应积极地投入到不同形式数学课程的发展活动中。

（三）劳动力市场对数学能力的需求

劳动力市场对数学能力的需求是英国核心数学课程开发的根本动因。有关研究表明，在 1982—2012 年的 30 年间，英国的劳动力市场发生了重要变化，中高级技能型职业岗位急剧增加，如经理人、专门职业者、私人助理的需求数量分别从 1982 年的 270 万人、200 万人和 9000 人增加到 2012 年的 490 万人、400 万人和 290 万人；而非技能和半技能型职业岗位却在逐渐减少，如手艺人、办事员、交通运输和机器行业从业人员分别从原有的 440 万人、390 万人和 300 万人下降到 2012 年的 280 万人、340 万人和 220 万人。② 大量高级技能岗位的增加对数学技能提出了前所未有的需求，从专门的财务人员到项目经理，从现有急剧增加的高科技、IT 行业和高附加值制造业到未来强烈需求的绿色技能行业，都需要从业者具有高级数学能力，如逻辑思维与问题解决能力、复杂运算能力、概率统计能力等。不仅如此，在现

---

① Hodgen, J., McAlinden, M. and Tomei, A., Mathematical Transitions: A Report on the Mathematical and Statistical Needs of Students Undertaking Undergraduate Studies in Various Disciplines, https://www.heacademy. ac. uk/sites/default/files/resources/hea_ mathematical – transitions_ webv2. pdf, 2014.

② Advisory Committee on Mathematics Education, *Mathematical Needs: Mathematics in the Workplace and in Higher Education*, London: Royal Society, 2011, pp. 16 – 17.

代社会，各行各业的所有员工也都应具备一定的数学能力，包括自信处理数字、展示一般数学意识和基本评估能力等。[①] 但现实英国劳动力就业人口的数学素养现状却令人担忧，很多雇主都反映，员工们要么不具备基本的数学能力，要么不能将所学数学知识应用到特定的职业情境中，这使得英国在全球竞争中处于劣势。为此，英国工业联合会（Confederation of British Industry）特别建议所有的年轻人都应在 16 岁以后的教育和培训中继续学习计算和数学知识，并且倡导教育机构完善数学的教学方式，使之能够学以致用。

二　课程整合的运行机理

为解决高中数学教育的危机，满足高等教育的需要以及应对劳动力市场的挑战，英国政府从 2014 年开始在 16—19 岁的教育阶段实施核心数学课程计划，旨在鼓励通过 GCSE 考试 C 级以上的学生继续学习数学，以确保到 2020 年绝大多数的 16 岁以上学生都能继续接受数学教育。在 2014 年秋季，有将近 180 所六级学校、六级学院和继续教育学院参与了第一批核心数学课程的实践。核心数学就是让学生通过做有意义的数学问题，来增强他们使用数学知识的自信，这对于继续教育学院的职业学生来说具有重要的意义，不仅有利于专业课程的学习，促进面向就业的综合职业能力的达成，而且还为部分进入高等教育的学生提供进一步学习其他课程的便利。

（一）核心数学的能力目标

核心数学应该培养与巩固学生数学理解以及将数学理解应用到真实问题情境中的能力与自信，进而为他们进入大学或劳动力市场中学术、专业或技能领域对数学的需求提供广泛的基础。根据英国教育部 2015 年公布的《核心数学资格：技术指导》文件要求[②]，核心数学应

① Confederation of British Industry. Making It All Add Up: Business Priorities for Numeracy and Maths, http://www.cbi.org.uk/media/935352/2010.08 - making - it - all - add - up.pdf, 2010 - 08.

② Department of Education, Core Maths Qualifications: Technical Guidance, https://www.gov.uk/government/uploads/system/uploads/attachment_data/file/450294/Core - Maths - Technical - Guidance.pdf, 2015 - 07 - 31.

该培养学生以下三个方面的能力：

1. 选择与使用数学方法与技术的能力

首先，学生应能够选择和使用 GCSE 高级数学课程中相关方法和技能（包括算数，代数，比率、比例和变化率，几何和测量，概率，统计等内容）来解决数学、非数学问题的能力。这不是一个对 GCSE 数学内容的翻新，而是要根据特定的问题情境，学会从中精选有效的数学方法和技能。

其次，学生还要进一步掌握一系列的 GCSE 以上的更具挑战性的数学概念和技能，以便与相关的技术、专业或学术情境相关联。这些数学内容可以从 A/AS Level 或其他性质的数学课程中寻找。

最后，还要具有从 GCSE 及其更高级别的数学中选择最佳的方法和技能以用于特定问题的理解与表达的能力，以及正确使用相关技能找到特定问题的解决办法并加以阐释和解释的能力。

2. 基于真实问题情境使用数学的自信

一方面，学生应该会使用多元的数学和统计方法来表达和分析相关明确情境（包括复杂的和非熟悉的情境）的能力，这包括识别和理解量化信息以及这些情境中相关假设的能力，正确使用数学和统计性陈述与技术的能力，以及从新的信息中提取有关情境的价值性结论的能力。其中的情境和问题一般源于自然、技术和科学以及人文、行为和社会等学科领域，并体现一系列的专业或学术背景；而数学方法和技术应是第一个目标中的相关内容。

另一方面，应会使用数学方法来表达真实的问题，进而寻找解决办法、洞察力或答案的能力；并且能够评价特定情境中的相关方法，最后决定如何使用它们来精确地、有意义地来表述结果的能力。

3. 运用数学思考、推理和交流的技能

在思考与推理方面，学生应该能够找到答案，并将其应用于非常规的问题和情境中，包括使用数学的和量化的概念解释新情境的能力；对相关策略和方法做出判断，进而选择一个解决问题办法的能力；选择合适的创新性方法的能力；测试和评价答案与结论的能力。这里的非常规问题，是那些既不能找到明确的方法，也不能发现明确答案的情境，因为这些问题中存在有限的、模棱两可的和矛盾的信息；它们需要进行判断和假设，最后可能不会产生唯一的或明确的答案。非常规问题的解决常常需要创新性战略，利用广泛的知识和理解，需要更加推论性和问题解决的技能，需要数学信息和方法的推理。在交流方面，学生要能够将数学推理和结论解释给他人，并且判断指向问题的特定方法；能够利用数学理解阐释结论，并解释答案和结论的有限性。

（二）核心数学的课程编排

核心数学在课程编排中表现为不同的形式。根据 2015 年 11 月英国核心数学项目组对 181 所 16—19 岁学校或学院（包括 40 所继续教育学院、117 所普通中学、21 所六级学院和 3 所大学技术学院）的调查显示，有 50% 以上的院校将核心数学嵌入在课程表的选择模块中，如置于 5 个模块中的 2 个模块中，供学生选择其一，进而与其他模块中的课程组成个别化的课程表；有 25% 以上的院校将其作为一种补充性的活动课程，像扩展项目资格、通识课程或爱丁堡公爵奖计划一样供学生选择；剩下的不到 20% 的机构则将核心数学作为特定专业学生的必修课开设。[①] 核心数学实施之初计划是为期两年，但在实践中由于种种原因大多都是一年期的时间，且效果不均。这里以必修课与选修课之分进行举例分析，所有数据均源于核心数学支持项目组 2015 年年底的调查，且案例皆来自继续教育学院。

1. 特定专业的必修课

必修课程不是针对全校所有专业学生要求的，而是只针对部分专业所需而设的，一般为期两年的时间。例如，在英格兰西北部的阿克灵顿和罗森代尔学院（Accrington and Rossendale College），核心数学是 BTEC 软件开发专业两年制的必修课，一年级和二年级分别有 6 名学生，每周上两个学时，由同一名教师任教。教师采用问题解决法和

---

① Core Maths Support Program, Education Development Trust, Timetabling Survey, http://www.core-maths.org/about-the-cmsp/timetabling-survey/, 2015-12.

专题讨论法教授核心数学，效果非常奏效。在剑桥区域学院（Cambridge Regional College）的二年级共有 26 名学生必修核心数学，他们均来自 BTEC Level 3 公共服务（Uniformed Public Services）专业；另有曾经在一年级学习的 8 名学生由于种种原因在第一学年结束时终止了核心数学的学习。在该学院，核心数学每周 3 个学时，一般被安排在周一进行。此外，对于东伯克郡学院（East Berkshire College）的商科以及城市与伊斯灵顿学院（City and Islington College）的环境物理专业的学生，核心数学也都是必修的。教师们普遍意识到核心数学对于专业课程学习的重要性，但是，实践证明，学生对必修课并不感兴趣，很多学生学习一年后就放弃了。对此，教师认为，相对于普通中学和六级学院更易开设必修课而言，在继续教育学院开设必修课是效果不佳的，因为与普通中学规约性较重的文化而言，继续教育学院学生希望拥有更多的选择自由。

2. 全校专业的选修课

在调查中，75% 以上的学校或学院都表示将核心数学课程作为选修课开设，且其中 2/3 的单位都是面向全校学生的。例如，在伯明翰的沃索学院（Walsall College），核心数学是作为一种辅助活动课程供学生们选修的，每周最多两个学时。该学院正逐步探索将核心数学作为已经通过 GCSE 考试 C 级以上的学生课程的一部分，当然，前提是征得学生们的同意。这一探索开始是面向 BTEC Level 3 的商科学生，后来，逐渐将其扩展到 BTEC Level 3 科学和工程等学科专业的学生。由于该校不提供 AS/A Level 的数学课程，因此，学生更愿意将核心数学作为一个可行的选择。在剑桥区域学院，核心数学主要面向媒体、艺术和商科的学生选修，但是，由于每个专业都有三个整天的专业课程学习，使得核心数学的开设很难照顾到所有学生的时间空缺，因此，每周特定时间开设的 3 个学时的核心数学就只能视学生自己的时间进行选择了。在康沃尔学院（Cornwall College），核心数学课程则作为一年级的选修课，学校建议工程类专业的学生都学习这门课，结果引致比克顿（Bicton）校区农业工程和坎伯恩（Camborne）校区电气工程专业的学生都将核心数学作为他们课程的必要组成部分加以选修，使得学生数从2014年的30名增加到2015年的45名。这45名学生共分为3组，不同组别的学生根据各自专业课程的空当去选择合适的核心数学课程时间，后者是与GCSE重修课程处于同一个选择模块中。相对于必修课程的安排，选修课程的形式更容易被学生接受，因为学生选修都是出于自我意愿做出的选择，因此兴趣较高，学习效果也好。

（三）核心数学的教学模式

核心数学课程更多的是基于真实问题情境的教学，因此教学方法都重在解决现实中的实际问题，如数学在日常财务中的应用；并常常和具体的学科相联系，包括心理学、健康科学、地理学、社会学甚至历史学等。尽管该课程主要由数学教师承担，但其他专业课程教师的参与也是受欢迎的，以促使学生将数学知识应用到不同学科领域中。总体而言，在核心数学教学中，数学建模和问题解决常常被作为两种普遍的教学模式加以应用。

1. 数学建模教学模式

数学模型是一种对基于数学概念和语言的应用系统的描述，一个数学模型可以被用作解释一种现象或进行某种预测。数学模型在自然学科（物理、生物、化学等）以及工程学科领域中都已经使用了长达多个世纪，但是，现在它们也被越来越多地用在社会科学的大量问题解决中。发展一个数学模型的过程称为数学建模，图5-1描述了数学建模的基本过程。

如图5-1所示，数学建模从一个真实世界的问题开始，首先明确问题解决的目的是什么；然后提取关键的信息或提出假设，将其转变成数学模型来代表问题；当数学问题被解决后，反思相关的答案，思考这一模型是否足以解决最初的问题，或者重新评价假设。[1] 下面的两个例子很好地诠释了数学建模的过程：

---

① Core Maths Support Program，Education Development Trust，Mathematical Model，http：//www. core - maths. org/media/2090/02 - mathematical - modelling. docx，2016 - 06 - 04.

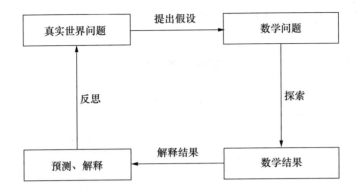

图 5 - 1　数学建模的基本过程

例 1：女子七项全能积分系统

体育运动中一些竞技类项目分数累积的计算就是一种典型的数学建模的运用。比如，女子七项全能 800 米跑的分数的计算公式 $P = 0.11193 \ (254.00 - T)^{1.88}$ 就是一个用来解决实际问题而设计的数学模型，其中，T 代表运动员所花的时间。根据数学模型所示，这一个评分系统用于呈现顶级选手在同样获得 1000 分的情况下，于细微处与其他选手的差异。其他六项的运算方式也与之相似。这一模型可以被用作运动员平时的目标训练中，且已被证明是有效的。

例 2：D'Hondt 席位分配法

这是一种现在正被广泛应用到欧洲投票系统中的席位分配模型，用此分配不同党派的座位。例如，在城市选举中，有 5 个席位待分配，投票的结果如表 5 - 1 所示。首先很明显看出其中的 3 席如何分配，但是余下的 2 个分给哪些党派呢？有很多可以用得到的数学模型来计算席位的分配，其中在欧洲被广泛使用的是 D'Hondt 席位分配法。通过此方法，将每个党派获得的总票数分别除以 1，2，3，…，得到的数字如表 5 - 2 所示，最后将 5 个席位分配给表格中 5 个最大数字所对应的党派，即表中所标"＊"号的位置。最终的结果即是，A、B、C、D 四个党派分别获得的席位为 3、1、1 和 0 个。这看上去似乎对 D 党有点残酷，但是没有更加完美的解决办法。另外，有一个斯堪的纳维亚折中法，将 1，4，3，5，7，…分别作为除数，给出一个不同的分配方法，但同样是不完美的。

表 5 – 1　　　　　　　　　　各党派原始票数

党派	票数
A	17920
B	11490
C	11170
D	4420

表 5 – 2　　　　　　　　　D' Hondt 席位分配结果

÷	A	B	C	D
1	17920 *	11490 *	11170 *	4420
2	8960 *	5745	5585	2210
3	5973 *	3830	3723	1473
4	4480	2873	2793	1105

总之，数学建模是一个将数学理论应用到实际问题的一个非常重要的方法，也是核心数学课程内容的重要组成部分。它同时也被广泛应用到卫星发射、人口增加和经济形势预测等多种情境中。

2. 问题解决教学模式

在 16 岁之前，学生一般都已经学习了 11 年的数学课程，他们通过听取教师清晰的解释、观察教师对特定问题解决的演示，已经获得了对数学的基本理解；并且随后通过简单问题的解决巩固了数学知识的掌握。但是，这些传统的教学模式并没有评价真实的理解或者鼓励创新性思维、灵活性或必要的方法转换，以应付未来的挑战。核心数学应该给予学生一个通过深度理解来学习数学的机会，而不是现有的仅仅 GCSE 水平的基础要求。因为"通过理解而学习到的东西，能够更加灵活地被使用，以适应于新的形势，进而学习新的东西"。①

　　问题解决教学模式恰恰迎合了理解学习的需要，英国核心数学正是将这种模式作为一种重要的教学方式。这种教学模式主要包括四个步骤：（1）问题陈述：教师陈述问题，以便学生理解和了解他们的期望；学生通过阅读、听取教师的教学并进行讨论，思考问题是什么；学生们检查自己已经知道什么以及需要学习什么，进而开始发展如何处理问题的理念。（2）发展解决办法：学生思考问题，尝试通过自己的努力找到解决问题的办法；教师有意识地查看学生的工作并进行记录，进而决定在第三步骤将如何安排学生陈述他们的观点。在这一过程中，除了给没有进展的学生提供暗示之外，教师一般不直接指导学生，只有这样，产生的数学理念才是真正属于学生的。（3）通过讨论获得进步：教师安排3—5名使用不同方法的学生向全班解释他们的方法，教师处于中立的态度；学生听取解释，并试图通过讨论每种方法的优缺点，来达到一个对更好方法的共同理解。（4）总结：教师总结学生团队的发现，尤其强调课堂教学的重点。在这一阶段，教师还可以通过使用类似的或发展性问题布置作业来进一步挑战学生。学生们通常要在他们的日记中写下他们所学的东西。② 总之，英国有关部门并不希望所有的核心数学教师都采用这种教学模式，而是支持和鼓励教师们创新类似的方法。

　　在问题的解决中，任务的选择对学生的学习是非常关键的。这一任务一般是具有挑战性的任务，对此学生没有约定的或可知的规则或方法来遵循，也没有一个唯一的"正确"方法。③ 换句话说，这一挑战性的任务必须为学生提供方法选择的机会，以便鼓励他们进行反思和交流。需要注意的是，这里的任务不仅仅是一个有兴趣的数学问

---

　　① Hiebert, J., Carpenter, T. P., Fennema, E., Fuson, K. C., Wearne, D., Murray, H., Olivier, A., Human, P., *Making Sense*: *Teaching and Learning with Understanding*, Heinemann, 1997.

　　② Core Maths Support Program, Education Development Trust, Problem Solving, http://www. core – maths. org/media/2089/problem – solving – 140624. docx, 2016 – 06 – 04.

　　③ Van de Walle, J., *Elementary and Middle School Mathematics*: *Teaching Developmentally* (6th ed.), Boston, MA: Allyn and Bacon, 2007.

题，而是经过特定选择用来促进从"已经知道什么"到"将要知道什么"的过渡性任务。需要特别强调的是，任务对学生必须是有趣的，而且教学情境在任务选择之前必须进行清晰的表达，以某种方法呈现，进而激发学生的兴趣和好奇心。总之，在这种任务驱动的问题解决教学中，学生学习的过程是有意识的，学生通过问题的解决，实现对数学知识的习得，数学经验即是问题解决经验的结果。因此，这种教学方法可视为"通过解决问题而教学"的模式，超越了传统的"为了解决问题而教学"的模式。

（四）核心数学的资格授予

核心数学课程的学习将获得一个由英国资格与考试管理办公室（Ofqual）统一认可的三级资格证书，与 AS 资格处于同一水平，而且在大学入学申请时与 AS 资格具有同等的价值。核心数学资格考试将分别于 2016 年和 2017 起开始成为高中会考和技能测试的一部分。核心数学资格是在雇主、大学和相关专业团体的共同努力下发展完成的，它分别在五个专业协会或团体的组织下形成六种资格证书，其中 OCR 授予两种证书。这六类证书在能力培养、课程内容、教学实施及具体评价等方面有一定程度的不同。

1. 应用数学证书

应用数学证书由伦敦城市行业协会（City & Guilds）组织实施，它旨在增强学生以一种批判性的视角评价学习、工作或社会中数字信息的娴熟性；发展学生对使用数学模型解决问题的理解，提高他们在更广阔的领域中解决问题的洞察力；增强自己构建数学模型和理解他人数学模型的自信；以及运用数学工具如图形、图表来增强交流的有效性，进而发展数学解释和论证的能力。[①] 面向该证书开设的课程主要分为数学模型、数学理解和数学交流三大部分，但在教学过程中这些内容都需要与现实的实际问题相结合。教师通过创设真实的情境让

---

① City & Guilds, The Level 3 Core Maths: Using and Applying Mathematics, http://cdn. cityandguilds. com/ProductDocuments/Skills_ for_ Work_ and_ Life/English_ Mathematics_ and _ ICT_ Skills/3849/Additional_ Documents/3849_ Level_ 3_ Using_ and_ Applying_ Mathematics_ factsheet_ v3_ 2. pdf, 2015 - 10.

学生运用数学理解能力构建数学模型，同时学生应能够自信地将自己解决问题的思路和方法做出详细的解释。应用数学证书的评价方式主要是考试评价，共有两套试卷，试卷一主要考查数学建模的能力，试卷二主要考查数学理解与数学交流的能力。两套试卷都鼓励学习者运用日常生活中可以得到的数学资源来解决实际情境中的问题。

2. 情境数学证书

情境数学证书是由英国培生集团（Pearson）旗下的爱德思考试委员会（Edexcel）颁发的证书之一，它的主要目的旨在增强学生表述和分析真实数学情境的自信，提高运用数学知识解决相关问题和事项的能力，为学生升入高等教育继续学习或直接工作做准备。该情境数学证书所涉及的课程内容基本上都是学生在 GCSE 课程中已经学过的知识，包括统计应用、线性编程、概率、数列和级数 5 个模块。为巩固深化已经学过的知识，该证书遴选了紧跟社会热点的包括社会媒体、社会、体育、服装、金融、创新艺术、健康、经济、旅行、环境、灾害和工程在内的 12 个主题[①]，采用主题教学法，通过渗透不同方面的数学内容，有针对性地培养学生基于实际情境的数学能力。情境数学证书的评价采用 100% 的考试评价模式，所有学生的考试内容一致。[②] 试题形式一般都是基于情境的。例如，如果考试内容是金融计算方面的知识，那么试题册上会有一篇关于当前金融环境的背景材料，将数学知识融入其中，要求学生通过阅读、理解和分析指定情境来回答试卷所提出的问题。情境数学证书通过国际化标准的把控、不断完善的评价方法与流程以及对学生差异性的关注形成了其标准、严格、包容的特点。

3. 工作与生活数学资格证书

工作与生活数学资格证书由威尔士联合教育委员会（Eduqas：

---

① Pearson Edexcel, Scheme of Work for Mathematics in Context, http：//qualifications. pearson. com/content/dam/pdf/mathematics－in－context/2014/teaching－and－learning－materials/Edexcel_ Maths_ in_ Context_ Scheme_ of_ Work_ Issue_ 1_ FINAL. doc, 2015－10－01.

② Pearson Edexcel, Core Maths：Certificate in Mathematics in Context, http：//qualifications. pearson. com/content/dam/pdf/mathematics－in－context/2014/teaching－and－learning－materials/Core－Maths－guide－for－teachers. pdf, 2015－03－02.

WJEC/CBAC）提供，其目的是旨在培养学生类属和可迁移技能，解决实际生活问题的能力，利用技术工具探讨、调查和模拟现实问题的能力，以工程为基础的调研、描述等技能。该资格证书所指的工作与生活情境包括个人、工作、社会和科学 4 个主要方面，其中个人情境又包括个体、家庭和群体；工作情境主要包括与工作相关的事项；社会情境则主要包括地方、国家和全球性组织和机构等；科学情境主要包括自然、科学和技术等领域。[①] 教师将围绕这些工作与生活领域，设计有针对性的课程模块。工作与生活数学证书的考核包括内部评价、外部评价等不同评价形式。其中，内部评价是一种富有创新性的半开放式的评价方式，通过作业任务分配的方式，旨在评价学生运用问题解决程序制订解决计划、收集与认证数据和信息、解释并呈现他们的解决方案和结论等方面的能力。但内部评价的过程需要"见证者"全程督察，并提交一份"表现报告"，评估者根据评估标准审核评价"表现报告"，以此来考核学生的各种基本技能和数学应用能力。外部评价则与常见的考试形式较为相似，采用百分制的纸笔形式，主要在于评价学生应用数学技能并提出策略进而解决真实情境中问题的能力。[②] 由于内部评价的评价标准和"表现报告"存在一定的不确定性，信度不高，因此在学生的最终成绩中，内部评价仅占总分的20%，外部评价则占总分的80%。

4. 量性推理和问题解决证书

量性推理和问题解决证书是由牛津剑桥皇家艺术学校考试委员会（Oxford，Cambridge and RSA Examinations，OCR）与教育和工业数学组织（Mathematics in Education and Industry，MEI）联合开发的两种新

---

① Eduqas：WJEC/CBAC，Mathematics for Work and Life，http：//www. eduqas. co. uk/qualifications/mathematics/level – 3/WJEC% 20Eduqas% 20Level% 203% 20Mathematics% 20for% 20Work% 20and% 20Life% 20Specification% 20（28 – 10 – 14）% 20Formatted. pdf？language_ id =1，2016 – 07 – 08.

② Eduqas：WJEC/CBAC，Specification for Mathematics for Work and Life，http：//www. eduqas. co. uk/qualifications/mathematics/level – 3/WJEC% 20Eduqas% 20Level% 203% 20Mathematics% 20for% 20Work% 20and% 20Life% 20Specification% 20（28 – 10 – 14）% 20Formatted. pdf？language_ id =1，2016 – 07 – 08.

型资格证书。为了适应日新月异的数字化社会的发展，这两类证书在帮助学生理解并适应社会上至关重要。它们的主要目的是使拥有不同目标的学生具有解决广泛领域数学问题的能力，具体表现为：对GCSE 之后数学技能、技术和原则有正确的理解；熟练掌握程序技能和普通数学问题的解决策略；对于运用数学和统计思维分析并解决最新和陌生领域的真实问题具有自信；描述和分析问题解决策略的能力。就课程内容而言，量性推理证书有量性推理基础和批判性数学两个模块，其中前者包括建模循环分析、统计问题解决循环分析、商业问题解决循环分析等内容。① 在该类课程的教学中，核心数学教师将收藏与贬值、消费、升值与衰退、风险评估等不同的情境主题渗透到课程内容中，引导学生进入真实情境，运用数据推理分析问题。量性问题解决证书则设有建模流程、统计问题解决两个课程模块，其中建模流程主要包括问题解决流程、金融问题解决流程两部分。② 该类课程不是简单地教授学生新的课程知识，而是巩固并帮助学生能够将自己在 GCSE 课程中学习的知识和技能应用到具体问题解决上。同时，量性问题解决证书的课程教学没有固定的方法，多采用真实问题情境和主题教学的方法，以学生为主体、以小组为单位合作解决问题。就考核方式而言，量性推理与量性问题解决证书较为相似，都是以所开设的两门课程模块为基础进行考核，分为一、二两套试卷，且各占总分的50%。

5. AQA 数学学习证书

数学学习证书是由英国著名的资格评估与认证联合会（Assessment and Qualifications Alliance，AQA）组织并实施的，该组织运用它们已经广泛使用的数学证书为数学学习证书的学习搭建桥梁。该证书比较重视学生终身化数学学习能力的发展，使得许多可能会放弃学习

---

① OCR & MEI, Specification for Quantitative Reasoning, http：//www. ocr. org. uk/Images/173575 – specification – accredited – quantitative – reasoning – mei – h866. pdf, 2014.

② OCR & MEI. , Specification for Quantitative Problem Solving, http：//www. ocr. org. uk/Images/173574 – specification – accredited – quantitative – problem – solving – mei – h867. pdf, 2014.

数学课程的学生重拾兴趣与希望。在课程方面，数学学习证书的课程包括必修和选修两个模块。其中，必修课程主要包括数据分析、个人理财数学、估算、给定数据和模型批判性分析等较为实用的内容；选修课程主要包括正态分布、概率与估算、相关性和回归性分析、批判思维和风险分析等较为学术的内容。[①] 就评价形式而言，除所有学生要参加必修课程考试之外，还需要学生根据自己的选修内容和兴趣特长在选修课程的 A、B、C 三套试卷中选择其一，三个可选试卷分别考查学生在统计技能、批判思维和风险分析以及绘图技能三方面的素养。因此，数学学习证书是目前已经开发的核心数学资格证书里最为灵活的一种，教师可以根据学生的需求为其量身定做课程学习计划与考试形式。此外，在学习和教学资源开发上，AQA 与许多有经验的教师和专家一起开发了系列而又丰富的资源以帮助教师自信地备课、教学和准备考试。同时，AQA 还通过旗下的在线网站 ERA（Enhanced Results Analysis）为教师分析学生成绩提供帮助。

三 课程整合的基本经验

从核心数学课程的运行机理可以看出，英国对 16—19 岁数学教育改革的良苦用心。本着对国家负责的态度，也是为了直接促进学生的可持续发展和顺利就业，英国教育部在推动核心数学的实施中，基于源于现实、解决现实、回归现实的基本思路，将数学课程的学习与真实的职业生活相联系，无论从目标的设定、教学模式的运用，还是从资格认证的结果来看，都体现了较强的学术与职业整合的意蕴。

（一）数学应用能力是课程整合的目标指引

从英国教育部公布的核心数学资格证书所追寻的能力目标中可以看出，核心数学课程不是一种单纯地传授基本数学理论知识的课程，而是让学生学会从 GCSE 及其更高级的数学理论中寻找能够解决实际问题的相关方法和技术，进而运用到现实问题的解决中，且从中选择最佳的方法；尤其要具有使用数学方法驾驭真实问题情境的自信，并

---

① AQA, Specification for Mathematical Studies, http：//filestore. aqa. org. uk/resources/mathematics/specifications/AQA – 1350 – SP – 2014 – V1 – 2. PDF, 2015 – 03 – 16.

且能够将相关方法推论到非常规的情境中；同时要学会使用数学语言阐释结论并将其解释给他人的能力。总之，核心数学就是要培养学生的数学应用能力。数学应用能力正是体现一种将基本的学术性数学知识与职业生活问题相结合的能力，体现能力整合的意蕴，是一种综合的职业能力。综合职业能力的设定，对核心数学课程的后续开展与实施具有重要的目标引领作用，它指引着课程教学对应用数学能力的培养，使其不同于传统的 GCSE 或 A/AS Level 中数学课程。整合的数学应用能力也正是全球竞争中劳动力市场所需的关键核心能力，它有利于学生将所学知识直接应用到现实的职业生活世界中，进而实现从学校到工作场所的零距离过渡。

（二）灵活时间编排是课程整合的框架机制

根据核心数学项目组对课程编排的调查结果，英国 16—19 岁学院对核心数学课程的编制是非常灵活的，这正为课程的顺利实施提供了合理的框架。从课程的编排形式看，有的学校将其作为辅助的活动课程，更多的学校则是将其嵌入在多个选择模块中供学生选择，提高了课程实施或组合的灵活性。从课程的编排性质看，大多数学校都能够将核心数学作为开放性的选修课，当然也会根据特殊项目的需求进行有针对性的引导选择；有的则是面对特定专业项目的必修课，以使学生更加有效地学习专业课程。总体而言，无论是辅助性的活动课程还是模块选择课程，核心数学更多的是一种选修课程。选修课程有很多优势：首先，可以满足学生自我选择的兴趣，学生可以根据自己项目的专业学习需要以及对数学知识的渴求进行选修，进而可以提高学习效果，这在较大程度上避免了因必修课所导致的学习厌倦而引致的终止学习的现象发生。其次，它为学生组合课程提供了便利，由于不同专业的学生主要任务还是学习各自的专业课程，且后者都有固定的时间编排，因此不同模块中的嵌入性选择为不同专业的学生选择提供了灵活性。最后，引导性的专业定向选修更有特殊的意义，有的学校甚至邀请专业课教师任教核心数学，这为数学知识与专业知识的整合提供了机遇与可能。

（三）基于问题解决是课程整合的教学要义

从对两个经典性的教学模式描述中可以看出，两者都是基于现实生活中真实问题的解决来实施教学的。对于基于数学模型的教学而言，无论是女子七项全能分数的计算还是欧洲投票结果席位的分配，都使用了抽象的数学模型来解决现实生活中的日常问题。数学建模的过程源于对现实问题的抽象，而数学模型的应用则将抽象的数学理论重新回归到现实的问题解决中。问题解决教学模式更是一个通过解决现实问题以实现数学知识教学的经典教学模式，它清晰地描述了问题解决的教学步骤及其注意点，为数学知识与实际问题的融合性建构提供了可行的参照程序。基于问题解决的教学将学习方式从原有的知识记忆转向现在的深度理解，从原有的被动接受转到现在的主动探索；将教学方式从原有的直接介入转变为现有的意识引领，从而促进数学教与学方式的根本变革。从竞技体育成绩的计算到政治选举席位的分配，从财务数据的统计到经济形势的预测，从人口发展趋势追踪到航空运行信息的分析，一个个都是现实的问题，一个个又离不开数学知识。核心数学课程正是基于对这些现实问题的解决而设计教学过程的，当这些问题与各自的专业知识相结合时，则使数学知识的应用恰如其分，而英国有些院校的核心数学教学就是这么做的。

（四）资格证书认定是课程整合的评价结果

核心数学课程的学习除培养学生解决问题的能力外，还从外在的形式上为学生提供了一个可资认证的凭据，由 5 个不同协会授予的 6 种资格证书正是对学生学习核心数学课程的最好评价。资格证书评价是一种英国教育资历认定的国家制度，在资格与考试管理办公室的管理下，它用统一的框架规范了不同类型和级别的资格证书。核心数学资格在层级上属于和 AS 资格同一水平的三级证书，在类别上根据所培养的数学应用能力的不同具体又分为量性问题解决、量性推理、情境数学、应用数学、工作与生活数学以及通识数学六类证书，使得核心数学学习的认证走向了规范化。这种规范化的资格证书在社会上得到了广泛的认可，不仅在大学申请时具有和 AS 数学资格同等的价值，而且在就业中也被广大的雇主和专业团体所认可。尤其是六种内容不同的资格证书的认定，不仅在整体上具有数学应用能力培养的意蕴，而且每个证书都各有侧重，这对于不同专业或发展需求的学生具有灵活的选择空间，也正体现了学术知识与职业定向相整合的逻辑。

第三节　德国职业教育学术课程与职业课程的整合研究

职业教育一直被认为是德国经济腾飞的秘密武器，它在促进德国经济发展以及引领世界职业教育发展方面，做出了重要贡献。然而，自 20 世纪 90 年代以来，随着经济社会的发展，具有德国职业教育特色的"双元制"模式面临着严峻的挑战，在如何培养合格的现代职业人面前显得动力不足。为此，德国相关部门进行过多次辩论，推出了具有变革性的课程模式，即学习领域的课程模式，以进一步增强"双元制"教育的活力。学习领域的课程模式打破了传统的职业学校内部学科课程的分属，形成了一种指向现代职业人发展的、融合学术与职业理念的整合式课程模式。这种课程模式以综合的职业行动能力为培养目标，基于典型工作任务分析开发课程内容，以完整的工作过程为导向设计教学，成为新时期德国职业教育领域的一项重要课程方案。

一　课程整合的社会背景

（一）工作世界的变化

20 世纪 90 年代，德国政治、经济领域发生了重大变化，进而引起工作领域的变革。一方面，由于东德的并入，导致德国联邦政府经济政策的东部倾斜，从而造成德国经济水平的整体下滑，失业率持续走高。另一方面，失业率的偏高还源于生产方式的变革对劳动者素质的高要求。20 世纪末期，随着科学技术的不断更新，经济全球化、工作信息化的持续演进，劳动力市场发生重大变革，传统的机器制造业已经由原来的手工机械性操作逐步转向生产方式的自动化、信息化和系统化，而且大量的企业开始将触角伸向海外，这就使得工业生产对国内工人需求的数量大大下降。而且由于拥有高技术含量的新的生产工具的使用，系统化的工作世界对技术工人的素质要求越来越高，已经不满足于对传统只掌握序列动作技能的单一需求，还需要工人们具有参与整个工作过程的心智技能和社会伦理素养，需要具备团队合作精神、创新精神、系统分析、建构工作、智慧工作等的综合职业能力和素养，"不仅要具有适应工作世界的能力，而且还要具有从对经济、社会和生态负责任的视角建构或参与建构工作世界的能力"。[①] 可见，在新的时期，工作世界要求技术工人成为复合型、智能型人才。

（二）"双元制"课程模式的弊端

面对新的工作世界对技术工人综合职业能力的高素质需求，一直闻名遐迩、具有强大生命力的"双元制"课程模式越来越显得力不从心。德国"双元制"课程模式主要由学校课程体系和企业课程体系组成。其中，企业课程主要是实践课程，学校课程主要是理论课程，后者主要包括普通文化课、专业理论课和校内实践课，两种类型的课程在学校和企业间交替进行。在职业学校内部，普通课程、专业课程和实践课程按照学科知识的发展逻辑渐进式排序，致使毕业生们虽然掌握了系统的知识结构，却不能运用到企业实际中；企业中的实践课程，虽然注重操作技能的训练，但却是独立于工作过程之外的抽象技能，与典型的工作任务无关。可以看出，"双元制"课程模式是以学科知识为基础形成的课程体系，不同类型的知识和技能之间是彼此割裂的，致使德国职业教育无论在课程标准、课程内容，还是在课程设计与课程实施中，都存在不同程度的弊端，根本无法满足新的社会形势和系统化的工作世界对人才培养的需求。德国职业教育到底该往何处走？"双元制"课程模式应如何变革？这些问题成为面向21世纪的德国职业教育必须要回答的主要问题。

（三）整体主义职业教育范式的提出

20世纪80年代，针对当时德国占主导地位的技术决定论和机械

---

① Gisela Dybowski and Agnes Dietsen, *Berufliehe Bildung und Betriebliche Organisation-sentwicklung.* Siehe: Felix Rauner（Hg.），Handbuch Berufsbildungsforschung, W. Bertelsmann Verlag GmbH&Co. KG, Bielefield, 2005, pp. 276 - 282.

唯物主义的职业教育范式，以劳耐尔（Rauner）为代表的德国职业教育学者给予了严厉批评，并提出了设计导向的整体主义职业教育范式，注重工作过程的整体设计，并将社会历史、文化与科学渗透在技术工作的生产中，主张将人与职业融合在一起，强调普通教育与职业教育的融合。与英国的经验主义、美国的实用主义不同，德国文化具有深厚的理性主义底蕴。早在19世纪末20世纪初，以施普朗格为代表的德国学者在教育领域创建了文化教育学，追求通过"陶冶"协调发展人的各种能力，形成了关于全面生成人的整体主义教育哲学，并将其应用到职业教育领域。而后，凯兴斯泰纳提出了职业教育伦理化的思想，指出职业教育是"对人的教育的入口"，并认为面向职业的准备教育不仅要培养劳动者谋生的技能，而且还要注重道德品质的养成，进而形成了融合公民教育、职业教育、性格教育于一体的综合职业教育理念。在20世纪60年代，布兰凯茨（H. Brankertz）直言，"普通教育的真谛……是专业的或职业的教育"。① 这就又进一步增强了普通教育与职业教育联系的可能性，推动了技术决定论的职业教育范式与经典教育理论的融合，从而促进现代职业教育范式的提出。在前人的基础上，劳耐尔认为，职业教育的专业教学内容应该考虑社会历史的背景，注重工作过程知识和高级智能的培养。② 完型心理学也进一步表明，人的学习过程不是一个简单的盲目摸索的过程，而是一个渗透理解与智慧参与的复杂认知过程。因此，在职业教育内部，学术课程与职业课程之间的融合就很有必要，这也成为整体主义职业教育范式的重要旨趣。

二　课程整合的逻辑思路

基于以上特定时代下德国社会的历史背景，在20世纪90年代，德国教育界、经济界、科技界以及企业界等领域的人士展开一场大辩论，最终推动了具有整合意蕴的学习领域课程模式的探索与实践。首先是，德国"各州文教部长联席会议"于1996年颁布新的课程《编

---

① 转引自赵志群、王炜波《基于设计导向的职业教育思想》，《职业技术教育》（教科版）2006年第19期。

② 姜大源、吴全全：《当代德国职业教育主流教学思想研究：理论、创新与实践》，清华大学出版社2007年版，第85页。

制指南》(《职业学校职业专业教育框架教学计划编制指南》),用所谓的学习领域课程方案代替沿袭已久的学科课程体系框架。随后,课程《编制指南》经过几次修订,新的课程方案虽然依旧面临诸多挑战,但是具有整合意蕴的学习领域的课程方案作为一种新的课程模式也得到了多方的支持,并在实践领域进行了卓有成效的探索。

(一)基于行动导向的综合职业能力目标

职业能力更多的是一种具有某种行动倾向的能力,即职业行动能力。在 1996 年新颁布的德国课程《编制指南》中,就将职业行动能力作为学习领域课程方案所实现的主要目标,并在 1997 年举行的各州文教部长联席会议上作进一步的强调。德国联邦职教所将职业行动能力定义为,"个体在职业工作、社会和私人情境中科学的思维、对个人和社会负责任行事的热情和能力"[①];马格德堡大学巴德教授认为,职业行动能力是"人类在职业情境中从事熟练而职业化的、个体深思熟虑的以及承担社会责任的行动的本领和状态"。[②] 可见,职业行动能力是基于职业的、个体的和社会的综合性的、动态化的思维、行为与态度,强调个体的参与性、独立性和责任性,因而它是一种基于行动导向的综合职业能力结构。

基于以上理解,德国职业教育学习领域的课程模式将职业行动能力分为专业能力、人格能力和社会能力三个横向维度。再结合对基本职业能力和关键职业能力两个维度的纵向划分,德国职业教育对职业行动能力的结构划分可表现为两个维度交叉下的六种能力形式(见表5–3)。

表5–3   职业能力结构

	专业能力	人格能力	社会能力
基本职业能力	专业基本能力	人格基本能力	社会基本能力
关键职业能力	专业关键能力	人格关键能力	社会关键能力

① 赵志群:《职业教育学习领域课程及课程开发》,《徐州建筑职业技术学院学报》2010 年第 2 期。

② 宋春燕、罗小平:《以培养职业行动能力为核心的学习领域课程模式——德国职业教育课程改革研究》,《广东技术师范学院学报》2008 年第 8 期。

　　一方面，就基本职业能力而言，它是劳动者从事一项特定的职业所必须具备的能力，包括与具体职业密切关联的专业能力、人格能力和社会能力①，即专业基本能力、人格基本能力和社会基本能力。其中，专业基本能力是指从事特定的职业所需要的基本技能和相应的专业知识，它是未来职业人胜任特定职业、赖以生存的核心技能，就是通常所说的"一技之长"。人格基本能力是指从事某项职业活动所需的基本人格素养和方法能力，包括职业天赋开发、解决专业实际问题的思维和独立学习专业新技术、新方法的能力等。社会基本能力是指从事特定职业活动所需的基本行为能力，包括专业领域内的职业交往技能、职业道德观念和职业环境意识等。

　　另一方面，就关键能力而言，它是具体的职业能力以外的能力，是与单纯的职业技能和知识没有直接联系的能力，是从事任何职业都需要的、适应时代变化和社会发展需要的一种综合职业能力，因而也被称为跨专业的能力。关键能力包括专业关键能力、人格关键能力和社会关键能力。② 其中，专业关键能力是指从事各专业都必须具备的基础能力，如外语能力、数据处理能力和实践中运用理论知识的能力。人格关键能力是指具备从事任何职业活动所需的人格素养和方法能力，如持续开发生涯计划、分析与综合、抽象与逻辑思维、创造与解决问题、学习与获取信息等的本领与能力。社会关键能力是指从事任何职业活动所需的职业行动能力，如社会责任感、参与能力、小组合作能力、交流与协商能力等。

　　从以上分析中可以看出，基本能力与特定的职业领域直接相关，关键能力是一种跨专业的职业能力，与特定的职业领域间接相关，能够促进基本职业能力的养成与发挥。总而言之，不管处于基本职业能力维度还是关键职业能力维度，其中的专业能力都是围绕某些职业领域展开的，具有专业的应用性和针对性；人格能力是职业人在未来的

---

　　① 徐国庆、雷正光：《德国职业教育能力开发的教育理念研究》，《中国职业技术教育》2006 年第 35 期。
　　② 姜大源、吴全全：《当代德国职业教育主流教学思想研究：理论、创新与实践》，清华大学出版社 2007 年版，第 97 页。

职业发展中与个体人格相关的不断获取和掌握新知识、新技能和新方法的心理状态和能力，强调个体的发展性与方法的逻辑性；社会能力是现代职业环境中劳动者必须具备的社会适应性素养，强调社会的适应性和行为的规范性。

（二）基于典型任务导向的学习领域课程开发

一般而言，一个完整的工作过程由若干个典型工作任务组成，而一个典型工作任务的完成同样需要一个完整的系统化知识。学习领域课程方案的学习内容正是围绕典型工作任务而开发的一系列完整的工作经验，这些工作经验集结起来就是特定工作任务的系统学习领域，也即课程领域。资料显示，学习领域的课程方案设计由确定学习领域名称、描述职业行动领域、描述学习目标和确定学习内容四个步骤组成（见表5-4）。①

表 5-4　　　　　　　　　　学习领域课程基本框架

学习领域 X 学习难度范围 X	学习领域/典型工作任务名称	X 时间 企业：X 周 学校：X 小时
职业行动领域描述		
学习场所的学习目标		
企业学习目标描述	学校学习目标描述	
工作与学习内容		
对象描述	工具、方法、劳动组织描述	要求描述

首先，学习领域名称的确定。既然学习领域是基于典型的工作任务分析而得，因此，学习领域与工作任务具有一致性。典型的工作任务是围绕工作对象展开的完整的行动结果，这也就使得学习领域的命名也应遵循此原则，即由工作对象、行为动词和必要的补充语组合而成。例如，工业电工专业的部分学习领域可表述为"生产设备的改建

---

① 欧盟 Asia-Link 项目"关于课程开发的课程设计"课题组：《职业教育与培训：学习领域课程开发手册》，高等教育出版社 2007 年版，第 61—94 页。

与维修""楼宇电器安装的计划与实施""设备状况与修理过程的评价"等，而不能是诸如电子技术基础、电工学原理、电工电子学等学科化的课程表述方式。需要指出的是，学习领域既要避免使用将要获得的能力尤其是关键能力命名（如职业入门、与顾客交流、安全意识教育），又不能使用常用的口号来命名（如最优化策略、服务区域经济发展），而是要体现具体的工作任务与行为结果。当然，同一个学习领域，按照学习难度的不同，还有不同的阶段性学习目标与内容。

其次，职业行动领域的描述。职业行动领域是学习领域或典型工作任务的进一步解释和描述，主要回答典型工作任务"是什么"以及"怎么样"完成的问题。其中，典型工作任务"是什么"的答案引出专业的工作对象，而"怎么样"涉及专业工作的工具、方法和劳动组织形式。如工业电工专业的"生产设备的监控、操作与调整及生产质量保障"学习领域的第二难度范围的行动领域可表述为"工业电工必须能随时可靠地监控与操作生产设备，按照产品质量要求在测试区进行抽样检查……会使用规定测试工具以及相应的技术资料……"因此，职业行动领域的主要功能在于让学习者了解典型工作任务中主要涉及哪些劳动要素，以及这些劳动要素在职业任务完成的过程中所具有的功能是什么。

再次，学习目标描述。学习目标的描述应该遵循能力表述的明确性、基于"工作对象"的理论联系实际性、企业学习目标的开放性和学校学习目标的教育性等原则。学习目标是学习领域课程在相应场所要实现的职业能力，是由职业行动领域中相关的职业行为成功达成的一种能力表现，因此，学习目标必须对职业教育所要实现的培养目标即能力要素进行明确描述。但是，这种学习目标不是一种宏观的描述，而是具体到企业和学校两个场域，不过两个场域的目标必须围绕相同的"工作对象"展开，以体现理论与实践的一体化设计。例如，在上述职业行动领域描述的基础上，工业电工相应学习领域在企业中的目标可表述为"受训者检查设备的无故障运行状态和已完成部件的质量，并对设备和产品质量有重要影响的测试值与数据做记录……"，在学校中的目标则描述为"学生了解……的典型制造工艺，以经济的观点对此做出评价……学会根据车间要求使用数据载体和文件，通过操作安全装置了解隐患……"。可见，两种目标具有不同的侧重性，企业目标主要基于企业的大环境，体现能力表述的开放性；学校目标除对接企业能力需求外，更注重学校教育的普适性。

最后，学习内容的描述。学习内容是在学习目标的引领下，学校或企业在具体的教育或培训中所要传授的知识或技能要素，可以说是学习目标在教学过程中的具体化。这些要素都是基于工作任务的，是完成工作过程中典型的工作任务所必须具备的知识和技能。学习的内容包括专业工作的对象，专业工作的工具、方法和组织，以及对专业工作的要求三个维度的知识模块。其中，专业工作的对象是典型工作任务的一个重要因素，它代表工作所应指向的具体事物，如"需要处理的合同、无故障运行的生产设备"；专业工作的工具是操作工作对象所使用的技术或手段（如工作计划、程序元件、测试工具），方法往往是体现职业发展规律的工作方式（如质量检查、程序试运行、器材监控），组织是工作中劳动的组织方式，体现工作过程中的机会设计与空间创造，关系工作效率的发挥（如生产的组织、文件资料的集中与分散供给）；对专业工作的要求是利益相关者（雇主、雇员、顾客等）从各自不同的立场对工作过程和工作对象所提出的要求，往往涉及产品质量、生产安全、设备维护、成本控制等方面。这些层面共同构成了学生在学校和企业所要学习的内容维度。

从学习领域课程模式开发的四个步骤不难看出，无论是学习领域名称的确定还是职业行动领域、学习目标以及学习内容的描述，都体现了较强的整合意蕴。其中，由"工作对象""行为动词"和"补充语"组合成的学习领域名称是一个完整的学习或工作任务的描绘，突破了冷冰冰的学科课程名称的"形而上"；职业行动领域的描述引出了工作任务的对象以及为完成工作所采用的工具、方法和劳动组织形式，明确了较为完整的工作过程序列；学校和企业两个层面的学习目标体现了知识学习、技能培养设计的理实一体化；学习内容则从工作对象、工作工具、方法和组织以及对工作的外部要求等多个层面对学习领域做出进一步系统描述，从工作过程化的视域向学生展示了系统的完整性学习领域。

因此，一个学习领域就是围绕一个工作的某个典型工作任务而形成的序列课程单元，其打破了传统的以科学知识为基础而形成的学科课程体系，将典型工作任务所需的理论知识和实践技能、普通知识和专业知识统一于一体形成整合式的学习模块。任务导向本质上是基于工作过程理念的，一方面典型工作任务源于完整的工作过程解构；另一方面任务本身的完成需要完整的工作过程知识。劳耐尔指出，所谓工作过程是指在关注规章的情况下，工具、手段与对象结合的符合目的、指向目标的工作。① 工作过程更能体现工作世界的系统性与完整性，体现劳动对象、工具、手段与方法的合一性。因此，典型的工作任务包括了完整的劳动要素，传授与职业世界相关的系统化工作过程经验。

（三）基于完整工作过程导向的教学范式建构

既然完整的工作过程是由若干学习领域所指向的典型工作任务所组成的，那么基于典型工作任务分析所得的学习领域课程的实施则需要一体化的教学设计。就单个的学习领域而言，行动导向的教学范式作为 20 世纪末期德国职业教育领域的主导性教学原则，对于学习领域课程的实施具有特定的指导意义。前已述及，学习领域的课程模式以典型的工作任务为基础构建模块化的课程学习内容，旨在完成相对独立的技术、工艺或制作过程。行动导向的教学范式以建构主义为理论基础，通过问题教学、项目教学和交际教学等多种教学方式，让学习者主动参与典型工作任务的学习与操作，促使他们在情境中掌握相应的专业知识与技能，对于学习领域课程的教学活动设计具有长效性的指导价值。

在世纪之交，随着德国信息技术的广泛应用、生产方式的巨大变革和终身学习理念的深入人心，劳动力市场越来越要求职业人驾驭完

---

① Kleiner, M., Rauner, F., Reinhold, M. and Roeben, P., *Curriculum – Design I – Arbeitsaufgaben fuer eine Moderne Beruflichkeit*, Dr. – Ing. Paul Chtistiani, Konstanz, 2002. 转引自姜大源、吴全全《当代德国职业教育主流教学思想研究：理论、创新与实践》，清华大学出版社 2007 年版，第 207 页。

整工作过程的能力，以适应更加复杂的工作过程和社会生活的需要。事实上，前述的不同维度和层面的职业行动能力虽然是相对独立性表述的，但是，无论是纵向维度的基本职业能力和关键职业能力，还是横向维度的专业能力、人格能力和社会能力，以及纵横交织所形成的六种综合能力，它们之间都是相互交融、不可分割的，共同统一于完整的工作过程。驾驭完整的工作过程，恰恰需要这些综合职业能力的合理发挥。这也就使学习领域课程在其教学实施中，必须基于整体主义的视野，以系统化的完整工作过程为导向，实现一体化的教学活动设计。为此，德国联邦政府在 2003 年和 2004 年颁布的机电和电气专业领域的《职业教育条例》在坚持行动导向教学原则的基础上，采用了完整工作过程导向的教学范式。

完整工作过程导向的教学范式，意味着职业教育更多地以完整的工作环境为基础实施教学，而不是仅仅局限于行动导向范式下的一系列具体岗位的特定职业任务的学习。一方面，完整的工作环境是持续变化而不是裹足不前的，这也就意味着，学习领域课程的教学要根据变化了的工作世界优化教学过程与学习内容，而不是仅仅传授固定的任务知识与技能。另一方面，这种持续的变化是针对具体的工作过程而言的，并不是所有行业的工作过程及其所需的能力都是一致的。为此，工作过程导向的教学需要遵循以下四个原则：其一，教学的目标应是特定的生产过程所需的各种活动能力；其二，将过程优化本身作为一个过程来学习，例如"持续的改进过程"；其三，不仅要以过程来确定学习内容，还要注意该内容本身也在变化之中；其四，要跟随持续优化的过程来培养员工的资格能力，要么把自我能力发展整合到持续的过程优化中，要么根据优化的过程来决定如何进行教学。① 可见，基于工作过程导向的教学模式的核心要素是"过程"，目的在于"优化"，"优化"与"能力"在完整的工作过程中相互促进、共同

---

① Johannes, K. and Egon, M., Prozessorientierte Qualifizierung – ein Paradigmenwechsel in der Beruflichen Bildung. BiBB. SWP 5/2003, http://www. foraus. de/download/prozessorientiert_ausbilden/BWP – 2003 – H5 – 42ff. pdf.

提高。

学习领域的课程方案，虽然基于典型的工作任务分析将完整的工作过程所需的知识分为不同的学习模块或领域，但是，这些学习领域仍是一体化的，并且不同的学习模块内容也是处于持续变化之中的。虽然行动导向的教学模式对学习领域课程的实施具有指导性价值，但它更多的是以静态的特定工作任务为教学设计的内容，无法迎合未来工作世界的持续变化以及一体化发展的趋势，而完整工作过程导向的教学范式恰恰迎合了这一需要。因此可以预测，在未来德国职业教育领域，基于工作过程导向的教学范式将逐步取代行动导向的教学范式。

三　课程整合的基本经验

从德国学习领域课程模式的运行逻辑可以看出，其打破了传统的职业学校内部学科课程的分野，形成了一种指向现代完整职业人发展的、融合学术与职业理念的、基于工作过程导向教学的整合式课程模式，进一步激发了德国"双元制"教育的活力，成为新时期德国职业教育领域的一项重要课程方案，其丰富的经验值得借鉴。

（一）综合职业能力是课程整合的目标指向

德国职业教育向来注重综合职业能力的培养，早在 20 世纪 70 年代德国学者梅腾斯（Mertens）就提出了"关键能力"的概念。在此基础上，德国在 1996 年颁布的职业教育课程《编制指南》中，直接把职业行动能力作为学习领域课程方案培养的主要目标加以规定。职业行动能力是对关键能力的进一步完善，它不是某一特定的专业技术能力，而是一种整合的综合职业能力。根据前面的描述和总结，学习领域课程目标所指向的职业行动能力是一个包容双重维度的能力组合模型，包括纵向维度的基本职业能力和关键职业能力以及横向维度的专业能力、人格能力和社会能力，两种维度交织共形成六种职业能力要素，除专业基础能力外，其余的每种职业能力要素都彰显出能力的综合性特点。纵向维度的关键能力本身就是一种较强的综合职业能力，它与横向维度三要素的交织体现了不同层次关键能力的分类；基本职业能力作为一种基础能力，与横向维度中人格能力和社会能力的交织又体现出某种程度的综合性。不同要素、不同维度的综合职业能力进而组成了整体性的综合职业能力，指引着学习领域课程方案的制订，也注定课程模式具有较大程度的整合性特点。

（二）课程方案设计是课程整合的关键内容

课程方案设计是学习领域课程模式建设的关键，也是体现整合意蕴的核心内容。学习领域的课程设计以典型工作任务作为课程开发的工作场域，而典型工作任务的完成需要一个完整的系统化知识，这就要求建构的课程必须包容完整的课程知识，即整合学术性与职业性的内容。从前面的描述中也可以得知，基于任务导向的学习领域课程，以典型的工作任务为基础开发课程内容，打破了知识导向的课程设置学科化倾向，综合了完成典型任务所需的所有知识，无论在学校还是企业所学的内容，都充分体现了理论与实践一体化、学术与职业整合化的态势。每项学习内容都包括专业工作的对象，专业工作的工具、方法和组织，以及对专业工作的要求三个维度的知识模块。这一整合性的课程模块从完整典型工作任务所需的系统化知识出发，从不同方面规定了将要学习的内容。其中，工作对象是要完成的典型任务，工作工具是完成典型任务的技术手段，工作方法是完成典型任务的程序方式或策略，工作组织是典型任务操作的生产组织方式，对工作的要求是多重利益相关者对典型任务的诉求。不同维度的任务需求规定了学习知识的系统性，而这一系统性的知识将是对学术课程与职业课程的系统化整合。

（三）完整工作过程是课程整合的教学场域

完整的工作过程导向是德国学习领域课程模式实施的教学范式，也就表明完整的工作过程是课程整合的践行场域。

首先，就单个的学习领域而言，包容工作对象、工作工具、工作方法、工作组织和工作要求多重知识维度的学习内容的教学必须以完整的典型任务为教学场域。典型产品的制作、典型服务的完成都是典型任务的操作过程，也是一个代表性的完整的工作过程，要培养学生完成典型任务的综合职业能力，课程的教学必须置于典型任务的操作实践中，将理论课程与实践课程、学术课程与职业课程融于一体中进行教学。

其次，就多个学习领域而言，由于这些学习领域所指向的若干典型任务都是源于一个完整的工作过程，因此需要加强不同学习领域的一体化教学设计，这就要求职业教育的教学必须把所有典型任务的操作实践放在统一的、更加完整的程序性工作中去，进而多维度地包容学术与职业知识的融合。

最后，基于完整工作过程的教学范式不仅满足了不同典型工作任务知识教学的一体化要求，而且还随时跟踪工作过程的持续变化，将完整的工作过程教学置于动态的系统化当中，是一种生态取向的整合式教学范式。

第六章 我国职业教育学术课程与职业课程整合的目标建构

"整合课程编制中的核心问题是找寻和确定对课程编制具有统摄作用的聚合点"[①]，这种聚合点理应落在人才的培养目标上。从康德的"完人"教育到小原国芳的"全人"教育，从卢梭的"身体、品德、智力的健全发展"到凯兴斯泰纳的"职业训练与精神陶冶相结合"，从鲁道夫·史代纳的"华德福教育"到约翰·米勒的"整体主义教育"，都无不体现出对人之完满性培养的追寻。用于统摄职业教育学术课程与职业课程整合的聚合点就是要实现技术技能型人才多元能力的统合性发展。

第一节 我国职业教育学术课程与职业课程整合的能力目标维度

课程目标是"一定教育价值观在课程领域的具体化，指课程本身要实现的具体目标"。[②] 课程价值观是教育价值观在课程领域的直接体现，指引着课程目标的制定。课程价值观要求培养什么样的人，课程目标就要制定相应的素质或能力组合模式。整体主义课程观导向下的课程目标有其特定的结构和组织机理。

---

① 兰英、朱德全：《课程设置：多样化整合》，《教育研究》2011 年第 8 期。
② 顾明远：《教育大辞典》第 1 卷，上海教育出版社 1990 年版。

一　职业教育课程三维能力目标的提出

整体主义职业教育课程观建立在对知识本位课程观、技能本位课程观、人格本位课程观、素质本位课程观的整合之上，倡导在对知识、技能、人格等素质进行全面培养的同时，强调三者之间的互动性与统整性，形成了集知识、技能和人格一体化培养的课程目标结构。

在厘清职业教育课程能力目标之前，需要反思的问题有三：其一，人的价值何在？其二，教育的本质功能何在？其三，职业教育功能的特殊性是什么？

第一个问题是历来哲学家所探寻的根本问题，是哲学的永恒性话题。人是什么，人从哪里来，又到哪里去？这些都是关于人的价值的根本性追问。人自从来到这个世上，就注定他不是一个孤立的个体，而是处于关系中的个体。好的社会关系需要个体之间的相互维护及其价值的相互贡献。古希腊雅典城邦的繁荣，正是基于历史学家修昔底德的民主思想的应用，在这一思想的渗透中，雅典城邦的成员之间保持着友好的往来与互信，相互交换着体现其价值的物品。存在主义学者海德格尔更是从关系的视角考察人类的存在方式，他否定孤独的个体存在，关注整个人类的总体关系。人类之间的相互破坏与利用，注定成就不了和谐的社会与伟大的个人，只有奉献与互助，才能推动社会民主的进步与个体的完满实现。那么，体现这种"交换""奉献""互助"之人性"价值"的东西是什么呢？也就是说，如果一个人没有了什么，便不能制造与别人交换的物品，进而不能与人和谐地相处呢？答案是"能力"。能力成全了个体的"自我"，更造就了由"自我"组成的"关系体"。相反，却不是知识。知识尽管有时候是能力实现的重要条件，但有了知识，并不等于就有了相对应的能力。

第一个问题有了答案，那么第二个问题显然就迎刃而解了。教育的本质功能就是培养人的"能力"，而不是灌输"知识"。从教育的功能分类来看，教育的功能有社会功能和个体功能，其中，社会功能又常常被分解为政治功能、经济功能和文化功能。仔细推敲一下，社会功能并不是教育的真正功能，因为社会功能的实现必须通过人来达成，这就最终落脚于教育的个体功能上。教育的个体功能在康德看来是培养人的"真""善""美"，在小原国芳那里又增加了"圣"
"健""富"。因此，众多理论表明，教育的个体功能是追寻个体的完
满发展，这也是一般教育所倡导的终极目的所在。正如第一个问题所
指明的，个体不是孤独的个体，而是关系中的个体，所以完满的个体
必须在社会中体现其所应有的价值，这就需要教育实现其间接功能即
政治、经济、文化功能。然而，连接教育个体功能与社会功能之间的
纽带是什么呢？或者说实现个体的完满发展与社会的和谐发展之间的
媒介是什么呢？答案还是"能力"。因此，培养个体的能力乃是教育
的本质功能。教育不仅要追寻个体"真""善""美""圣""健"
"富"的达成，更需要开启利用这些素质服务社会的能力。

第三个问题是建立在第二个问题基础之上的。要寻找职业教育的
特殊性，首先要承继其与教育的通用价值。职业教育首先是教育，注
定它必然具有教育的一般属性，即职业教育也具有育人的功能——培
养完满的人。但职业教育特殊性就在于它是姓"职"的教育，因此，
它的特殊性个体功能体现为培养完满的职业人。更进一步地说，与普
通教育比较起来，职业教育与社会的关系更紧密，社会对职业教育的
需求更强烈。因此，职业教育社会功能的实现也更加迫切。这就决定
了职业教育更为突出的功能就是培养个体服务社会的能力，此为职业
教育功能的特殊性所在。一段时间以来，在国家有关领导人的讲话和
相关的职业教育政策文件中多次强调要形成"崇尚一技之长、不唯学
历凭能力"的时代风尚。这一口号不仅反映出国家层面对职业教育的
高度期待，更是职业教育本真功能的彰显。这里的能力包含多层含
义，包括"一技之长"之"技术能力"，还有驾驭职场的综合能力。
普通学术教育的功能更多的是积淀个体的通用常识、系统的理论知
识，因此从普通教育系统中出来的"绅士"可以追求精神幸福，但未
必"浸入"社会。职业教育的本真功能不是培养"年纪轻轻的博士"
或"老态龙钟的少年"，而是培养个体得心应手的"能力"。这种
"能力"不仅仅是狭义的"技能"，还包括胜任职业事务的各种"能
力"。

能力是课程设置的逻辑起点，是人才培养目标和规格的具体体

现。在现代汉语词典当中，能力被解释为"能胜任某项任务的主观条件"，如"他经验丰富，有能力担当这项工作"。① 在英语词汇中，能力是指"胜任""称职"，如"谁也不能怀疑他胜任教师工作""解决问题的能力"等。② 基于对这些能力相关定义的归纳，笔者将能力界定为：个体能够胜任某项工作或任务的能力、素养等主观性条件，如做事的能力、解决问题的能力等。既然职业教育的特殊性功能是培养个体的各种"能力"，那么职业教育的课程目标则也必须是实现各种能力的达成。因此，必须从"能力"的视角来解构与重构整体主义课程观视野下由知识、能力和人格所组成的一体化目标结构。

　　基于"能力"外显目标的视角，在一体化的课程目标结构中，"知识"首先是需要重新阐释的。知识虽然是隐性的，但是其具有能力实现的潜质。知识是理论型的，可分为普通文化知识和专业理论知识，其旨在达成的能力可表述为"基本学术能力"和"特定专业能力"。其中，后者对应于整体主义课程观目标结构中的"技能"，即面向特定职业岗位的"专业技术能力"，是职业人服务社会的最为功利性的能力。对于课程目标中的"人格"，可以从更加广义的视角去解读，潜藏于冰山素质模型水面之下的都可以是人格素质的成分，这些素质从"能力"的视角去描述同样合适，例如，职业伦理素养可以表现为与人和平相处的能力，这些"人格"能力与"基本学术能力"相比而言更为"高级"，且不仅包含学术能力，还蕴意职业伦理等个人综合素养方面，因此可以表述为"高级通识能力"。至此，形成由"基本学术能力""职业技术能力"和"高级通识能力"组成的新的职业教育课程三维能力目标。

二　职业教育课程三维能力目标的诠释

　　职业教育课程三维能力目标的提出既有一定的理论基础，也有相应的现实依据。理论方面，美国宾州州立大学格雷（Gray）与赫尔

---

　　① 中国社会科学院语言研究所词典编辑室编：《现代汉语词典》第 5 版，商务印书馆 2005 年版，第 990 页。

　　② ［英］霍恩比：《牛津高阶英汉双解词典》第 4 版，李北达译，商务印书馆 1997 年版，第 281 页。

（Herr）教授在 1998 年基于个体职业生涯发展和国家劳动力供给的双重需求视角提出了劳动力教育课程设计需要考虑的能力目标三层次：工作伦理、学术能力、职业能力和高级职业通识能力。① 现实方面，美国劳工部"获得必要技能秘书委员会"在 1991 年发布的 SCANS 报告中指出，任何行业的就业人口在 21 世纪必须具备基本技能、思考技能和个人素养三种基础能力。② 后者的三种能力分别对应前者的学术能力（即基本学术能力）、高级通识能力、工作伦理，而前者的职业能力是针对特定行业和岗位需要的，即职业技术能力。根据前述职业教育三维课程目标的推导，高级通识能力不仅包括相对高级的学术能力，还包括个人素养等职业伦理方面，因此，笔者将工作伦理、个人素养等统一归类为高级通识能力维度。为此，职业教育课程应该培养学生在基本学术能力、职业技术能力和高级职业通识能力三个维度方面的能力。

（一）基本学术能力

在解读基本学术能力之前，首先需对学术能力做出阐释。学术，就是"有系统的、较专门的学问"③；学术即"非技术的""注重理论的"。④ 在此基础上，学术能力可以被认为是通过较为系统和专门的学问所培养的、偏重于理论知识的能力。在澳大利亚教育词典中，学术能力又被称为学习能力，是指"从事与正规教育有关的脑力工作的能力"。⑤ 还有学者（DiPerna and Elliott，2002）认为，学术能力由学术技能和学术倾向性组成。其中，学术技能是指"在中小学的学科教学

---

① Gray, C. and Herr, L., *Workforce education: The Basics*, Boston, MA: Allyn and Bacon, 1998, pp. 177 – 185.

② Secretary's Commission on Achieving Necessary Skills, *What Work Requires of Schools: A SCANS Report for America* 2000, Washington, D. C.: U. S. Department of Labor, 1991.

③ 中国社会科学院语言研究所词典编辑室编：《现代汉语词典》第 5 版，商务印书馆 2008 年版，第 1547 页。

④ ［英］霍恩比：《牛津高阶英汉双解词典》第 4 版，李北达译，商务印书馆 1997 年版，第 7 页。

⑤ 王国富、王秀珍：《澳大利亚教育词典》，武汉大学出版社 2002 年版，第 321 页。

所中主要培养的基本的和复杂的技巧"①，这种技能用另外一个学者的话说，主要包括"阅读理解、数学、科学以及书面和口头交流的能力"②，当然，也包括"批判性思维"这种复杂的技能品质③；而学术倾向性是指"促使学习者参与课堂学科教学并使他们从中获益的态度和行为"，④ 这些"行为"包括"交际技能、动机、学习技能等"。⑤综而述之，学术能力是一种非技术性的能力，是普通教育所主要关注的一种能力类型，它包括工具性的基本学术能力和方法性、态度性的高级学术能力。

其中，基本学术能力是个体应付基本的学习与工作所必须具备的基础能力，更多地体现为一种工具功能。根据美国 1991 年发布的《工作需要学校做什么：面向美国 2000 年的 SCANS 报告》和 2000 年公布的《场域必要技能：SCANS 能力和基础技能指南》所描述，面向 21 世纪的职业人必须具备在听、说、读、写、算和数六个方面的基本学术能力。

根据文件的描述，六个方面的能力分别归纳解释如下：①听的能力：能接受、注意、解释语言和其他非语言信息，并作适切反应的能力，如去倾听、学习、批判和欣赏或支持说话的人；②说的能力：能够根据场合与听众、使用各种语言线索、选择适当的媒介和风格、组织并清晰地表达口头信息的能力；③阅读的能力：能找出、理解和阐释文本和文件（如手册、图表、时间表等）等书面信息进而执行工作

---

① DiPerna, J. C. and Elliott, S. N. , "Promoting Academic Enablers to Improve Student Achievement: An Introduction to the Mini – series", *School Psychology Review*, Vol. 31, No. 3, 2002, pp. 293 – 297.

② Gray, C. and Herr, L. , *Workforce Education: The Basics*, Boston, MA: Allyn and Bacon, 1989, p. 179.

③ McGrew, K. S. , Beyond IQ: A Model of Academic Competence and Motivation, http: //www. iapsych. com/acmcewok/map. htm, 2007.

④ DiPerna, J. C. and Elliott, S. N. , "Promoting Academic Enablers to Improve Student Achievement: An Introduction to the Mini – serie", *School Psychology Review*, Vol. 31, No. 3, 2002, pp. 293 – 297.

⑤ McGrew, K. S. , Beyond IQ: A Model of Academic Competence and Motivation, http: //www. iapsych. com/acmcewok/map. htm, 2007.

的能力，例如能凭借文本的中心思想或重要信息识别相关细节、事实和详细内容的能；④写作的能力：能完整且正确地记录信息，能根据主题、目标和读者运用适切的文字和风格进行书面表达，能创作和组织相关书面文件（如图表、手册、计划书等），能核实、编辑和修改相关信息等的能力；⑤算术的能力：能在实际的情境下运用基本的数的概念如整数、百分比，且不依赖电子计算机进行基本计算的能力，并且能运用图表获取或传递数量信息的能力；⑥数学的能力：能用口头或书面语言表达数学的想法和概念、能利用数量信息对真实世界作建构性逻辑解释、能从多种不同的数学技巧中选择适当的方法解决实际问题等的能力。①②

格雷与赫尔教授则从课程建构的视角，认为基本的学术能力包括阅读理解、数学、科学、写作和口语交际等课程达成的传统学术能力。③ 这一解释也使得基本学术能力与上述的听、说、读、写、算、数等方面的基本学术能力相对吻合。因为，阅读、写作、口语课程可以培养个体在听、说、读、写等和语言相关的基本学术能力；而数学和科学则可以培养个体在数学和算术方面的与逻辑推理相关的基本学术能力。事实上，他们也明确地表明，这种学术能力在美国劳工部 SCANS 报告中处于三种基础能力中的第一层次，即基本学术能力（听、说、读、写、算、数）。

这些基本学术能力是个体养成和提高其他职业能力的重要前提和基础，对于我国的职业学生而言同样适用。目前在我国，无论是中职生还是高职生，大多都是来自初中或高中阶段的"后进生"。他们在基础性的听、说、读、写、算、数等能力方面不及同一级别的普通高中和四年制大学的学生，表现为基础知识薄弱、基本能力水平较低的

---

① ACT, *Workplace Essential Skills: Resources Related to the SCANS Competencies and Foundation Skills*, Iowa City, IA: ACT, 2000.

② 陈鹏：《澄明与借鉴：人本主义视角的美国职业教育研究》，中国社会科学出版社 2016 年版，第 14 页。

③ Gray, C. and Herr, L., *Workforce Education: The Basics*, Boston, MA: Allyn and Bacon, 1998, pp. 177–185.

特点。以至于他们在学习数学、物理等基本文化课时遇到重重困难，更不用说学习相对"高深"的专业课程了。遗憾的是，现实的职业院校对此却没有给予足够的重视。因此，为了补偿职业学生基础能力的缺失，无论是中等职业学校还是高等职业院校，都必须加强对学生基础学术能力的培养，以便为他们综合职业能力的提升奠定坚实的基础。在课程设置方面，旨在生成这些基本学术能力的课程可包括语文（阅读、写作）、英语（阅读、写作）、数学（代数、几何）甚至计算机等基本工具课程，只是课程名称在不同级别的职业院校具有不同的表现形式。

（二）职业技术能力

技术，是指"人类在认识自然和利用自然的过程中积累起来并在生产劳动中体现出来的经验和知识，也泛指其他操作方面的技巧"[①]；技术即"应用科学的""工艺的""技艺的""要求有专门知识的""专业的"。[②] 因此，职业技术能力就是面向某一特定专业或岗位的，应用专门知识和经验解决实际问题的能力，即基于特定职业岗位的专门科学知识转换和原理应用的能力。从理论上讲，任何一个岗位都需要特定的专业能力，它不同于一般的学术能力或通识能力，具有特殊性、应用性、实践性的特点。而对于职业教育的能力目标而言，专业能力的应用性更强、技术性更强，因此称为"职业技术能力"。职业技术能力是体现职业教育不同于普通教育所培养个体能力的特色能力目标，对这种能力的培养是职业教育在脱胎于教育母体的过程中不断滋长的具有自身特色的重要职责，是"职业性"教育的充分体现。

格雷与赫尔教授将这种基于特定岗位的职业技术能力称为岗位技能。他们认为，岗位技能是那些面向某一岗位的独特的认知技能、分

---

① 中国社会科学院语言研究所词典编辑室编：《现代汉语词典》第 5 版，商务印书馆 2005 年版，第 646 页。

② ［英］霍恩比：《牛津高阶英汉双解词典》第 4 版，李北达译，商务印书馆 1997 年版，第 1568—1569 页。

析技能以及具体的行为技能。① 例如，认知技能可以表现为检验员准备分析血样的能力，分析技能可以表现为预算师评估建筑成本的能力，行为技能可以表现为推销员的销售技能。因此，岗位技术能力不仅仅指具体的动手操作能力，它更多地体现为专业性和专门性，根据不同的岗位性质需求，呈现为不同的表现形式。但同时他们也指出，有些职业技能可以用于一个职业集群中，这些能力被称为通用职业技能。例如，使用千分尺进行精确测量的能力就是一种通用职业技能，因为千分尺从汽车修理到精密制造都将会用到。② 类似的通用职业技能在劳动力市场其他职业集群中也有较为明显的体现，这对于青年人尤其重要，因为它可以扩大他们在劳动力市场中的就业范围。因此，这种通用职业技能在课程设计中也是必须要考虑的。但需要指出的是，这些通用职业技能仍是针对专业而言的，是相关专业之间的技术通用性，而不是所有专业之间的学术通用性。

但总体而言，职业技术能力是与特定（某一种或某一集群）的职业岗位相匹配的应用型能力，在不同的职业岗位之间具有相对的不可替代性的特点，是一个岗位在人才培养的需求方面区别于其他岗位需求的根本性所在。这些技能可以增强学生在未来工作岗位中的工作效率，因而可以大大提高他们在劳动力市场中的竞争力。正如美国当代社会批判学家丹尼尔·贝尔（Daniel Bell）所指出的，"后工业社会的主要问题是要有足够数量的受过训练的具有专业和技术能力的人才"。③ 虽然他的"训练"学说在后工业社会时期具有一定的局限性，但却凸显了职业技术能力在整个能力目标体系中的重要价值。虽然我国当前还没有真正进入到后工业社会时期，但工业社会的充分发展以及向未来后工业社会的顺利过渡仍需要大批技能精湛的应用型人才。在能力培养的层次上，同一种职业技术能力在中等职业教育阶段对应

---

① Gray, C. and Herr, L., *Workforce Education: The Basics*, Boston, MA: Allyn and Bacon, 1998, p. 182.

② Ibid., p. 183.

③ ［美］丹尼尔·贝尔：《后工业社会的来临：对社会预测的一项探索》，高锋等译，新华出版社1997年版，第256页。

于中初级水平的职业技术能力，在高等职业教育阶段则对应于高级水平的职业技术能力。但是，无论何种层级的技术能力，它们的本质特点都是专门性和应用性。

因此，在课程设置方面，培养职业技术能力的课程不同于一般通识课程，每个院系、每个专业之间的课程都具有明显的不同，即通常所说的专业课程，也就是该研究中所称谓的职业课程。职业课程作为最能体现职业教育办学特色的课程，在职业教育课程体系中占据着重要位置。根据课程的线性发展顺序，专业技术课程可分为职业基础课与职业核心课，其中职业基础课是围绕某些集群专业而设置的旨在培养通用职业技能的课程；而职业核心课就是集中培养某项特定专业能力的课程。职业核心课从教学形式上还可以分为职业理论课和职业实践课。其中，职业理论课程是职业院校课程体系中的主干核心课程，其目的旨在从学科规律和专业理论发展的视角培养学生理论联系实际的专业技术能力；职业实践课程作为基于实践的专业必修课程，旨在使学生通过在真实的工作场景中的实践学习实现对技术能力的掌握。职业课程的设计要充分考虑学生已有的专业基础知识和初步的专业技术能力，并结合实际的教学场景进行。

（三）高级职业通识能力

如果说基本学术能力是学术能力的工具性维度的话，那么高级职业通识能力则是对基本学术能力的超越，是学术能力在学术倾向性方面的方法和态度维度的能力素质，它是人格本位课程观所追寻的核心目标。高级通识能力相对于知识、技能等理性的素养而言，更多的是一种非理性素养，诸如情感、信仰、动机等。美国心理学家麦克利兰认为这些高级能力与知识和技能相比是一种内在的相对稳定的素质，且难以测量，是处于水面之下的冰山之基，包括社会角色、自我认知、特质和动机等方面，这些素质对个体的行为表现起着关键的作用。虽然高级通识能力是一种隐性的潜在素养，但在职业教育的人才培养中，也越来越引起国际理论和实践界的关注，有时被称为"关键能力"或"核心能力"。

德国在 20 世纪 70 年代就提出了"关键能力"的概念，并将其作为职业教育课程设计的核心目标。该概念的提出者梅腾斯指出，"关键能力是那些与一定的专业实际技能不直接相关的知识、能力和技能，它更是在各种不同场合和职责情况下做出判断选择的能力；胜任人生生涯中不可预见各种变化的能力"①，主要包括基础能力、职业拓展素养、信息获取和加工能力、时代关联性素养等。这种"关键能力"在英国称为"核心技能"，在新西兰称为"基本技能"，这也基本等同于美国 SCANS 报告中的"必要技能"。这些"技能"的本质特点是关键性、通用性和迁移性，除基本的学术能力之外，更多地指向高级通识能力。

就高级职业通识能力的分类而言，有多种表现形式。德国在 20 世纪 90 年代学习领域课程模式的实践中，将职业能力分为专业能力、人格能力和社会能力三个维度，其中人格和社会两个维度可为高级通识能力方面：人格能力是从事某项职业活动所需的基本人格素养和方法能力；社会能力是从事特定职业活动所需的综合行为能力，包括专业领域内的职业交往技能、职业道德观念和职业环境意识等。高级职业通识能力在美国 SCANS 报告中包括思考技能和个人素养两个方面，其中，思考技能包括创新思维、决策、问题解决、联想、学会学习和推理六个方面的能力；个人素养包括责任感、自尊、乐群、自我管理和正直与诚实五个方面的职业伦理品质。

在格雷与赫尔那里，高级职业通识能力包括高级职场通识能力和工作伦理两个方面，其中高级职场通识能力包括自我学习的能力、决策或问题解决的能力、团队参与的能力、多元文化环境中工作的能力、计算机软件操作能力和系统设计与更新能力；工作伦理包括高出勤率、准时性、遵从性、外表整洁性、友好性、机智性、穿着得体性、诚实性、合作性、乐于学习、可靠性、忠诚性、积极性和有耐心 14 个方面的人格素养。② 无论其所谓的高级职场通识能力，还是工作

---

① 徐朔：《"关键能力"培养理念在德国的起源和发展》，《外国教育研究》2006 年第 6 期。

② Gray, C. and Herr, L., *Workforce Education*: *The Basics*, Boston, MA: Allyn and Bacon, 1998, pp. 177 – 184.

伦理素养，相对于工具性质的基本学术能力而言，都具有水平的高端性和品质的高尚性，因此可以统一称为高级职业通识能力。

归纳以上关于高级职业通识能力的分类方式，笔者认为，高级职业通识能力可分为人格能力和方法能力两个大的方面。其中，人格能力是个体在职业伦理方面的综合品质，基于职业的需求，实现从"好人""好公民"到"好职业人"的转换。著名的奥地利教育人类学家茨达齐尔（Zdarzil）认为，那些正在为职业做准备的青年人除必须获得职业知识和技能之外，还应当"形成那种有望获得未来职业地位和对他有利的个性特征"。① 其中的"个性特征"就是他所指的专门的"职业'道德'"，这是职业人走向职业成功的必要条件。就历史的发展来看，早在封建的学徒制教育中就渗透着朴素的职业伦理精神的培养，当时的职业伦理品质更多地指向对职业机密的保护。随着近代工业社会的兴起，职业伦理素养逐渐被广大从业者视为走向"救赎"之路的重要品质。他们把职业作为一种"天职"，怀着对上帝的虔诚，将"守时、勤劳和节俭"② 等职业素养作为"美德"精神。而随着现代社会的推进，工作世界越来越复杂，工作环境越来越多变，使个体的工作伦理素养已不仅仅限于起初对职业本身虔诚的朴素方面，而是要求个体具有多方面的职业道德和品质。这些多方面的职业伦理，根据前述的描述，主要表现为对工作的高度责任感与使命感、诚实的工作态度、耐心的工作方式、积极的进取心、自尊、衣着整洁，如此等等。在特定的职业环境中，职业人格的能力可以促进职业方法能力的发挥。

如果说人格能力更多的是个体对待工作的一种职业态度的话，那么方法能力则是个体为提高工作效率、与职业任务以及职业中的他人之间相互作用的能力。职业人要想获得成功，需要在职业世界中处理两种关系。一方面，职业人要与职业客体即职业任务发生关系，这就

---

① ［奥］茨达齐尔：《教育人类学原理》，李其龙译，上海教育出版社 2001 年版，第102 页。

② ［德］马克斯·韦伯：《新教伦理与资本主义精神》，于晓、陈维纲译，生活·读书·新知三联书店 1987 年版，第 36 页。

需要具备诸如批判思维、创新思维、逻辑推理、问题解决、情境想象、情感认知、职业审美、学会学习等方面的能力。这些与职业客体相互作用的能力有时比职业技术能力更重要。正如杜威所言，"劳动力市场动态的和变化着的需求对思维能力越来越多地替代体力技能提出了要求"，因此，"职业教育计划应该人文化和宽基础化，以提高适应性"。① 可见，与思维能力相关的方法能力在现代职业世界中对职业人的成功具有重要的价值。另一方面，职业人由于在职业世界中处于群体当中，因此需要与其他职业人发生职业关系，这就需要他们具备诸如团队合作的能力、团组交流的能力、诚实守信的能力、相互尊重的素养等。其中，工人分工协作的能力在职业发展史上对职业的分工及其专门化发展起到了助推的作用。亚当·斯密以针扣制造业为例诠释了团队合作的重要意义，他指出一个拥有 18 种工序的针扣制作过程如果分由 18 个工人相互合作、彼此分工进行的话，其工作效率将比工人各自独立从事整个工作程序的效率提高 240 倍。② 因此，人际关系的处理不仅存在于日常的生活中，还广泛地存在于职业世界中，且良好的职业关系不仅可以提升自身的职业幸福感，而且还可以大大提高企业的生产率，进而促进社会整体的进步。

从以上分析中可以看出，高级职业通识能力是个体应对快速发展、高度发达的现代社会之复杂多变的工作世界所必须具备的核心性和关键性的高层次的职业能力。它是当今个体参与任何一项工作都必不可少的综合能力，在不同的职业岗位之间具有迁移性和普适性，在不同的生涯时期具有赓续性和柔韧性，与前述的基本学术能力相比，更体现为它的现代性和高级性。它们一方面是处于现代社会环境中的个体追求完整性发展的必要组成部分；另一方面也是促进个体"长效

---

① ［美］约翰·杜威：《民主主义与教育》，王承绪译，人民教育出版社 2001 年版，第 334—335 页。
② ［英］亚当·斯密：《国民财富的性质和原因的研究》上卷，郭大力等译，商务印书馆 1994 年版，第 67 页。

性"生长，增强人的"持久"和"强劲"的"可持续性发展"的能力。① 可想而知，一个职业技能再好的人，如果没有良好的人格品质和友善的团队合作精神，注定其在人生的职业发展中走向穷途末路。对此，黄炎培指出，职业教育如果"仅仅教学生职业，而于精神的陶冶全不注意"，就会从一种很好的教育沦落为一种低级的器械教育，如此一来，一些儿童便没有自动的习惯和共同生活的修养，这种教育最好的结果不过是造就一种改良的"艺徒"，而不是"良善"的公民。② 这里的"精神的陶冶""自动的习惯"和"共同生活的修养"是高级职业通识能力的重要表现，它们是职业教育培养合格的职业人所必需的。

然而，在我国职业教育的现实实践中，还未充分地注重这种高级职业通识能力的培养，更多的是着力于简单的技术操作能力的规训。虽然目前我国的职业教育以培养社会经济发展需要的人才为重任，但是也面临着新时期经济全球化和工业信息化的严峻挑战。因此，我们必须从社会发展的总体需求出发，以关注职业人的完满发展为基本指向，以《中国制造2025》发展战略为契机，充分重视职业教育对个体高级职业能力的培养。这种高级职业能力的培养一方面体现在课程内容的设置中；另一方面蕴意于教学实践的过程中。在课程设置方面，围绕单项高级职业通识能力的培养可分别设置具体的课程或项目，如职业伦理课、艺术欣赏课等；也可以围绕多项高级职业通识能力的培养设置一门综合课程，如可以借鉴美国职业院校中的项目顶点课程的经验，在最后一个学期开设相关的项目综合课程，培养诸如项目执行能力、项目组织能力等。在教学实践中，可以通过多种教学模式或教学方法的应用在职业知识的实践中培养复杂的高级职业能力，如小组合作学习可以培养个体的团队合作能力；自我导向学习可以培养个体独立解决问题的能力。在现实的课程体系下，高级职业通识能

---

① 黄尧：《职业教育学——原理与应用》，高等教育出版社2009年版，第118—119页。

② 田正平、李笑贤：《黄炎培教育论著选》，人民教育出版社1993年版，第84页。

力还可以蕴意在普通学术课程或职业课程的教学中进行培养。

三 职业教育课程三维能力目标的审视

职业教育课程三维能力目标的分解与解读，为的是更好地在整合视角下促进三者之间在课程建构中的融合，旨在超越传统的知识本位、能力本位、人格本位、素质本位课程观对能力培养的相互肢解。如果按照传统课程观的观点，基本通识课程培养基本学术能力，职业课程培养专业技术能力，高级通识课程培养高级职业通识能力。事实上，在上述对能力培养的课程诠释中，也基本是按照这个思路出发的，但这不是本书的初衷。本书的主要目的在于通过原始课程定位的分析，来促成不同课程类型的整合，进而培养具有一体化、三维能力整合的完满职业人。基本学术能力可以在职业课程中得以强化，职业技术能力需要学术课程奠定基础，高级职业通识能力更可以整合到一般学术课程或职业课程中，进而实现三种能力的一体化培养。

第二节 我国职业教育学术课程与职业课程整合的能力目标互动

职业教育课程目标之基本学术能力、职业技术能力和高级职业通识能力的分解，并不是人为割裂它们之间的联系，而是在厘清能力结构组成的基础上，如何从一体化的完满职业人培养的视角出发，指导职业教育的课程实践。诸多人本主义哲学家的理论皆表明，人是一个完整的生命体，人的发展是一个逐渐追寻健全或完美人格的过程，而不是一个走向人格分裂的历程。卢梭眼中的爱弥儿之所以能成为一个自然发展的健全人，就是因为爱弥儿做到了在道德品格、智力水平、劳动技能等多方面素养的和谐发展。职业教育要培养完满的职业人，理应在课程建设方面确保目标指向的一体化和整合性。正如有英国教育学者理查德·普瑞和杰夫·海沃德（R. Pring and G. Hayward）认为，"一个只有知识的人可能不会实践，而一个只有技能的人可能会用这些技能做坏事"。① 可见，任何单一的能力要素都不足以形成一个完善的人。

长期以来，我国职业教育实践中所存在的学术课程与职业课程彼此割裂的现象，一个重要原因就是课程的实践者没有意识到两种课程在培养人才的能力目标中的关联性，从而导致不仅彼此素养没有相互关照到，而且本课程所旨在达成的目标也不够理想。事实上，职业教育课程将要达成的各种能力最终是一体化于完满的职业人身上的，因此各能力之间需要建立彼此的互动关系。美国学者盖尔（L. Gale）和波尔（G. Pol）早在 1975 年就提出了整合的职业能力观，认为"能力是与职位和工作角色联系在一起的""胜任一定工作角色所必需的知识、技能、判断力、态度和价值观的整合就是能力。"② 可见，基于职业的能力是偶连在一起的。如果说这里的"知识""技能"指向基本学术能力和职业技术能力的话，那么"判断力""态度"和"价值观"则属于高级职业通识能力的范畴。那么，这也就进一步证明了基本学术能力、职业技术能力和高级职业通识能力之间互动与整合的必要性。

一　基本学术能力的职业性关照

在职业教育的课程教学中所形成的基本学术能力，不仅仅指向基本人格的塑造，更多的是作用于未来的职业世界，在职业生活中彰显其存在的价值。因此，在现实的课程教学中，基本学术能力不是孤立的，一方面需要根据专业领域的需要，有针对性地向职业世界聚焦，体现职业的倾向性；另一方面需要发挥在职业课程学习中的基础性价值，增强对职业技术能力养成的贡献力。

（一）基本学术能力向职业世界的聚焦

基本学术能力，理论上是所有专业的学生都应掌握的基本通识能

---

① Pring, R., Hayward, G., Hodgson, A., Johnson, J., Keep, E., Oancea, A. and Wilde, S., *Education for All: The Future of Education and Training for* 14 – 19 *Year – olds*, London, England: Routledge, 2009, p. 13.

② 徐朔：《"关键能力"培养理念在德国的起源和发展》，《外国教育研究》2006 年第6 期。

力，是一个文明的现代人所应具备的基本文化生存能力。但在现实的实践中，人与人之间是不同的，他们对未来的职业世界也有着不同的领域需求，进而在职业教育中所学的专业类别也是多样的。因此，从人对职业种类需求的不同性质考量，职业教育课程所应达成的基本学术能力不应等同于普通基础教育所培养的普适的听、说、读、写、算、数等方面的基本通识能力，生成其能力的基本学术课程内容也不能完全等同于一般基础教育的相应学术课程内容，而是基于职业有所针对和侧重的。正所谓"入乡随俗"，个体在职业世界中也要"入职随岗"；正如"在不同的场合穿不同的衣服"一样，职业人在不同的工作岗位中所表现的基本学术能力也应是不同的，必须围绕职业领域有所侧重地聚焦。

为此，在我国职业教育课程目标中，听、说、读、写、算、数这六种能力都应分别具有一定的职业导向性。其中，听的能力要求个体在未来的职业世界中，能够以正确的职业姿态倾听或欣赏，进而合理接受他人专业相关的意见或建议；说的能力要求个体能够在未来团队的职业世界中，正确地运用职业语言与他人进行沟通与交流；读的能力要求个体能够在未来的工作岗位中，理解与识别说明书、检测报告等专业相关的文字或图表文件；写的能力要求个体在未来特定的职业场合，能够以书面语言的形式记录、组织和交流相关的职业事务；算和数的能力要求个体在未来数理相关的职业环境中，能够运用基本的运算公式和数学语言进行简单的职业计算和数学推理。虽然这些基本的学术能力是个体应对未来所从事工作必须具备的基础能力，但对于处在每一个专业领域和职业岗位中的职业人而言却具有相对的差异性。

因此，职业教育机构应根据不同的专业或职业类别，通过在相同的学术课程知识中渗透不同的职业元素，对学生基本学术能力的培养做出一定的倾向性引导，以确保这些能力更具有针对性和实用性。更为重要的是，在对学术知识进行合理职业渗透的同时，还应根据职业的不同要求，选择具有相对聚焦的学术课程知识模块进行教学，而不是所有专业领域的学术课程知识完全相同。对此，美国科学促进会

（American Association for the Advancement of Science，AAAS）建议，劳动力教育中的基本学术能力的教学应遵循这样一个基本原则：这种教学要集中于相对明确的较小学术能力的范畴，从而可以提供充足的教学时间，进而确保这种能力被学生或学员们掌握。[①] 这一"较小学术能力"的范畴，就是要求学术课程内容的选择应有所针对性。以数学课程为例，建筑工程类专业应侧重选择学习解析几何模块，计算机相关专业应侧重选择函数模块，这也是一种职业倾向性的整合。

（二）基本学术能力对职业技术能力的贡献

作为基本文化生存能力的听、说、读、写、算、数等方面的基本学术能力是生命体从无意识走向有意识、人类从愚昧走向文明的基本标志。从这些基本学术能力的发生史来看，每种学术能力的出现都为人类的文明增添了浓墨重彩的一笔。口头语言交流能力的出现开启了真正人类的时代，使人类脱胎于无意识生物圈，在相互倾"听"与诉"说"中成为社会中的"人的存在"；文字及其承载媒介的出现，使人类从愚昧走向文明，在记载（写）与览阅（读）中传递着生存与生活的重要信息；计算工具与数学公式的发明，使本身就具有逻辑思维能力的人类走向了更为现代的文明，在计"算"与"数"学推理中推动着科学与人文的结合。基本学术能力在伴随人类文明的过程中，也助推着人类职业生活的进步，尤其对劳动（职业）技术能力的生成有着基础性的贡献。

一般而言，职业技能的生成是建立在对职业理论知识的掌握和职业实践场域的理解基础之上，而职业理论知识是以书面语言、数学公式等基本的学术知识为载体呈现的，职业实践场域是由口头语言交流、书面语言材料及其相应的物理对象组成的。因此，职业理论知识和职业实践场域离不开普通学术课程知识的支持。但是，基于普通学术课程知识的专业知识和职业场域不能越级性地直接被职业学校的学生所理解，而是必须首先建立在学生对普通学术知识的掌握之上。因

---

① Gray, C. and Herr, L., *Workforce Education：The Basics*, Boston, MA：Allyn and Bacon, 1989, p. 180.

为，只有学生掌握了普通学术知识，才能凭借其生成的听、说、读、写、算、数等基本学术能力实现对职业理论知识和职业实践场景的充分理解，进而才能有助于职业技术能力的快速生成。

基本学术能力对专业能力的基础性贡献，一方面源于以普通学术教育为核心任务的普通基础教育，另一方面源于职业教育中的学术课程教育。在学制体系中，先有普通基础教育，再有职业准备教育（含职业技术准备教育和高等专门教育）和职业继续教育。只有坚实的普通学术基础教育，才能为以后的专业倾向发展或专业/技术能力的生成奠定基础，人生的职业生涯发展才能坚不可摧。就职业教育课程本身的发展顺序而言，在传统的学科本位课程模式中，先有学术基础课（普通文化课），再有职业基础课和职业核心课。这种三段式发展的课程序列方式无可厚非，因为它从知识逻辑的发展顺序来建构课程进而实施课程，更有利于学生对于知识序列的掌握以及相关能力的达成。虽然，当今的课程发展模式借鉴了项目课程、模块课程等多种课程理念，但基本上还都尊重了学术课程的基础性价值和地位。无论哪种课程模式，在将课程知识与职业任务建立联系的过程中，都应充分考虑学术课程的前瞻性基础成果和过程性融入效果，以实现基本学术能力的特定价值。

二 职业技术能力的学术性包容

职业技术能力同样不是孤立存在的，一方面受到基本学术能力的基础性贡献；另一方面又反作用于基本学术能力，彰显基本学术能力的存在价值以及保障具有基本学术能力的职业人的生命的延续与生存的尊严。没有基本学术能力做保障的职业技术能力充满着野蛮性，不能反哺基本学术能力的职业技术能力充溢着奴役性。

（一）职业技术能力需要基本学术能力的助力

职业技术能力的生成建立在对基本学术能力掌握基础之上。即一般而言，基本学术能力的掌握在先，职业技术能力的掌握在后。在人类演化的历史长河中，曾经的原始人类在语言系统尚未充分成熟之时，就学会了觅食、制衣等简单的生存技能；语言系统尚未得到充分发展的婴儿，首先学会了吃饭、玩耍等基本的生活技能。但这些生存或生活技能都不属于职业技术能力的范畴，因为这与专业化分工的职业无关，不是基于职业而产生的，更多的是一种本能的行为。本能的行为充满了野蛮、天真或无知，既与专业化的分工不相符，也与现代化的文明不相融。因此，从文明的现代性出发，技术能力不仅要职业化，而且需要建立在基本学术能力的基础上，使从事职业的人表现的像个"人"的样子。

职业技术能力的形成离不开基本学术能力。听、说、读、写、算、数等基本学术能力，首先可以帮助职业教育的学生在专业理论课的学习中，通过阅"读"教材的文本材料、倾"听"教师的专业讲解、与师生讨论（说）专业的相关话题、撰"写"课程作业、计"算"与统计专业相关"数"据，来完成对专业理论知识的掌握；进而帮助他们在专业实践课或实习的过程中，通过阅"读"相关说明书、倾"听"师傅的讲解、向师傅提出质疑（说）、练习书"写"检测报告、计"算"与测量相关"数"据，从而实现对专业技术能力的最终达成。因此，普通学术能力基础的薄弱将不利于职业准备教育中专业知识的学习，这在现实的职业教育实践中有着真实的写照。我国中职、高职的大部分生源来源于普通初中、高中阶段学术基础薄弱的学生，虽然学术能力的优越并不能代表一定擅长职业技术能力的掌握，但至少学术能力的薄弱影响了他们对技术能力的掌握。例如，语文基础知识的薄弱，影响了他们对教材文本知识的理解；数学基础知识的薄弱，使他们不能胜任专业课程的深度学习。

这就要求职业技术能力既不能藐视基本学术能力，也不能僭越基本学术能力。社会效率驱使下的职业教育发展观，过度重视操作技能的培养，认为在现实的职业教育实践中，学术课程的价值不大，且占用教学时间，因此很多职业学校的普通文化课没有得到应有的重视，要么普教化严重，要么压缩上课时间，致使本来基本学术能力就低下的学生，更雪上加霜。在这种情况下，机械性的技术能力或许可以经过强化训练而得到，但是，学生却没有真正地理解，进而在工作之后迁移能力不足。达成基本学术能力的普通文化知识没有得到有效的传播，将更多的时间让位于技术能力的培训，基本学术能力的遮蔽必然会影响后期职业技术能力的生成效果。因此，学术课程的地位在实践中必须得到正名和复位，为基本学术能力的达成提供最基础的平台。

（二）职业技术能力对基本学术能力的反哺

基本学术能力只解决了人与人之间、人与自然之间基本的交流能力，只满足了人与外部客观世界交往的基本需要，但是，个人生命的维系需要补充物质能量。婴儿和儿童由于个体成熟条件的限制，大多需要家长等监护人提供物质能量的支持来维系生命。但随着个体的自然成长，随着与监护人之间关系的相对剥离，其物质能量的来源需要通过自己的努力去争取。对于身心成熟的成人个体而言，其物质能量的来源，要么通过自己直接的生产劳动获得，要么通过劳动所得货币进行价值交换后获取。在现代化的今天，劳动从属于专业化分工的职业岗位，而在职业岗位上产生劳动效用的直接能力可以说是职业技术能力。以一名钳工为例，如果只具备基本的学术能力，则无法混口饭吃，而要胜任这个岗位，就必须学习画线、锉削、钻孔、铆接、研磨等专业化的技术能力，进而通过生产的产品或服务赢得生存所需物质产品的等价货币。

职业技术能力的职业化和生产性创造了相对可观的物质财富，为个体和人类生命的维系提供了基本的物质产品，为人们的生活赢得了基本的生存尊严。生命的维系为基本学术能力的发挥提供了最为基本的生命体与社会关系体，彰显了职业技术能力对基本学术能力的反哺价值。因此，职业技术能力作为职业教育培养目标的特殊性所在，必须得到弘扬，彰显职业教育存在的特殊价值。职业教育必须通过培养个体基于职业岗位的物质产品的生产能力或社会精神服务的技术水平，为其赢得生命存续得以维系的物质产品条件。西方历史上的黑人奴役制，通过简单的技术训练培养奴隶的生产技术能力，但是最终生产的产品大多被奴隶主所霸占，大多黑人奴隶因无法获取物质能量的补充而在饥饿中死去，生存的躯体无法维系，生命的尊严难以维护。他们要么没有经过正规的科学文化知识训练，要么被统治者的思想所麻醉。因此，职业技术能力的反哺必须建立在对基本学术能力的达成基础上，这就为现代职业教育功能的发挥赢得了生存与发展的空间。

这就要求职业教育：其一，不要因为对学术能力的强调，而遮蔽了对职业技术能力的培养；其二，不要因对专业理论课程的强调或相关条件的限制，而弱化对直接生成职业技术能力的实训、实习等实践课程的拓展；其三，不要因为对职业技术能力的过度强调，掩盖了基本学术能力的养成。在近年我国职业教育的实践中，相对于学术课程的教育效果而言，职业课程的教育质量还是可以值得肯定的。职业技术能力的培养更多地体现在情境化的生产过程中，而不是理论性的专业课堂中，职业院校必须为职业学生拓展更多的实习、实训平台，行业企业应积极参与其中。但是，也需要时刻提防职业技术能力培养的过度异化现象，如近年出现的"学生工"现象。企业利用学生实习的需求，廉价甚至"无价"雇用大量职业院校的学生参与生产性实习，教育的指导性远远不足。在这种环境下，职业技术能力固然得到培养和强化，但是，职业技术能力的学术性融入严重不够，最终将会大大影响职业技术能力的发挥水平及其对基本学术能力的反哺质量。

三 高级职业通识能力双重驱动

基本学术能力和职业技术能力的掌握，可以使得职业人能够从事基本的职业生活，进而维持基本的生命与生活，但仅仅这两种能力并不足以保证职业人职业生活质量的完满。高级职业通识能力的达成，可以通过弥补基本学术能力水平的不足和规避职业技术能力的功利化倾向，大大提高职业人的职业生活质量，进而保证其较好地胜任职业岗位。

（一）高级职业通识能力对基本学术能力学术品格的助推

基本学术能力仅限于个体与职业世界中所涉及的社会关系体以及客观因素之间的最为基本的交流能力，而高级职业通识能力涉及如何成为好的职业人的"职业人格素养"和如何更好地与职业世界中的社会关系体和职业任务交流的"职业方法能力"。可见，高级通识能力从学术文明的水平上讲，促使职业人从初始文明走向现代文明，使其实现从粗鲁的原始职业人到文明的现代职业人的转变。也就是说，基本学术能力的掌握只能保证职业人能够倾听、说话、阅读、书写、算数等客观行为的发生，但并不一定代表职业人听取的信息完全正确、说出的语言完全是发自内心的或即使发自内心的也不一定能保证不得罪人，同时也并不一定代表职业人能够耐心地阅读、书写和计算复杂的数据。但是，高级通识能力的精通就可以尽可能保证职业人基本学术能力水平的良善发挥和艺术化展现。

就职业人格素养而言，其主要包括对工作的高度责任感与使命感、诚实的工作态度、耐心的工作方式、积极的进取心、自尊、衣着整洁等伦理品质。只有怀着对工作的高度责任感和使命感，才不至于在工作的过程中用欺骗的语言迷惑对方，或者借以讹传讹的方式更改职业信息；只有以诚实的工作态度和耐心的工作方式对待工作，才能在复杂的工作环境中认真地品读与理解相关的说明书或手册等职业相关的书面信息，并用诚恳且职业化的语言书写出正确的产品检测报告等书面文件；只有怀着无比的进取心和科学严谨的工作态度，才能精确地统计出相关数据信息、完好地绘制工程模型等；只有秉承坚强的自尊心和拥有穿戴整洁的仪表，才能树立职业化的形象，成就职业化的个体。从一般的语言到良善的语言、从一般的态度到诚恳的态度、从一般的个体到职业化的个体的转变，大大提高了基本学术能力的学术水平，进而实现了职业人高品格的发展。

就职业方法能力而言，它重在通过提高职业人对待职业世界和其他职业人的工作技巧来提升其工作效率，实现对基本学术能力的超越。一方面，职业人要与职业世界中的客体发生高效的工作关系，需要具备诸如逻辑推理、批判思维、创新思维、职业审美、学会学习等方面的方法能力。对于基本学术能力的积极作用在于，可以提高职业人言语表达的逻辑性，进而有助于他人的理解；可以促使职业人以批判性的语言表述相关书面报告，实现理念性的创新；以美的眼光审视和发现工作世界中的职业环境，并用形象化的语言表述出来，进而提高工作效率；可以通过持续不断地学习高级的语言表达技巧和算数统计方法，更好地胜任新时代的工作。另一方面，职业人还要具备与工作世界中的他人友好相处的相关能力，包括团队协作能力，真诚相待、彼此尊重的素养等，从而保证职业人与他人的语言交流是诚恳且基于团队考量的。因此，无论从职业人格素养对基本学术能力的"良善"价值而言，还是从职业方法能力对基本学术能力的"艺术"作用而论，这些高级职业通识能力在实践中都应该得以重视和培养，且要注意与学术能力的交融性养成。

（二）高级职业通识能力对职业技术能力职业品位的提升

高级职业通识能力促使职业人通过良善职业人格素养的表现和精湛职业方法能力的驾驭，同样可以提升职业技术能力扮演的职业品位。康德的"完人"教育理念倡导真、善、美的完整教育，小原国芳的"全人"教育思想推崇包括真、善、美、圣、健、富更为完整的教育内容。二者中的"真"可以是学术课程和职业理论课程所达成的学术能力和职业理论素养；共有的"善"和"美"则属于高级职业通识能力的范畴，可以表述为职业道德和职业审美；"圣"是另一层面的高级职业通识能力，在西方宗教国家中这一能力体现得较为明显，可以表述为职业信念；"富"则是职业技术能力所成就的目标，即维持生活所需的经济财富。总体而言，职业道德、职业审美、职业信念三个元素融合在职业人格素养和职业方法能力当中，对职业技术能力的表现与发挥起着重要的促进作用，一方面通过职业人与职业客体的接触直接提升职业技术能力的表现质量；另一方面通过职业人之间关系的互动间接影响职业技术能力的发挥效果。

就职业道德而言，一方面以科学人文的视角规避着职业人在以科技理性为主导的现实工作世界中对自然环境的侵蚀与破坏；另一方面通过建立融洽的职业人之间的关系，提升职业技术能力发挥的效率。现代机械制造业、高分子化学化工、电力与核能等行业产业对环境的过度破坏引发了一系列自然灾害，这就要求现代职业人应提高自己的绿色环保意识，以负责任的职业伦理态度表现职业技术能力，高品位地完成企业产品的生产或服务。好的职业群体关系同样需要职业人个体高尚的职业伦理道德的维护，进而在融洽的职业关系中，提高企业的生产效率。职业审美，则在更高层次上提高着职业技术能力发挥的效果，职业人可以在职业世界中，通过发挥"欣赏美的能力"，激发职业技术能力生产的效率，愉快地完成企业产品的制造；通过发挥"创造美的能力"，提升职业技术能力的艺术品格，实现产品的精细

化、艺术化；通过发展"美的人际关系"，提高职业技术能力表现共
同体的工作效率。对于职业信念，只有怀着对职业世界的恪尽职守、
精益求精的理念，怀着对职业团队的友好信任、推心置腹的态度，才
能促发职业技术能力水平的高质量发挥。

    然而在现实中，由于我国职业教育长期的规模化发展，内涵建设
水平较低，高级职业通识能力的重视程度严重不足。如果说基本学术
能力的习得在吃普通基础教育的老本的话，那么高级通识能力可谓是
大大缺失。因为我国的基础教育更重视基本学术知识的掌握，在培养
创新思维、批判思维、审美素养、职业信念等方面严重缺失，因而这
些综合职业能力的培养责任更多地被抛向了后期的就业教育中。然
而，现实的职业教育却没有给予高度的重视，受功利主义的驱使，更
多的职业教育机构把精力放在职业技术能力的培养上，并没有或很少
将职业伦理道德、职业审美、职业信念等职业人格素养和职业方法能
力融合浸入，将未来的职业人置于理论化的课堂中或物理化的客观职
业世界中，没有考虑到职业人的完满发展需求和未来职业世界的客观
需要，往往将职业人塑造成只掌握职业技术能力的"单向度的人"，
以致在就业后不能负责任地对待自己的工作，而且在职业生涯的发展
中受挫重重。这就不难解释为什么存在职业院校的毕业生就业率高、
离职率也高的社会现象了。这就要求现代职业教育在改革与发展中，
需要通过不同课程类型的设置或融合等多种形式，尤其需要在与学术
课程、职业课程内容的双重互动中，推动高级职业通识能力的养成。

第七章 我国职业教育学术课程与职业课程整合的模式构建

立足整体主义的课程观视野，从学术能力与职业能力的互动目标出发，结合我国职业教育课程实践的现状，借鉴国际职业教育学术课程与职业课程整合的经验以及普通教育课程整合的理论成果，研究基于主导课与综合课、单一课和集群课的双重交叉维度，试图从课程整合的单边主导型、综合一体型和集群模块型三个层面分别构建具体的学术课程与职业课程的整合模式。

第一节 我国职业教育单边主导型课程整合模式构建

单边主导型课程整合模式是对学科中心课程整合模式的借鉴。其中，相关课程作为一种学科中心课程整合模式，是单边主导型课程模式的重要理论来源。相关课程，是指在保留原来学科相互独立的基础上，围绕一些共同的主题或观点，将两种或两种以上的学科或课程联系在一起的课程模式。相关课程旨在克服分科彼此封闭的弊端，促使学生将所学知识相互整合起来，有助于学生认知结构的优化。[①] 这种课程模式并没有超越传统学科分科的界限，只是在特殊需求的基础上将一些学科集中起来，通过课程渗透、教学融合等的形式将相关学科整合起来。在融合过程中，就一门特定的课程而言，仍是以这门课程

---

① 张华：《关于综合课程的若干理论问题》，《教育理论与实践》2001年第6期。

为主导，适度融合其他课程的相关内容。以此为基础，职业教育的相关课程整合模式就可以在保留学术课程与职业课程分类的基础上，围绕特定的专业或职业需求，将两种课程通过不同的形式融合在一起，以培养学生综合的职业能力。

基于学术课程与职业课程整合视角的单边主导型课程模式，就是在承认学术课程与职业课程自然区分的基础上，以其中的一种课程为主导，按照该种课程内容的发展逻辑进行组织，将另一种课程内容通过不同的方式融合在主导性课程的相关内容中，因此称为以一种课程为主导的融合另一种课程的课程融合模式。在这里，"单边"是相对于学术课程或职业课程其中的一边而言，以"一边"为主导，融合"另一边"的模式即为单边主导型课程模式，由此产生融合职业内容的学术课程主导型课程模式和融合学术内容的职业课程主导型课程模式，简称为学术课程主导型课程模式和职业课程主导型课程模式。两种课程整合模式共同致力于完满职业人的培养，是在对现有课程完全整合不现实的情况下所采用的一种较易操作的课程整合模式。

一　学术课程主导型整合模式

学术课程主导型课程整合模式，就是以职业院校现有的普通文化（学术）课程为基础，融合特定专业领域的职业课程内容而形成的一种单边主导型课程模式。它是在尊重以培养普适的公民素养为主要目的普通文化课程的基础上而建立的课程融合模式，承认了现有文化课程的普适价值，在此基础上又响应了特定专业岗位的需求，进一步渗透了职业课程的相关要素。因此，在课程模式的建构中，主要还是以学术课程知识展开的逻辑建构课程，同时需要在考虑职业需求的基础上进行有针对性的专业性渗透。

目前，我国中职学校的学术课程主要有语文、数学、英语、德育、体育、计算机等课程，但这些课程教材很多都是普通高中学校教材的翻版，并没有明显地体现出职业学校的特色。高职院校的学术课程主要有思想政治、大学英语、大学体育、计算机基础、高等数学或大学语文等课程，这些课程的教材也几乎等同于普通四年制大学的相关教材，如政治和英语，要么使用和普通大学一样的教材，要么即使有自己的高职高专规划教材，但其教材体系也是按照普通高等教育的教材体例编写的，并没有体现高职教育的特殊性。即便如此，中高职院校对学术课程的教学也没有给予足够的重视，而是一味地压缩学术课程的课时比例，增加专业课程尤其是实践课程的比例。学校不重视、教师缺乏专业性引导，加上教材本身的学术型味道甚浓以及学生学术基础知识的薄弱，导致学生严重缺乏学习学术课程的兴趣。因此，这就产生了对融合职业内容的学术型课程整合模式的强烈需要。

　　针对这种现实情况，有关职业院校必须建立不同于一般普通教育的学术课程体系，通过不同的方式在学术课程中融合体现职业教育特色的专业要素。在现实的情况下，首先看一下需要哪些体现职业教育特色的学术课程。其中，在中等职业教育阶段，由于学生还是处于高中阶段的学生，尤其他们在初中阶段并没有积累坚实的学术知识基础，因此需要增强在学术课程基础知识方面的学习，这样就使学术课程必须包括语文、数学、英语、德育、计算机等基本的通识教育课程。在高等职业教育阶段，所有专业学生必须学习政治和英语两门学术课程，政治在于提升职业人的思想政治素养和职业伦理品质；英语在于提高职业人的国际化素养，这在全球化时代的今天是必需的。此外，高职学生还应根据各自专业的需要，选修其他学术课程，例如，理工科专业需要选修高等数学，文化艺术类专业需要选修大学语文等。基于此，建构渗透不同职业要素的学术主导型课程。这些学术主导型课程名称虽然在表面上与普通高中和大学的课程名称相同，但是其内容却有显著不同。基于课程整合的视角，这些学术课程必须根据职业教育的特色尤其是具体专业领域的需要，将职业课程的要素整合其中，一方面激发学生学习的兴趣，另一方面培养学生的综合职业素养。从广义上讲，学术课程对职业要素的融合，一方面可以在学术课程的教材编写中，将职业内容的相关要素整合到学术课程的内容中；另一方面也可以在学术课程的教学中通过各种方式进行渗透与融合，因为教学属于课程实施的阶段，是广义课程建构的范畴。具体的融合内容和方式，可以用图 7-1 表示。

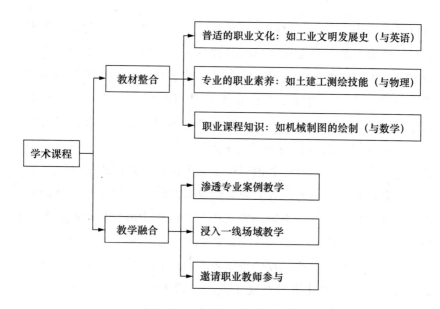

图7-1 学术课程主导的融合职业要素的课程整合模式

从图7-1中可以看出，无论学术课程教材对职业内容的整合，还是学术课程教学对于职业要素的融合，都包含多种途径。在教材的建设中，从广义职业课程生成的视角，普适的职业文化、专业的职业素养和课程教材知识都属于职业课程预设的范围，因此，这三种内容都可以作为融入学术课程中的职业知识。具体而言，普适的职业文化可包括工业文明发展史（与英语）、科技创新精神、工匠精神等，这些素养可以融合到英语、语文等课程的阅读素材中，让学生在品读职业文化的基础上学习单词和语法，而不是枯燥地机械性记忆。专业的职业素养如土建工的基本测绘技能（与物理）、导游的口语表达能力等，可通过知识模块的形式分别融入物理和语文课程的教材中，增强学术课程知识的针对性；就具体的职业课程知识，如机械制图的绘制（与数学）、工程造价的预算等则可以融合到数学课程的相关知识模块中，加强学术课程与职业课程的直接联系。

在学术课程的教学实践中，也有多种方式融合职业要素。首先，以学术课程的知识模块为依托，根据特定专业的需求，采取案例教学方法，将情境性的专业案例植入学术课程的教学中，如可以将土建类专业有关工地测量、面积计算等方面的情境编制成例题，结合数学知识进行讲解，激发学生学习的积极性；或者在英文写作中，让学生练习撰写基于职业需求的科技应用文，如零部件采购的申请书、产品质量检测报告等。其次，还可以通过将学术课堂搬到一线场地的形式，在真实的职业情境中进行教学，以完整的工作过程为依托，将学术课程知识与职业课程知识融汇于一体化的职业世界中，为学生形成完满的职业人格提供有利的平台，例如教师可以带领土建类学生去工地现场通过实地测量体验数学知识在职业情境中的应用，进而让学生感受数学知识在专业领域中的实用价值，转变他们对学术课程的懈怠意识，激发他们学习的积极性。最后，无论是哪种融合方式，或者在这些融合方式的场域之外，职业课程教师的配合也是不可或缺的。学术课程教师的有效教学，需要职业课程教师在课程设计、课程实施、课程评价等多个环节的协助与配合，贡献专业智慧。

二　职业课程主导型整合模式

职业课程主导型整合模式，就是在职业教育的专业（职业）课程中，融合学术课程的相关内容或内容模块，从而形成的一种以职业课程为主导的课程整合模式。在这种模式中，可以以一门专业课程为基础，融合诸如语文、数学、英语、科学等学术课程的一门或几门甚至它们组合的学术课程模块，实现职业课程对学术课程不同程度的整合。这种整合一方面可以增强职业课程与学术课程之间的联系，实现知识逻辑的连续性，增强职业教育课程实施的效果和质量；另一方面将有助于学生整体认知结构的建构，进而促进他们完满职业人格的养成。

不同的职业课程融合学术课程的类型和方式是不同的，而专业课程的种类是由各自的专业性质决定的，因此要研究职业课程对学术课程的融合方式，首先需要了解一下目前我国职业教育的专业设置情况。根据教育部 2010 年公布的《中等职业学校专业目录》（2010 年修订）显示，目前我国中等职业学校共有 19 个大类包括 321 个专业和 927 个专业（技能）方向，其中 19 个大专业类别分别为农林牧渔类、资源环境类、能源与新能源类、土木水利类、加工制造、石油化工类、轻纺食品类、交通运输类、信息技术类、医药卫生类、休闲保健类、财经商贸类、旅游服务类、文化艺术类、体育与健身类、教育类、司法服务类、公共管理与服务类、其他类。[①] 由教育部于 2015 年 10 月公布的《普通高等学校高等职业教育（专科）专业目录（2015 年）》显示，目前我国高等职业教育阶段共设有 19 个大类包含 99 个小类中的 747 个专业，其中的 19 个大类包括农林牧渔类、资源环境与安全类、能源动力与材料类、土木建筑类、水利类、装备制造类、生物与化工类、轻工纺织类、食品药品与粮食类、交通运输类、电子信息类、医药卫生类、财经商贸类、旅游类、文化艺术类、新闻传播类、教育与体育类、公安与司法类、公共管理与服务类。[②] 专业种类的千差万别，导致了专业课程性质的不同。

对于课程的具体整合方式，因专业类别以及课程类别的多样性，很难在具体的课程与教材建设中找到一个通用的整合模式，而在专业课程的教学实施中找到一个融合学术课程的合理方式，也不失为一种理想的途径。在这里，主要借鉴美国自 2006 年以来得以构建并逐步推广实施的职业生涯教育融合数学课程的七要素教学模式（The Math–in–CTE Model：The Seven Elements of a Math–Enhanced Lesson）。[③] 七要素教学模式，其实就是职业教育的专业课程教学在融合学术课程的过程中，所采取的七个连续性步骤。在这里，将这种教学方式推广到对所有学术课程的融合应用中，七步骤分别为：（1）介绍职业课程，提取内嵌在职业课程中的学术课程概念；（2）使用多元的方法和手段考查学生对职业课程中学术课程知识的认识；（3）讲解嵌入在职业课程中的学术课程知识，建立职业课程与学术课程语言的联系；（4）将相同的学术课程概念应用到不同水平和难度的职业情境

---

① 教育部：《中等职业学校专业目录》（2010 年修订），2010 年 3 月 8 日。
② 教育部：《普通高等学校高等职业教育（专科）专业目录（2015 年）》，2015 年 10 月 28 日。
③ Stone, J. R. III, Alfeld, C. and Pearson, D., "Rigor and Relevance：Testing a Model of Enhanced Math Learning in Career and Technical Education", *American Educational Research Journal*, Vol. 45, No. 3, 2008, pp. 767–795.

中，继续建立职业课程与学术课程概念的联系；（5）解决可能出现在标准化测验中的经典学术课程问题，继续建立职业课程与学术课程概念的联系；（6）为学生提供表达对职业课程中学术课程概念理解的机会，将相关的学术课程例子返回到职业课程内容中，用职业课程的主题总结课程；（7）将学术课程问题嵌入在职业课程最后的正式评价中。

以此为借鉴，本书以高等职业教育中制造大类、汽车小类中的汽车检测与维修技术专业为例，将"七要素教学整合模式"应用到该专业中的核心职业课程"汽车检测与维修"对英语课程知识的教学整合中，具体的七大教学步骤分别为：（1）总体介绍"汽车检测与维修"课程，让学生了解这门课程中所涉及的英语知识模块，如进口汽车说明书的阅读、英语检测报告的撰写、国际友人的接待等；（2）利用多种方式了解学生对这门专业课程中所涉及的英语知识模块的认识程度；（3）以一个专业知识模块为基础进行教学，让学生练习用英语表达"汽车检测与维修"专业知识的能力，建立英语与专业课程之间的联系；（4）将这一方式推广到"汽车检测与维修"其他相关职业情境中的英语知识应用中，进一步强化专业与英语之间的联系；（5）解决可能出现在"汽车检测与维修"课程考试中典型的英语应用问题，继续强化专业与英语之间的联系；（6）为学生提供对职业课程中英语知识模块理解的机会，将不同的模块返回到"汽车检测与维修"课程中，以一体化的专业课程串通英语知识模块的应用；（7）将英语知识的考查嵌入在"汽车检测与维修技术"课程的最终考试中，如让学生翻译英文说明书、撰写英文检测报告等，这种考试既可以采用纸笔考试方式，也可以在具体的实习中考察。具体的融合路径可以用图7-2予以说明。

图7-2直观地诠释了职业课程融合学术课程的教学路径。但这里需要解释的问题有三：第一，学术课程的不同类别决定了融合的具体不同方式。例如，数学、科学课程往往是作为一种内容性知识嵌入在职业课程中，而英语、计算机等课程往往是作为一种工具性知识体现在职业课程中，但两者的原理都基本一致。因此，这种课程模式具

有可迁移性，不过就是在具体的融合方式中有所不同。第二，专业类别的多元性决定了专业课程融合学术内容的具体不同方式。例如，工程类专业更多地需要建立学术课程与机械原理、物理结构等客观世界的联系，而服务类专业更多地需要建立学术课程与他人主观世界之间的联系，因此融合学术课程的具体方式有异。第三，即使同一专业，由于其所包含的专业课程类别的多样性，也决定了不同专业课程融合学术课程知识方式的具体不同。以汽车检测与维修技术专业为例，除包括上述的核心课程"汽车检测与维修"外，还有机械设计、电工原理、电子技术、汽车构造、汽车美容等多门专业课程，因不同专业课程的专业知识要求不同，其所对应的学术课程知识要求也有很大不同。因此，这都需要在同一整合原理的基础上，有针对性地去对待，合理地设计适合每个专业中每门专业课程对学术课程整合的具体方式。

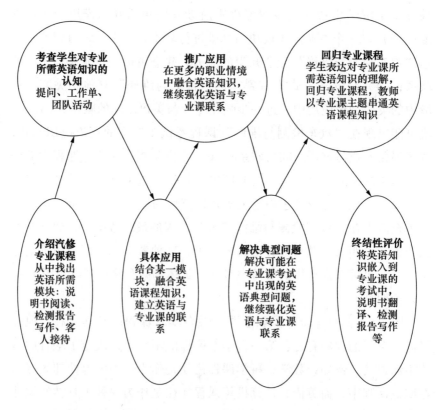

图7-2　汽车检测与维修技术课程融合英语课程教学模式

从以上论述中可以看出，无论是学术课程主导的整合模式，还是职业课程主导的整合模式，它们都是在没有改变学术课程与职业课程现有分类的情况下进行的渗透式融合，是现有课程二元制体系下的一种改良。而改良必然要涉及现有体系下的利益相关者，学校、教师以及企业该何去何从？基于单边主导型课程整合的视角，三方必须要协同一致。广大中、高职院校必须提高整合的意识，重视学术课程与职业课程课时安排的合理比例；推动学术课程教师的职业化发展和职业课程教师学术品位的提高，并提供有效的平台支持；实行绩效评价，针对课程整合的实施效果，实行奖优惩劣。广大教师必须在学校的支持下，拓展自己的"双课程"视野，丰富双边的课程知识，学术课程教师和职业课程教师应形成课程整合共同体，彼此参与对方课程的设计，相互支持对方课程的实施，共同参与课程整合的效果评价。企业必须进一步强化参与职业教育的责任，从企业对技术技能型人才综合素养的要求出发，最大限度地为职业教育学术课程的专业化改革、专业课程的学术性渗透提供咨询建议、专家支持和资源支撑，不仅要顾及职业岗位的技能要求，而且需要将企业文化、职业规范、道德修养整合到学术课程与职业课程的建设中，进而增强课程的实用性。

第二节　我国职业教育综合一体型
课程整合模式建构

综合一体型课程整合模式是学科中心课程整合模式在课程整合程度上的进一步发展，在形式上打破了原有的相互独立的分科课程，以单独的新型课程形态呈现，已经超越了学科中心的课程模式，以完满职业人的发展为目标导向，是学科中心、社会中心、个体中心课程模式理念的高度融合。综合课程旨在将具有内在逻辑或价值理念相互关联的原有分科课程和其他形式的课程内容整合在一起，以消除各类知识之间的界限，使学生形成关于世界的整体认识和整合观念，以培养学生灵活运用相关知识解决实际问题能力的一种课程类型。[①] 格式塔心理学理论认为，认知主体具有整体性，经验与行为具有一体化，要求认知客体也应具有整合性。这就要求学习的课程知识也应该是整体建构的，即要建设一体化的课程模式。从整体主义课程观的视角，将蕴含相互联系的多元成分的课程经验和活动整合在一起就形成了综合一体型课程。

学术课程与职业课程整合视角的综合一体型课程整合模式，旨在打破学术课程与职业课程分科的屏障，同时也不以既定的学术课程或职业课程为基础建构课程，而是以完满职业人的培养为目标指向，围绕特定的专业需求或岗位需要，将原有彼此分离的知识体系尤其是学术课程和职业课程相对独立的知识体系零敲碎打，进而以不同的方式融合在一起，形成一门新的综合型的课程模式。因此，这种综合一体型课程首先在形式上是一门课程，而不是一组课程；其次在内容包容上，融合了原有的学术课程知识、职业课程知识和其他相关知识；最后在内容组合上，不同领域的知识通过不同的形式交融在一起，彰显一体型。基于不同的维度，学术性与职业性融合视野的综合一体型课程整合模式可以有多种分类方式。本书将从培养综合职业能力的性质出发试图建构职业应用学术课程、职业典型素养课程和职业顶点综合课程三种模式，分别指向学生的应用学术能力、典型高级素养和综合职业能力。

一 职业应用学术课程

职业应用学术课程作为一种综合一体型课程模式，是一个真正意义上的"融合课程"。所谓"融合课程"，是将有关学科融合为一门新的学科，融合之后，学科之间的原有界限不复存在。[②] 比如，历史、地理、政治融合为综合社会科学，物理、化学、生物融合为综合科学课程，植物学、动物学、人体解剖生理学融合为综合生物学课程，等等。因此，职业应用学术课程就是将学术课程与职业课程融合起来而形成的一种新的课程形态，它不是学术课程与职业课程的简单拼凑，

---

① 有宝华：《综合课程论》，上海教育出版社 2002 年版，第 25 页。
② 张华：《课程与教学论》，上海教育出版社 2000 年版，第 268 页。

而是以新的建构体系呈现的一门独立的课程。虽然还有"学术"的名称烙印，但这已经远远不是原有的学术课程了，而是真正融合了传统的学术课程内容和职业的专门知识，通过学术课程知识与职业专业情境的实质性交融，体现职业教育课程培养完满职业人的终极性价值。

职业应用学术课程是在原有的学术课程基础上，围绕特定的行业或专业需求，将相关的专业课程知识和经验整合而形成的一种新的课程形式。以原有的学术课程为基础，应用学术课程可包括应用数学、应用英语、应用物理甚至应用语文、应用体育、应用德育等旨在沟通学术课程与职业课程的中间型课程。这些课程在现实的职业院校中可表现为不同的具体名称，如应用英语可有实用英语、专业英语、科技英语、科技写作等不同称谓；应用物理可有科技物理、数学物理等不同称谓；应用语文可有应用文学、公文写作等不同称谓；应用体育、应用德育则分别可有职业体育和职业道德等不同称谓。这些应用学术课程由于具有了较大程度的职业导向性，因此有些时候可根据学生的学业水平和专业需要，完全取代普通学术课程，在体现职业教育特色的基础上，培养学生的应用学术能力。

职业应用学术课程可有必修和选修之分，现将中职和高职分别论说。其中，对于中职的应用学术课程而言，所有专业学生必修的应是职业德育课程和专业英语课程，而建立在其他学术课程基础上的应用学术课程则可根据具体的专业需要进行设置，而不是所有的专业都要追求大而全。例如，文化艺术类专业领域需要选修基于语文课程的应用文学、科技写作课程；机电、汽车、计算机等专业领域可以选修应用数学课程，甚至还需要选修技术物理等其他应用科学课程；建筑、市场营销、乘务专业领域则需要结合自己的专业需求选修专业体育课程，以增强职业人的身体素质和情感意志力。在高等职业教育阶段，所有专业的学生应必修基于政治课的职业德育课和基于英语课的专业（实用）英语课，以及基于计算机基础课程的应用计算机课程，因为在中等教育阶段学生已经掌握了初步的计算机基础知识，不必再花更多的时间浪费在普通计算机知识的掌握上，可以直接结合专业需求进入应用计算机学习的阶段；而对体力以及形体姿势有需求的专业则应开设职业体育课程；理工科专业需要选修应用数学课程，文化艺术类专业则需要选修应用写作课程。

职业应用学术课程在设置上可分为校级应用学术课程、院系级应用学术课程和专业级应用学术课程三个层级（见图7-3），这主要是根据职业集群的程度而设置的。因此，这种三级课程的设置主要是针对行业职业院校而言的。如就应用英语课程而言，旅游类、建筑类、经管类等行业特色职业院校对应的校级应用英语课程分别体现为旅游英语、建筑英语、财会英语等凸显整个行业集群岗位需要的传授应用英语知识、培养应用英语技能的课程。以旅游职业院校为例，其院系级实用英语可根据院系的不同设置情况分别开设旅游管理实用英语、酒店管理实用英语、餐饮工艺实用英语、园林规划实用英语等。每个院系都有一定的专业集群，这一院系级实用英语对于院系内各专业都是通用的，体现为课程设置的宽口径基础，为毕业生的灵活就业提供宽泛的职业关键能力。而具体到院系中的每一个专业或专业方向而言，则可以根据实际专业的需要设置相应的专业实用英语。例如，针对餐饮院系的烹饪工艺与营养、西餐工艺、餐饮管理与服务等专业，就可以开设更加具体的实用英语课程，通过课程的学习，向西方介绍中国的传统美食、从西方引进西餐制作的技巧、以国家化的战略经营餐饮行业等。

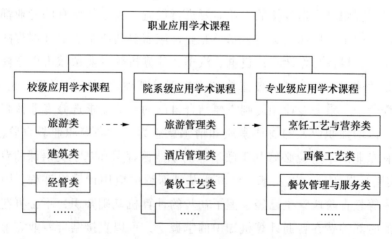

图7-3 职业教育应用学术课程三级课程体系

对于课程整合的相关内容及其组合方式，可根据职业领域对应用学术内容的要求采用模块式课程组合的方式进行。课程模块既可以按照学术课程的功能模块进行划分，也可以按照职业领域的技能模块进行划分，甚至两者交叉进行组合。以旅游类高职院校的校级实用英语必修课为例，既可以按照旅游阅读技能训练模块、旅游听说技能训练模块、旅游写作技能训练模块进行课程组合；也可以按照旅游管理类英语技能训练模块、酒店管理类英语技能训练模块、餐饮工艺类英语技能训练模块进行课程组合；甚至以一种课程模块组合为基础，采用另一种模块组合作为二级模块组合方式（见图 7 - 4）。每种课程模块组织都各有利弊：第一种课程模式有利于英语专项技能的训练，但是模糊了职业领域技能的模块化需求，在选择教学素材时往往不能照顾所有技能需求，容易忽略一些技能模块的素材融入；第二种课程模式有利于旅游行业不同技能模块的训练，也更方便院级具体专业类别的专项技能模块的深入选择与学习，但并非能够照顾到所有英语技能模块的训练，即使教材能够照顾到，由于教师的偏好，也容易造成片面的教学选择；第三种课程模式是较为理想的课程模块组合方式，两种课程视角的技能模块都能得到先后不同顺序的生成，但实施起来较难，既需要系统的学时安排，也需要高素质的课程教师。

针对这种校级实用英语的模块式课程组合，需要指出的有三：其一，虽然课程设置覆盖面较广，既照顾到英语技能模块的需要，又兼顾到行业技能模块的需要，但是这些技能模块都是行业领域中较为简单、实用的技能领域，更注重宽口径的关键能力的养成，因此，对校级实用英语课程的学习，并不需要对每项技能都要精深地掌握。其二，无论是哪种课程模块组合，教师都可以根据所教学生的专业需要，有所侧重地选择合适的课程模块组合。例如，对于模块组合一，虽然英语的阅读、听说和写作技能训练都会涉及，但具体到每一项英语技能在培养学生多种职业领域英语技能的基础上，可以针对某一职业技能领域进行重点训练；对于模块组合二，可以在介绍多元旅游职业技能模块的基础上，重点训练某一旅游职业技能模块的多元语言技能。其三，切忌对某一职业技能模块训练实施过度的教学，因为校级

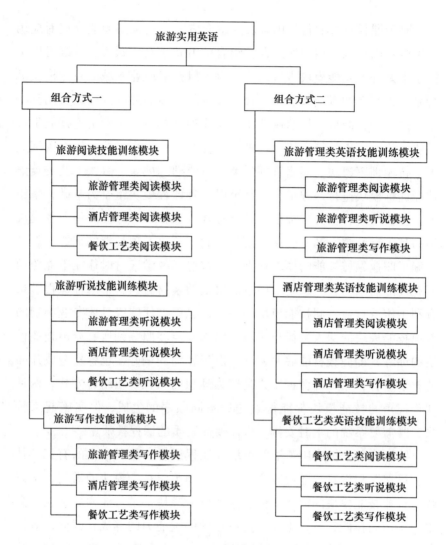

图7-4 旅游类院校校级实用英语课程模块组合方式

的课程还是重在技能训练的综合培养，具体旅游类各模块职业技能的培养重点放在院系级和专业级的实用英语课程的教学中。因此，校级应用学术课程组合方式的二级分类指标为院系级和专业级应用学术课程的设置和开展提供了重要的基础和方向。

二 职业典型素养课程

作为职业典型素养课程的上位概念，职业素养课程，顾名思义，就是从特定专业领域的职业素养需求出发，而建构形成的综合型课程模式。这里的"职业素养"与传统的学科课程所培养的学术能力和素养以及职业课程所培养的职业能力和素养是不同的，它更多的是一种综合职业素养，是学术素养和专业素养的整合式发展。因此，这种职业素养的来源已经超越了学术课程与职业课程机械相加的结果，而是在两种课程知识的基础上，融合了更为广泛的职业素养要素，体现了职业岗位对完满职业人综合素养的根本需求。这种课程模式可以说是"广域课程"理念在学术课程与职业课程整合领域中的应用。"广域课程"，是指能够涵盖整合知识领域的课程整体，其出发点与"融合课程"较为相似，都是围绕一个选择的组织核心而将分支学科组合为一个新的课程整体，并且被整合的每一门学科都失去原有的独立性。[①]但是，与"融合课程"相比，"广域课程"融合的范围更广，其除了融合具体的不同学科知识外，还可以融合人类所有的认知领域，不仅在形式上超越了学科课程的形态，而且在内容上也逾越了学科课程内容的范畴。以此为基础，本书中的职业素养课程虽然直接目的是整合学术课程和职业课程，但在课程内容上却包含了更为广泛的职业知识。

基于学术课程与职业课程整合的视角，与应用学术课程模式旨在培养基本学术能力与职业要素的整合素养而实现建构不同的是，职业素养课程更多的是为培养学生高级的职业通识能力或关键能力而建构的综合型课程。因此，虽然职业素养课程在整合学术课程与职业课程知识的基础上旨在实现更广泛职业素养的融合，但是并不等于职业素养课程就是一个包罗万象的课程，在具体实施的过程中，也需要分解为不同类型的职业素养课程。

从纵向的线性维度看，职业素养课程包括职业引导认知课程、职业典型素养课程、职业高级综合课程（见图7-5）。其中的职业引导认知课程和职业高级综合课程都分别为一门综合课程，职业引导认知课程对学术课程与职业课程的直接整合性较弱，更多的是指向对职业

---

① 张华：《课程与教学论》，上海教育出版社2000年版，第268页。

领域的初始认知水平与意识的培养，引导学生形成对职业岗位的总体认知，在通常情况下会放在所有课程的最前端开设，如服装导论、旅游概论、眼科学基础等。职业高级综合课程则是在所有课程结束之后开设的一门统整性的综合课程，是对学术课程与职业课程的一种高度整合，一般会放在一个学段的最后时间进行，也叫顶点综合课程（将在第三部分详细解读）。职业引导认知课程和职业高级综合课程的共同之处在于，两者都是从职业岗位对职业人综合素养的需求出发进行组织课程，体现了学术性与职业性的高度融合。

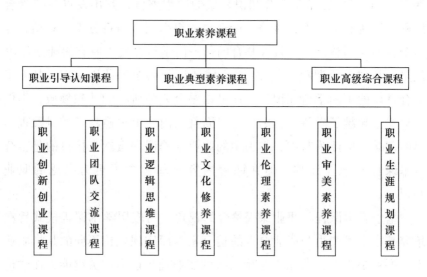

图 7 – 5　职业素养课程体系结构

　　这里讨论的重点是第二层次的职业典型素养课程。如图 7 – 5 所示，从所培养的具体职业素养出发，这类课程又分为不同的具体门类。在现实的职业教育实践中，也有部分职业院校开设了典型职业素养课程模块，但总体上不系统，分类不明确，种类不统一。职业典型素养课程模块的建构首先需要分析现代社会中职业世界对职业人综合职业素养的要求有哪些。根据前面职业课程能力目标的分类，在现代职业世界中职业人要高效率地胜任职业岗位，必须具备职业创新意识与创新思维能力、职业团队精神与合作品质、职业关键问题解决能力、批判思维与逻辑推理能力、职业情感与归属意识、职业综合伦理素养、职业审美素养、职业持续学习能力等综合职业素养。那么，对应这些典型的综合职业素养，职业典型素养课程可以分别为职业创新创业课、职业团队交流课、职业逻辑思维课、职业文化修养课、职业伦理素养课、职业审美素养课和职业生涯规划课等系列课程。因此，与职业引导认知课程和职业高级综合课程相比，这些典型的职业素养课在培养高级职业素质或能力中更有针对性，而且是将普通的高级职业素养与具体的职业领域相结合，而不是泛泛地培养普适的高级职业素养，体现了学术性与职业性的较强融合。

其中，职业创新创业课在"大众创业、万众创新"的今天，对于职业院校的学生非常重要。未来职业院校的毕业生，一方面需要在自己的职业岗位上通过创新的意识实现对产品的个性化改造，驱动制造业的发展；另一方面也将有部分学生通过自己的努力在所学行业领域自主创业，这些都需要创新创业的品质。职业团队交流课，对于职业学生未来在整体主义工作过程导向的职业环境中所需的团队协作技能的养成相当重要，在一个人不能完成所有工序的情况下，流水线的分工合作可以大大提高效率。职业领域关键问题的解决、传统思维模式的批判以及新的工作方式的发展都需要较强的逻辑思维能力，这就需要职业院校通过案例教学的方式开设逻辑推理、思维发散、典型问题解决等课程模块。职业文化支撑着一个企业的发展，这首先需要将职业文化烙印在"准职业人"的心田中，方能在未来的职业岗位中生根发芽，进而在传承职业文化的基础上创新职业文化，这成为职业文化课程的基本任务。如果说职业德育课是为完成国家课程的任务而开设的系列课程的话，那么职业伦理素养课则是对德育序列课程中狭义的"职业道德"课程的进一步强化或专业化，这对于学生职业归属感的养成、意志品质的训练有着重要的作用。职业审美素养课则是为提高职业学生在未来的工作岗位上敢于发现美、享受美和创造美的精神，进而高质量地完成工作任务。职业生涯规划课是为培养职业学生能够在自己的专业行业领域更好地规划自己的人生，具备学会学习、持续学习的能力和方法，实现自己的可持续发展。

对于典型素养课程的具体组织方式，以职业文化修养课为例加以说明。虽然职业素养课是基于"广域课程"的理论进行建构的，超越了学科课程整合的意蕴，但是本书仍需要从学术课程与职业课程整合的视角进行论述。也就是说，如何从整合的视角将普通的文化修养课与特定的行业专业相联系。在这里，以高职院校汽车制造类专业为例，探究如何组织汽车职业文化修养课（见图7-6）。在课程内容的选择上，可以将工业文明发展史、汽车产业发展史、汽车动力发展史、品牌汽车文化史以及汽车销售文化、汽车装饰文化、汽车燃料文化、汽车展览文化等实践文化作为不同的课程模块融入教材中。在具体的每个模块的教学素材选用上，可以根据不同模块的性质特点，综合采用文字介绍、图片展示、视频播放的方式进行；同时还可以将职业文化课堂推到实践中，通过实景观摩、现场演示、学徒训练的方式进行职业文化的熏陶。汽车职业文化的养成，可以促使"汽车职业人"高端职业文化品位的彰显，进而才能做到在与汽车客体、顾客主体沟通的过程中实现游刃有余。因此，职业文化不是抽象的，也不是仅仅形体塑造、衣着打扮等方面的简单做作，而是与特定行业直接关联的综合职业文化修养的优质打造，这正凸显出抽象学术素养与具体职业情境相互融合的课程整合意蕴。

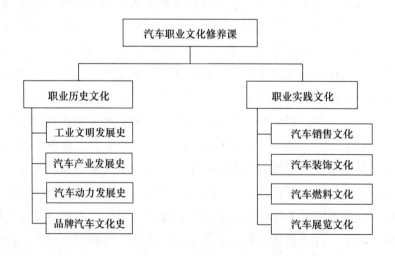

图7-6　汽车制造类职业文化修养课程结构

三　职业顶点综合课程

职业顶点综合课程，作为职业素养课程的最高整合方式，是借鉴于美国教育实践的一种课程模式。顶点课程（Capstone course）之"Capstone"原意为"顶石"或"压顶石"，属于建筑学科中的一个术语，指位于拱桥、拱廊、窗户等的顶端，通过横跨两边旨在增强整体结构力而架设的石头。[①] "Capstone"可以进一步引申为"顶点、巅峰"的意思。因此，顶点课程应该就是位于某一体系的顶端，具有整合意蕴的一种课程类型或模式（见图 7-7）。

图 7-7　顶点课程示意

关于顶点课程的含义，目前还没有统一的说法，不同的学者有不同的理解。例如，瓦格纳（Wagenaar）认为，顶点课程是一种终极性课程，是学生教育生涯的顶峰体验，他们被期待在这种体验中整合、拓展、批判和应用在学科领域和跨学科领域的学习中所获得的知识。[②] 杜尔（Durel）认为，顶点课程"是位于系列课程终端的、以把相对片段性的知识整合成一个整体为目标的'皇冠式'课程或学习经历"，它是学生学完一系列课程之后出现的一种最精彩、最完美的课程，是学生从在校生转变为毕业生的"生命礼仪"，它促使学生回顾和理解过去的课程学习经历，并在这种经历上向前展望生活。[③] 克伦基尔顿（Crunkilton）等则把顶点课程定义为"要求学生合成以前所

---

① 刘小强、蒋喜锋：《质量战略下的课程改革——20 世纪 80 年代以来美国本科教育顶点课程的改革发展》，《清华大学教育研究》2010 年第 2 期。

② Wagenaar, T. C. , "The Capstone Course", *Teaching Sociology*, Vol. 21, No. 3, 1993, pp. 209 - 214.

③ Durel, R. J. , "The Capstone Course: A Rite of Passage", *Teaching Sociology*, Vol. 21, No. 3, 1993, pp. 223 - 225.

学知识、将新信息整合进原有知识基础，以解决各种模拟或现实世界问题的一种有计划的学习经历"，"它促进学生从学术生活向职业生涯或深入研究阶段的顺利过渡"。[①] 此外，海尼曼（Heinemann）还认为，顶点课程是学生从教育到职业的转折点，既应该为学生提供一个对过去学习的类似闭幕式的总结，又应该为学生提供一些新主题的探索，以帮助他们超越现有知识范围，达到一个新的境界，从而能够面对工作世界的挑战。[②③]

从以上关于课程概念的诠释中，可以总结出顶点课程所具有的几个主要特点。一是终端性，即顶点课程位于一系列课程结束之后的终点阶段，是特定阶段学习结束之后的一种总结性课程，因此，在时间安排上一般处于特定时间段的末期；二是综合性，即这种课程不是特定狭义知识体系的课程内容组合，而是对过去不同类型的、碎片式的课程知识体系的整合，以体现工作世界需求的系统性、知识建构的一体性和人格特征的整体性，旨在培养综合的职业能力；三是过渡性，是指逐步将过去所学知识与未来工作世界或科学世界相互联系的过程，尤其是从理论到实践、从学校到工作的过渡，是一座提供回顾过去、展望未来的桥梁；四是巅峰性，就如同马斯洛需要层次理论一样，处于最顶端的自我实现愿望达成的体验是一种巅峰的体验，是一种从未有过的满足感和兴奋感，当学生走到课程体系的最顶端，享受于整合式的课程知识体系给自己带来的快感时，就如同田径运动员达到终点一样兴奋，因为只有这种整合式的课程内容才是他们想要的，只有在这种课程经验的学习中才能实现对综合职业能力的达成。

职业顶点课程设置的终极目的，是培养学生在未来复杂工作环境中所需的问题解决能力、批判思维能力、项目执行能力、团队协作能

① Crunkilton, J. R., M. J. Cepica and P. L. Flunker, *Handbook on Implementing Capstone Courses in Colleges of Agriculture*, Publication Prepared for Project Funded by USDA, CSRS, Higher Education Challenge Gr ants Programme, 1997, p. 20.

② Heinemann, R. L., *The Senior Capstone*, *Dome or Spire*, Paper Presented at the Annual Meeting of the National Communication Association, Chicago: US, 1997, pp. 19 – 23.

③ 叶信治、杨旭辉：《顶点课程：高职学生从学校到职场的桥梁》，《中国高教研究》2009 年第 11 期。

力以及展现自我能力等方面的综合职业能力。① 这与职业教育学术课程与职业课程整合的课程价值观不谋而合，因此，可以作为整合学术课程与职业课程的一种经典模式。如前所述，顶点课程具有整合所学课程知识的特点，处于系列课程的末端，因此，同样可以在学术课程与职业课程学习结束之后设置一门这样的顶点课程。而事实上，在美国职业教育的实践中，许多职业院校也采取了这种课程模式，如特拉华州的一所职业技术高中所开发的一门由主题论文、产品设计和口头报告组成的顶点课程；俄克拉荷马州立大学技术学院信息技术系开设的"项目管理"和"应用研究与发展"课程，以及该校工程系所设计的"主题设计"项目等。虽然这些院校没有明确指出这类课程的开发是基于学术课程与职业课程整合的理念，但无论是在课程的组织中还是在最终的能力达成中，都有着强烈的课程整合意蕴，这对我国职业教育课程整合的研究与实践提供了借鉴。

　　职业教育顶点综合课程也可以有不同的存在类型（见图 7 - 8）。从时间规划上，顶点课程理论上可分为学期顶点课程、学年顶点课程和学程顶点课程三种。其中，学期顶点课程是在一个学期结束之后，在学期末进行的、旨在整合这一学期所需学术课程知识与职业课程知识的顶点课程，由于整合的时间段比较短，建议可只设置一个学时的学习时间。学年顶点课程是在一个学年结束之后，旨在整合整个学年所学课程知识的课程类型，尤其是在第一学年一般学校都会开设除了学术课程之外的一些专业通识课程或专业引导认知课程，如果在这些课程学习结束之后再设置几个学时的顶点课程，将能更好地整合学生所学知识，更好地将学术课程知识应用于专业课程的学习中。学程顶点课程，则是在所有的课程结束之后、在临近毕业前所开设的一门顶点课程，由于跨度时间较长，因此可以作为一门单独的课程维持一学期甚至一学年进行。学程顶点课程是最为现实的一种顶点课程模式，它具有整合一个专业所有课程知识的功能，旨在实现学生从学校生活

---

　　① 陈鹏：《澄明与借鉴：人本主义视角的美国职业教育研究》，中国社会科学出版社2016 年版，第 84 页。

到工作生活的平稳过渡，并最终培养学生理论联系实际、项目总体设计思维的综合职业能力。此外，顶点课程也可以从专业跨度视角分为学校顶点课程、院系顶点课程和专业顶点课程（这里的三级课程由于和应用学术课程的三级课程有着相同的道理，故不展开论述）。

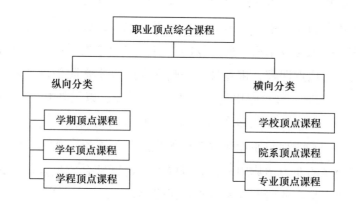

图 7 - 8　职业顶点综合课程类型

现以学程顶点综合课程为例，说明职业顶点综合课程的具体设计与实施过程。事实上，在我国职业教育的现实实践中，已经存在学程顶点综合课程的具体案例，最为典型的就是毕业设计（论文）。这种典型的顶点课程，一般是放在三年的最后一年或最后一个学期进行，在高职阶段比较普遍。毕业设计（论文）的设置，为整合已经学习过的学术课程知识和职业课程知识提供了基本的载体和最好的时机，学生可以充分利用这一毕业设计（论文）创作的过程，基于将要从事的职业岗位的综合需求，将所学知识综合运用其中，最终可以培养学生系统分析问题、解决问题的能力。尤其在高职阶段，在副学士或"工士学位"或应用本科学士学位逐步受宠的今天，一定要充分利用好毕业设计（论文）这一主要的顶点综合课程。

借鉴美国的"主题设计"式顶点课程的设计思路，以机械设计类专业为例，毕业设计（论文）应由典型产品设计、专题论文写作和口头陈述报告三部分组成（见图 7 - 9）。其中，典型产品设计与专题论文写作必须围绕同样的主题进行，两者最后必须通过口头报告的形式陈述出来。毕业设计（论文）这一综合课程必须由院系主任牵头，联合所有学术课程教师、职业课程教师以及企业专家代表、学生代表等组成课程开发团队，通过深入企业专题调研、头脑风暴座谈会等形式，围绕企业对学生综合职业能力的需求以及学生的个性特点和知识水平，设计一系列课程专题任务，例如可包括机械图纸的创作、零部件的设计、模具的铸造、小型器件的组装等方面的主题内容，供学生在一个学年开始的时候在导师的指导下做出选择。选题确定以后，学生在校内指导教师和企业指导教师的联合指导下进行典型产品的设计和论文的写作，产品设计与论文写作同步进行，论文主要通过书面语言的方式展示产品设计的基本思路、结构模型、主要用途等，设计的产品应能够以形象化的方式将自己的设计思路呈现出来，这是比较接近真实世界的一种能力体现。最后，当产品设计和论文完成以后，学生必须将自己的设计思路和产品特点通过口头化的语言面向教学专业委员会的所有成员进行陈述，评审通过后方可毕业。教学专业委员会必须由校方教师和企业专家共同组成。口头表达能力的展示，可以体现学生基于所学学术知识和专业知识基础上的综合逻辑思维能力，既是对产品创新和设计思路的再现，也是以后在工作岗位上自我展现能力的基本需求。

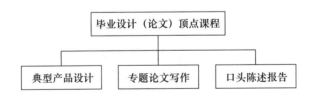

图 7 - 9　毕业设计（论文）顶点课程模式

总而言之，职业教育综合一体型课程整合模式在课程形式上超越了单边主导型课程整合模式以原有学科课程为主导的课程组合方式，不再依赖于单边的学术课程或职业课程，而是将学术课程知识与职业课程知识的整合程度更进一步，且学术课程和职业课程的地位相互平等，共同融合于一体化的课程形态中。职业应用学术课程是学术学科与专业知识的直接对接，凸显了课程来源的学术性与职业性的融合；职业典型素养课程从职业岗位对学生某一方面综合职业素养的需求出发整合广域知识，内在地包含学术知识和职业知识；职业顶点综合课程则作为职业素养课程的一种形式，从终端整合的视角实现对整个学段课程知识的整合，显然也体现了对学术课程知识与职业课程知识的高度整合。但是，需要说明的有三：其一，这种综合一体型的课程整合模式并不是越多越好，而是提醒相关职业院校要有开设这种综合课程的意识，通过开发部分典型的综合课程，实现对不同课程知识内容的整合，促使学生综合职业能力的养成。其二，这种课程模式对教师的素养要求较高，并不是所有的教师都能胜任。例如，职业应用学术课程通常由普通学术课程的教师承担，这就需要他们多了解专业特点、学习一定的专业知识，增强"双课程"视野。职业典型素养课程对教师素养的挑战较大，需要教师对特定专业的某一类型典型职业素养如审美素养理论、职业生涯规划理论有专门的研究。对于职业顶点综合课程，则需要在现有毕业设计（论文）的基础上进一步优化设计，保证完成的质量和效果。其三，需要开发有特色的校本课程，尤其在职业素养课程方面，需要结合本校专业资源优势、学校文化特色、区域市场需求等开设一定数量的校本课程，真正体现课程整合的本土化、区域化和校本化。

第三节　我国职业教育集群模块型课程整合模式建构

集群是一个经济学概念，源于英国经济学家阿尔弗雷德·马歇尔（Marshall）在 1890 年提出的"产业区"一词，他最初用这个词来描述处在一个特定区域内由小型专业化公司组成的集聚。在 20 世纪 90 年代，"产业区"逐步演变为"产业集群"，由美国学者迈克尔·波特（Porter）于 1990 年在其著作《国家竞争优势》中最早提出。他指出，"产业集群"就是在特定的领域中，一群在地理上邻近、有相互关联性的企业和相关法人机构，并以彼此共通性和互补性联结。① 借鉴产业集群的概念，集群模块型课程则是围绕特定的中心主题由内容相关、性质相近的若干门课程或课程领域组合起来的一个模块式课程体系。其中的"中心主题"既可以是一项具体的工作任务，也可以是某一个专业或职业领域，甚至可以是围绕某一职业达成的技能培养协议如资格框架、培养方案等。

以集群模块型课程模式为基本范式，基于学术课程与职业课程整合视野的课程组合，既可以是学术课程与职业课程在保持各自相对独立的基础上，实现某种程度的合作；也可以是二者通过将各自的知识系统打碎后而重新整合成的一组课程序列；同时也可以是学术课程、职业课程和其他类型的综合型课程组织在一起的课程模块。在近年的职业教育理论研究和实践探索中，集群模块型课程模式也受到较大关注，如问题中心课程模式、"宽基础、活模块"课程模式、项目课程模式等都在不同程度地实践着，但是这些课程模式虽然目的性较为明确，但并未主动诠释学术课程与职业课程整合的意蕴，因此为进一步澄清职业教育课程整合的范式，本书从学术课程与职业课程整合的视角，将课程整合的集群聚焦于职业典型任务、职业岗位领域和职业资格框架三个方面，进而将集群模块型课程整合方式分为职业典型任务集群模块型课程、职业岗位领域集群模块型课程和职业资格框架集群模块型课程三种课程整合模式。

一　职业典型任务集群模块型课程

某一职业岗位的完整工作过程是由若干个典型职业任务组成的，要设计适宜工作岗位的完整课程体系，首先需要围绕相关的典型职业任务设计合适的课程模块。因此，职业任务集群模块型课程则是针对完整工作过程中某一特定的职业典型任务设计的一系列课程组合。在这一课程模式中，集群的中心主题就是典型的职业任务，课程体系的主体就是围绕典型任务所形成的课程群。职业典型任务课程设计模式

---

① 彭移风：《产业集群人才需求与职业技术结构优化》，《高等工程教育研究》2007 年第 1 期。

源于20世纪30年代美国进步主义学派的活动中心、问题中心课程模式的理论和实践。杜威认为，教育即生活，教育要与生活相联系，倡导"做中学"，主张围绕社会问题的解决建构课程，将学科知识内容整合到儿童的主题活动中进行，通过设计各种不同类型的活动，促使学生对生活技能的掌握。与此同时，进步主义学派还进行了"问题中心"课程模式的八年实验。在实验中，学校采用核心课程设计方式，建构的课程以学生正在和将要面对的社会问题为核心，突破了传统学科的界限，例如，将阅读、写作、语法整合为"语文"，将历史、地理整合为"社会"，将物理、化学整合为"科学"。① 实践证明，"问题中心"的核心课程实验取得了较好的效果。

在继承与发展进步主义教育思想的基础上，20世纪50年代以后，美国出现了改造主义教育哲学，该理论认为学校应该担负起主动服务社会的使命，并重构整合式课程体系。其中，改造主义代表人物布拉梅尔德（T. Brameld）提出了"未来中心"教育理念，从教育指向未来的目标出发，设计出了著名的"轮形"课程模式（见图7-10）。这一课程模式由轮轴、轮辐和轮辋三部分组成，其中"轮轴"代表课程组织的中心主题；"轮辐"代表围绕中心主题建构的各种课程；而轮辋联结所有相关课程的学习，使整个"车轮"形成一个有机整体。② 可以说，这种"轮形"课程是一种典型的任务集群模块型课程，它以特有的社会问题为组织课程的中心主题，而社会核心问题任务的解决不是靠一两门课程就能完成的，也不是由相互割裂的若干学科课程来实现的，而是由具有相互关联的课程或课程模块组合而实现，其中轮辋起到关联、整合各种课程模块的作用。

就职业教育而言，其课程的建设同样应指向社会问题的解决，这种社会问题集中地表现在职业岗位的典型任务上。就职业岗位典型任

---

① 黄志红：《课程整合：历史及启示》，《教育导刊》2011年第15期。
② 张华：《课程与教学论》，上海教育出版社2000年版，第270页。

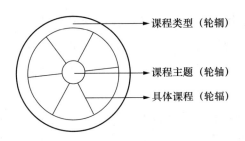

图 7 - 10　轮形课程模式

务的解决，也已经出现过一些典型的课程模式，其中以北美的能力本位的课程开发模式（CBE）为典型代表。这种课程模式从职业任务技能的构成出发组织课程，以行为主义的理论为导向，将整个职业工作过程分为若干技能序列，并根据每个技能序列的需求建构有针对性的课程包，最后组合成一组课程序列模块。这种课程模式在 20 世纪七八十年代受到全球追捧，在培养职业岗位需求的典型任务技能方面取得了重要成功。但是这毕竟是一个技能本位的课程观，它分散了系统化的工作过程，割裂了各个工序之间的联系，因此，不是从整合的视角构建课程，而是从分化的思路解构课程。那么，本书将从学术课程与职业课程整合的思路，将典型的职业任务作为一个整体，探究围绕这一典型职业任务的完成应该由怎样的课程结构组成。在这里，主要借鉴美国学者金奇洛的"问题中心"课程模式和德国的学习领域课程模式，建构学术课程与职业课程整合视角的职业典型任务集群模块型课程模式。

　　首先，美国后现代主义学者金奇洛于 1995 年在其著作《辛劳与忧虑：好工作、智慧劳动者以及学术与职业教育的整合》一书中，给我们提供了一个学术课程与职业课程整合的基本思路。他基于"问题中心"的课程组织理论，构建了一种面向特殊社会需求的由多种渗透职业内容的学术课程组成的一种课程模式。他以"社会暴力"为例，从社会学、心理学、数学、科学、文学、物理等多种学术课程的视角探究如何将"社会暴力"这一社会问题融合到不同学术课程的学习中。他指出，围绕"社会暴力"这一核心专业问题，在社会学和心理学课程中可以渗透暴力事件形成的社会学或心理学成因；在数学中可以通过数学公式的运用对暴力的相关数据进行统计分析；在科学课程中可以通过研究暴力行为形成的生物学原理；在语言和文学中可以讲述有关暴力的小说或纪实性文章；在物理课程的学习中，可以教给学生在面对可能的袭击时运用物理学的相关理论进行自我防御等。[①] 由此可见，这种课程模式将"社会暴力"问题的分析、解决与应用作为一种课程集群的核心主题，进而将职业要素渗透到不同的学科内容中，对于职业教育典型任务解决课程模式的建构有着重要的指导意义。

以"问题中心"课程整合理论为基础，在我国职业教育课程体系的建构中，也应围绕某一职业典型任务的解决进行不同学术课程内容的渗透。以高职的服装设计专业为例，围绕"服装造型设计"这一典型的职业任务，应通过不同方式将这一典型职业任务要素渗透到大学语文、英语、高等数学、思想政治、大学体育等学术课程中，教给学生利用不同的学科课程知识解决"服装造型设计"相关领域的问题。例如，在大学语文和英语课程中可以植入中外服装设计史、服装设计师、服装展销会等文本内容，让学生通过在语言的学习中了解中外服装设计的历史嬗变、中西方服装设计师的优秀品质以及各类服装展览中需要注意的职业素养；在高等数学中可以渗透服装设计中有关量体、裁剪中数据统计的例题，使学生在具体的职业任务解决中掌握有关数学的量化计算原理和方法；在思想政治的系列教材中，可以将服装设计的相关职业伦理品质融合到职业道德课程的有关内容中，将服装设计的价值观和消费观融合到哲学、政治经济学等课程的有关内容中；同时也可以将运动品牌服装的设计与大学体育课程联系起来，让学生们通过自己的身体力行体验运动服装的设计原理和规格要求。这种融合多种学术学科视角的职业典型任务集群模块型课程模式可以用修订的布拉梅尔德的"轮形"课程模式来表示（见图 7 - 11）。其中，

① Kincheloe, L., Toil and Trouble: Good Work, Smart Workers, and the Integration of Academic and Vocational Education, New York, NY: Peter Lang Publishing, Inc., 1995: 286.

轮轴代表中心主题"服装造型设计"，两个轮辐之间的部分代表整合职业典型任务的学术课程（此处为表明课程的容量性，与原"轮形"课程模式的解说有所不同）；轮辋代表整合理念下服务于典型职业任务课程体系。

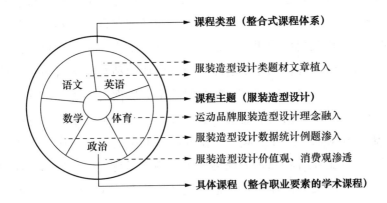

图7－11　"问题中心"式轮形课程体系结构

与此同时，职业典型任务集群模块型课程模式的建构还可以借鉴德国20世纪90年代中期以来提出并得以推广实践的学习领域的课程模式。德国学习领域课程模式主要是针对传统双元制模式下分科课程设置的弊端，旨在培养综合的关键职业能力，包括专业能力、人格能力和社会能力，将专业理论、专业制图、专业计算以及专业实践糅合在一起，从典型职业任务对技术知识和隐性工作过程知识的需求出发，建构而成的整合式学习领域课程模块。因此，学习领域课程模式无论是从课程目的还是从课程知识的包容方面都体现了较强的整合理念，虽然其没有明确表明将传统的学术课程包含在内，但至少从课程目标、课程知识的组成这两个方面就足以看出它对学术课程知识某种程度的融合。在课程的具体组织方面，一个典型的职业任务就代表一个学习领域，意味着一个学习领域就是一个整合所有知识的完整的"课程包"。这一"课程包"指向典型的职业任务，分别由工作的对象、工作的工具、方法、组织以及工作的要求五个课程序列组成。

同样以高职的服装设计专业为例，探究学习领域课程在"服装造型设计"这一典型职业任务中的组织机理（见图7-12）。根据学习领域课程模式的组织原理，"服装造型设计"工作任务的对象是特定款式的服装模型；在设计这一服装模型中所需要的专业工具包括 Au-toCAD、Painter 等设计软件；工作方法则是如何使用这些工作过程中的专业工具；工作组织可以理解为服装设计师在设计服装的过程中与公司内其他相关岗位的职业人在服装设计、生产、运营过程中的工作衔接与合作的过程；工作要求即是服装设计的利益相关者包括设计公司、服装经销商以及顾客等主体对服装不同层面的要求，例如设计公司的成本控制、经销商的造型要求以及顾客的风格要求等。这些不同方面的工作对象、工作工具、工作方法、工作组织和工作要求在技术知识和隐性工作过程知识方面的要求就构成了特定学习领域的课程内容。因此，服装设计师如果要想利用科学的工具和方法，在友好的团队合作中，制定满足各方需求的特定服装模型，就必须学习不同领域的课程内容知识，这体现了学术课程知识和职业课程知识基于典型职业任务的深度融合。在这里，需要指出的是，课程结构图中的各个具体领域的课程如设计原理、AutoCAD 制图软件、成本预算等并不是传

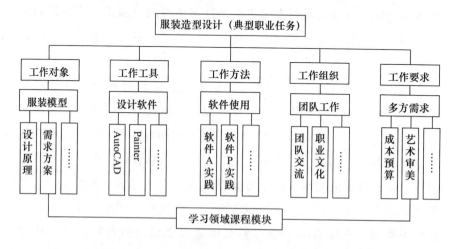

图7-12　"服装造型设计"学习领域课程体系结构

统的大而全的独立的学科课程，而是围绕如何优化"服装造型设计"这一任务领域而选择的关键知识领域，以针对性地达成核心任务技能和综合职业素养。

二　职业岗位领域集群模块型课程

职业岗位集群模块型课程，就是围绕特定岗位领域对知识、技能、态度的需求，由若干门相关的课程或课程领域组织起来的集群式课程模块。与典型职业任务集群模块型课程模式不同的是，该模式是聚焦于整个职业岗位的需求，集中若干个典型职业任务。职业岗位领域集群型课程对应于职业院校中特定专业领域的课程体系，因此在此主要从职业教育专业领域的视角探讨课程体系的建设。前已述及，我国职业教育课程体系的建构先后经历了知识本位课程观、技能本位课程观、人格本位课程观和素质课程本位观的演变，不同课程本位观视野下职业教育课程体系呈现不同的组织形式，因此也就存在不同形态的职业岗位集群型课程。其中，知识本位课程观主要围绕学科知识系统性建构逻辑来组织课程，建构由学术课程、职业基础课程和职业核心课程组成的课程体系；技能本位课程观从职业岗位任务技能的需求出发，建构由不同任务领域的专门课程组成的课程体系；人格本位课程观主要从健全职业人格的养成出发，建构不同类型的职业人文课程体系；素质本位课程观则从全面发展的职业人素养需求出发，建构多元课程组成的课程体系。各种课程体系虽然都有各自的组织中心和价值取向，但最终都是驶向职业岗位的彼岸。不过源于每种课程观及其课程体系有着不同的缺陷，本书将从整体主义的视野，基于学术课程与职业课程整合的视角，研究对接职业岗位需求的专业领域课程体系。

基于学术课程与职业课程整合视角的职业岗位集群模块型课程体系的建设，无论在国际还是在我国职业教育实践中都已经有了成功的经验和典型模式。例如，美国自20世纪90年代以来，逐步探索形成了包括串联模式、集群课程模式、学习型社区模式、校中校模式和磁石学校模式等不同级别的职业领域课程体系，这些模式分类的标准主要是职业岗位集群的程度以及所组成课程的数量。德国的学习领域课程体系则是由若干学习领域的课程模块组合的一体化课程体系。受西方职业领域课程整合模式的影响，我国的相关研究者从 20 世纪 90 年代初期也开始自主探究适宜中国职业教育实践的职业岗位集群型课程整合模式，其中以北京朝阳区职教中心蒋乃平先生提出的"宽基础、活模块"课程模式为典型代表。其中的"宽基础"课程是围绕广域职业岗位领域的集群型课程，培养的是广域职业岗位领域的通用技能；而"活模块"则是围绕特定职业岗位形成的集群型课程，培养的是特定工作岗位的专门技能。因此，职业岗位集群模块型课程在专业领域中也存在不同的层级。根据最新的专业目录，目前我国中职学校的专业领域由 19 个专业大类、321 个专业和 927 个专业（技能）方向组成；高职专业领域由 19 个专业大类、99 个专业小类和 747 个专业组成，其中部分高职的具体专业还有相关的专业方向。如果从专业领域课程的不同级别划分，则存在从小到大、逐层推进的职业教育课程体系。在这里，主要探究职业院校中具体专业层面的集群型课程体系。

从组成课程体系的具体课程类型出发，学术课程与职业课程整合视角下的职业教育专业层面的集群式课程体系主要有三种课程组织结构（见图 7－13）。第一种是基于整合理念改良后的学术课程与职业课程的组合，即融合职业知识的学术课程主导型课程与融合学术知识的职业课程主导型课程的组合，这两种课程都分别体现了整合的思想，都相互整合了学术课程或职业课程的异质性知识，两者的再次组合体现了整合基础上的整合，即由整合型课程组成的集群型课程体系；第二种是建立在综合型课程基础上的多元模块序列课程组合，包括职业引导认知课程、职业典型素养课程、职业任务技能课程和职业高级综合课程，其中的职业引导认知课程、职业典型素养课程和职业高级综合课程都是前述的整合学术内容和职业内容的综合一体型课程或课程模块，而职业任务技能课程模块则是为培养典型职业技能任务而设立的专门课程，四种课程类型的组合体现了完成不同能力任务的课程基础上的模块式整合，也充分体现了学术课程与职业课程整合的思路；第三种是建立在前述的典型职业任务基础上的学习领域课程模块组合，如果说基于典型职业任务的学习领域课程是单一领域课程模块的话，那么这一课程体系则是围绕职业岗位领域所需的所有典型职业任务需求的学习领域课程模块的一体化组合，也体现了整合基础上的整合。

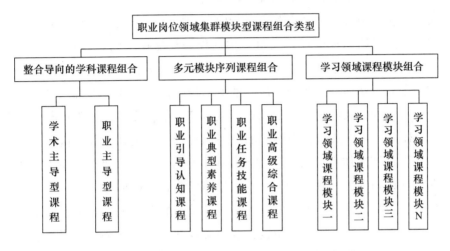

图 7 – 13　职业岗位领域集群模块型课程组合类型

就每种课程体系的运作机理而言，可以借鉴布拉梅尔德提出的"车体课程"体系。前已提到布拉梅尔德所倡导的"轮形"课程模式，但是，他的最终目的是旨在建立一个由若干车轮组成的车体课程体系。他以四年制中等教育为例，将四年的课程结构形象地描绘成由4个"车轮"组成的车体，共同驶向社会改造的彼岸。其中的每一个"车轮"代表每一年的课程集群，四个"车轮"主题各异。[①] 以此为基础，职业岗位领域集群型课程体系则是一个驶向特定职业领域的"车体"，根据课程体系的组合方式不同，分别由不同数量和类型的课程模块即"车轮"组成，所有"车轮"模块共同推动整个专业课程体系服务于特定的职业岗位需求。就整个课程体系的组成而言，有多少个课程模块，就有多少个车轮。如改良的学科课程组合结构，是由

---

① 张华：《课程与教学论》，上海教育出版社 2000 年版，第 270—271 页。

学术导向的课程模块和职业导向的课程模块两个车轮组成；综合课程意义上的多元模块序列课程组合结构，则是由职业引导认知课程、职业典型素养课程、职业任务技能课程和职业高级综合课程四个车轮组成，其中的职业引导认知课程和职业高级综合课程虽然不是由多个具体课程组成，但是其基本原理都是相通的；基于学习领域课程导向的集群模块式组合，则是由若干个指向典型职业任务的课程模块式车轮组成，这是第二种课程模式组合中的任务技能模块的具体化。那么，在同一种课程体系结构中，联结不同课程模块的轮轴则代表专业所指向的中心主题即职业领域，所有的课程模块及其具体课程都服务于这一中心主题，共同为特定的职业领域培养合格的技术技能型人才。

以多元模块式组合为例，围绕高职院校服装设计专业，这一"车体型"的课程体系可用图7－14做具体说明。在这一课程体系中，职业引导认知课程为服装概论，旨在培养学生初步的职业认知技能，以便了解服装设计这一行业的基本素养要求；职业典型素养课程模块可由服装创新设计、服装逻辑设计、服装职业文化、服装审美素养、服装行业伦理和服装职业规划等课程组成，分别培养服装设计行业所需的创新意识、逻辑思维、文化素养、审美品质、道德修养以及生涯规划能力等；职业典型任务技能模块可由服装品牌企划、服装造型设计、打板制版、服装立体剪裁、样衣制作、服装营销与管理等，分别

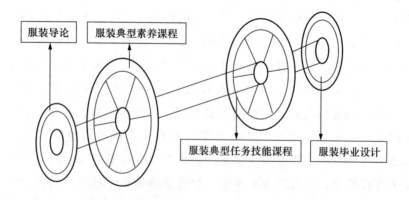

图7－14　服装设计专业"车体型"课程体系结构

培养服装设计相关典型任务所需的专门技能；高级综合课程则为服装毕业设计与论文写作。总体而言，整个课程体系由服装导论、服装典型素养、服装典型任务技能和服装毕业设计（论文）四个课程模块组成，它们围绕中心主题"服装设计"这一中轴共同推进整个专业人才培养的过程实施，最后驶向服装行业领域的彼岸。

但是，布拉梅尔德的"车体型"课程体系并没有体现出课程实施时间的先后序列性，只是呈现了整个职业领域聚焦型课程的基本课程结构及其系统化运行原理。为更加全面地呈现此类课程体系的运行机理，本书借鉴 CDIO 课程模式的基本原理，并在此基础上进一步改进，创造出"一体两翼、机头机尾"式"飞机型"课程体系结构图（见图 7－15）。其中，在飞机的"机尾"代表服装设计引导课程，这是最先需要学习的，旨在为后续课程的学习建立最为基本的职业认知基础；两只"机翼"分别代表服装设计相关的典型素养课和典型任务技能课，二者分别由若干门课程组合而成，在服装设计引导课程结束之后进行，在具体时间的运行上这两类课程交叉进行，即综合职业素养的养成与典型任务技能的培养融合进行、共同推进，两类课程模块在整个课程体系中处于核心的主体地位，也是机身的核心骨架；"机头"则代表高级综合课程"服装毕业设计"，放在整个学程的最后进行，

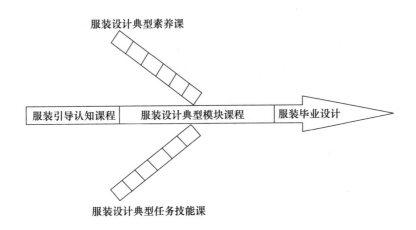

图 7－15　服装设计专业"飞机型"课程体系结构

预示着服装设计专业的学生将要从学习生活走向职业生活，将从非完整的飞机雏形蜕变为成熟的飞机成品，完美的毕业设计意味着飞机设计的大功告成，进而可以成功地驶向服装设计岗位领域这一社会彼岸。

此外，对于非具有先后顺序的扁平式课程序列模块而言，如典型素养课程、典型任务技能课程或者学习领域课程模块的实施则可以在布拉梅尔德所提出的单个"轮形"课程的基础上进一步向外拓展，增加二级和三级模块课程，形成圆环套圆环式的"复合轮形"课程体系结构（见图7－16）。以服装设计专业的典型任务技能课程序列模块为例，在这种课程模式中，一级模块中的模块一、模块二、模块三、模块四、模块五和模块六分别代表服装设计职业领域的服装品牌企划、服装造型设计、制版、服装立体剪裁、样衣制作、服装营销与管理六个典型任务技能模块；在此基础上，基于学习领域课程模式的理

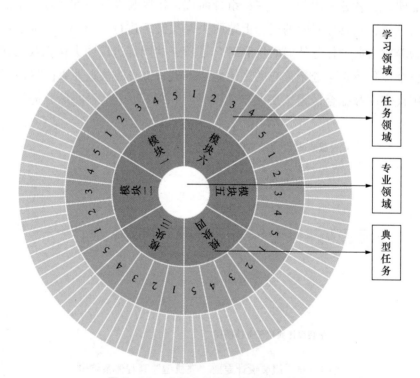

图7－16 "复合轮形"课程体系结构

念，每个任务技能的掌握都需要工作对象、工作工具、工作方法、工作组织和工作需求五个方面（即图中的数字 1—5）的学习任务领域组成，这就构成了第二级模块组合；最后，还可以将每个工作要素领域所需的技能知识模块进一步拓展为三级学习领域模块，第三级学习领域是具体的学习内容，各二级模块中三级学习领域模块数量不尽相同，图中的数量仅是虚数。至此，整个"轮形"课程结构体系形成，学习领域模块根据技能知识的级别逐层拓展、细化和深入，所有学习领域模块共同致力于整个专业领域典型技能的形成。从前述的学习领域课程模式的介绍中，各任务技能指向的五大要素组合内在地包含了对学术知识与职业知识的整合要求，因此，这一"复合轮形"式职业教育典型任务的课程体系结构通过各工作要素不同课程学习领域的组合，也就凸显了学术课程与职业课程整合的意蕴。

三　职业资格框架集群模块型课程

职业资格框架集群模块型课程模式，是指职业教育围绕标准化的职业资格框架对能力及其水平的要求而设置形成的课程模块化组织模式。职业资格框架本质上体现为统一的职业资格证书制度，有学者认为，职业资格证书课程体系是现代职业教育课程体系的理想形态，因为建立在对学科本位课程批判基础上的职业教育课程体系往往遵循的是"专业对应工作岗位"的基本思路，即针对职业岗位领域对知识和技能的需求建构课程，这并不能满足现代职业教育对工作任务分析的质量和标准化的要求，因此必须转变思路，建立统一的职业资格证书制度，指导现代职业教育课程的标准化建设。[①] 课程建设的标准化本质上遵循的是一种文化中心导向的课程化，是制度化课程建设的一种重要体现。从美国的课程论专家米勒、阿普尔到英国的课程论学者麦克·扬都一致表示，课程是一种文化符号，具有意识形态的导向性，代表国家的意志和文化要求。国家职业资格框架既然是国家层面的标准化课程设置指导方案，理应体现国家的理想和意志特征，不仅仅象

---

① 汤霓、石伟平：《我国职业资格证书课程体系构建的逻辑起点、核心要素与制度保障》，《中国高教研究》2015 年第 8 期。

征着国家经济社会对人才能力的标准化需求，而且还渗透着国家特有的文化烙印。因此，建立在国家职业资格框架基础上的现代职业教育课程体系充溢着国家层面对人才素质的综合需求。

基于学术课程与职业课程整合的思路，现代职业教育课程体系也应围绕国家职业资格证书制度建立，形成标准化的职业教育课程模式，体现国家整体发展战略对高素质技术技能型人才培养的新需求。无论是职业典型任务集群模块型课程模式，还是职业岗位领域集群模块型课程模式，其课程建设的基本思路都是以"专业对应岗位"为基础的，虽然突破了传统的学科本位课程开发模式，强化了知识与工作任务的联系，但并没有解决课程设置的统一性与标准化的问题。目前，我国虽然建有"国家职业资格证书"制度，但主管部门属于人事部或其他职能部门，且名目繁多、不统一，再加上各种体制机制的不健全以及职业院校专业标准建设的滞后，导致教育内部的课程体系与国家职业资格证书对接不紧密。综观发达国家尤其是欧盟主要国家，都纷纷建立了统一的国家资格框架体系，引领了各级各类教育的纵向衔接和横向融通。以英国为例，自 20 世纪 80 年代末期开始，先后建立了国家职业资格证书（NVQ）、普通国家职业资格证书（GNVQ）以及国家资格框架（NQF）、资格与学分框架（QCF）、标准资格框架（RQF）等资格证书制度，并曾于 1995 年将教育部与就业部合并为教育与就业部，同时整合成立了"资格与课程局"，从制度上统一了教育与工作的联系，并实现了学术教育与职业教育等值，引导着职业教育的专业设置及其课程内容与职业资格框架紧密对接，体现了基于职业资格框架体系下的学术课程与职业课程的整合，致力于国家需求的高素质技术技能人才的培养。

职业资格框架集群模块型课程以规范化和标准化的职业资格证书为课程设置的中心和课程目标导向，职业教育培养什么样的能力无须浪费过多的精力去工作场所中寻找，而是直接可以在资格框架中找到相关的能力及其水平规定。职业资格框架课程体系建立的目的旨在通过打破传统的"知识累积式"纵向课程组织，建立一种"能力累积式"的横向模块式课程组合方式。① 与此同时，从学术教育与职业教育整合的立场，职业资格框架集群模块型课程模式也在为沟通普通学术教育与职业教育、实现二者知识和技能累积的等值、促进学生的双向流动等方面提供重要的基础。这也在很大程度上体现了学术课程与职业课程的整合意蕴，只是将课程的整合扩展到两种教育方式大的框架下进行，而且事实上职业资格框架下职业教育课程在普通教育中的植入模式，也是一种名副其实的学术课程与职业课程整合的方式。因此，职业资格框架集群模块型课程模式也是一种值得关注的学术课程与职业课程整合的模式。

在这里，可以借鉴英国的资格与学分框架（QCF）体系，来构建相应的课程模式。从 2008 年开始批准实施的学分与资格框架体系（QCF），包括学分、学习单元、级别、学分量和资格等基本要素②，其中"学习单元"是资格获得的核心内容，每个单元一般包括名称、学习内容、评估标准、学分、级别五个方面，且每个学习单元都具有一定的分值，学习者完成一个特定的学习单元并经过合格评估后方可获得相应的学分。③ 总体而言，英国 QCF 包括九级、三类共 27 种资格认证，每种认证都有不同的"学习单元"组合，只有完成规定数量的"学习单元"且取得相应的学分后，才能申请相应的资格认证。因此，要构建合格的课程体系，必须要有统一的标准化的资格框架体系。为此，我国的教育部门、人事部、各职能部门必须以 2015 年颁布的《中华人民共和国职业分类大典》为基础，以职业教育"学分制"改革为契机，协同制定符合中国行业特色的、与普通教育相互融通的职业资格框架体系，指导职业教育课程改革的进程，体现更多的课程整合意蕴。

---

① 汤霓、石伟平：《我国职业资格证书课程体系构建的逻辑起点、核心要素与制度保障》，《中国高教研究》2015 年第 8 期。

② 董显辉：《英国资格与学分框架研究与汲取》，《中国职业技术教育》2013 年第 9 期。

③ 吕盈盈：《全纳与融通——英国〈资格与学分框架〉探析》，《世界教育信息》2015 年第 8 期。

以统一的职业资格框架为基础，职业教育学术课程与职业课程整合的课程模式将是建立在"学习单元"基础上的模块化课程组合方式。职业资格框架集群模块型课程模式如图 7-17 所示，××领域 N级职业资格，这一职业领域可以以《中华人民共和国职业分类大典》为基础在全国范围内进行统筹分类，并根据我国劳动力市场的需求逐年更新，增加新的职业，删除消失的职业；N 级代表职业资格的不同级别，这个需要按照我国普通中等教育、普通高等教育、职业教育以及相应行业岗位的等级和水平进行统一划分，使同一级别的学分认证实现在不同教育类型之间相互等值；证明、证书、文凭则为每种职业资格根据学习单元的学习效果和得分情况对学生分别在学习成绩、学业水平以及学历程度三个等级方面进行资格认证；学习单元则是每种资格认证达成所需的学习内容要求，每个"学习单元"代表一个学习模块，每种职业资格的获得必须由若干个"学习单元"组成。职业教育课程体系的建构必须以每种职业资格对应的"学习单元"进行设置，形成课程组合的模块化序列，通过学习领域的模块化组合体现课程整合的意蕴。在这里，学术课程知识与职业课程知识将不是单独进行的，而是与其他相应的职业知识融合后，根据工作领域的需要重新

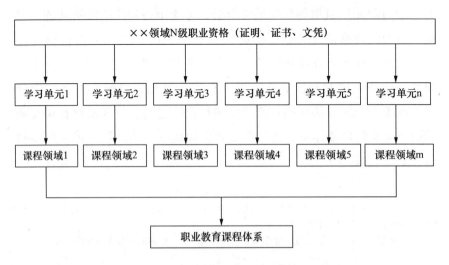

图 7-17　职业资格框架集群模块型课程模式

组合成的学习领域，即由资格框架中的"学习单元"导出的课程领域，不同的课程领域代表一个课程模块，所有课程模块共同组成了一个集群式课程体系。

职业资格框架集群式课程整合模式，不仅从内部课程建设的视角做到了微观的学术课程与职业课程的整合，而且还从外部教育供给者的角度以学术教育与职业教育融合的方式实现了较为宏观的学术课程与职业课程的整合。就如同英国学分与资格框架而言，统一性职业资格框架的建立旨在打通普通教育与职业教育、中等教育与高等教育纵横交融与互通的渠道，实现同一级别不同类型资格等值以及同一类型不同级别的学分置换，为学生未来的职业生涯提供了更为宽广的选择路径，拓宽了学习方式，灵活了学习时间和形式。在我国现代职业教育体系建构的过程中，一直在倡导的职业教育与普通教育相互融通的理念为职业资格框架下课程体系的建设不仅提出了挑战，而且供给了机遇。在完善职业资格框架的基础上，建构的模块化集群式课程模式可以通过多元课程模块组合的方式，为学生在普通教育与职业教育之间相互转换、交叉螺旋规划自己的职业生涯提供理想的发展路径。职业教育与普通教育的互通发展、职业资格证书与学历教育证书的等值内在地包含学术课程知识与职业课程知识整合的意蕴，将这些知识融合于多元选择的学生身上，就形成了一个综合职业能力发展的完满职业人。

综上所述，职业教育集群模块型课程模式与单边主导型和综合一体型课程模式相比，它不是一门课程，而是由一组课程模块组成的学习任务包，并围绕不同的集群中心产生不同组织方式的课程体系。总体而言，从典型的任务技能导向到整个职业岗位领域导向，再到基于职业岗位领域对能力的需求建构的资格框架导向，其本质上都是围绕职业岗位的技能需要设置的课程，既不是传统的学科导向的课程建设思路，也不是简单的技术能力导向的课程序列的机械组合，而是在广泛整合学术课程知识和职业课程知识的基础上，将内容相关、性质相近的课程或学习领域组合在一起。在课程组合来源上，这种课程整合模式是围绕职业能力达成的需求实现在多个学习领域间的组合，需要什么样的能力，就由什么样的学习领域组成，不仅仅能力本身是综合的，而且能力之间也是相关联的，因此，在能力基础上形成的课程知识领域也是综合的，进而最大限度地实现了学术课程与职业课程的整合。其中，职业典型任务技能集群模块型课程是实现能力培养的最小化课程组合；不同任务技能的课程模块，再加上其他相关的课程模块，就形成了围绕整个职业岗位领域的课程模块组合；而基于能力导向的职业资格框架体制下的课程模块组合则意蕴着一国的文化倾向，是反映国家意识形态旨趣的课程模式，并潜藏着国家范围内不同教育类型之间的融合，尤其是学术教育与职业教育的整合。因此，职业教育集群模块型课程模式是一种松散的课程整合类型，广义地整合着学术课程知识与职业课程知识。也正是因为这种课程模式的较大包容性，使其在实施的过程中需要整个学校框架下的统筹协调，甚至需要在国家层面上建立统一的专业标准，进而实现课程模式的一体化和标准化建设，进而为教师的具体实施提供关联的框架。

第八章　我国职业教育学术课程与职业课程整合的教学支持

"如果说课程是一幢建筑的设计图纸，那么教学则是具体的施工；如果说课程是一场球赛的方案，那么教学则是球赛的进行；如果说课程是一首乐谱，那么教学则是作品的演奏"。[①] 三个形象的隐喻深刻地表明了教学对于课程从理想成为现实的推动作用。学术课程与职业课程整合的模式仅为职业院校的课程实践提供了一个全新的思路和行动蓝本，而要真正推动课程的有效实施，必须有可靠的教学支持。

第一节　我国职业教育学术课程与职业课程整合的教师诉求

教师作为教学过程中的主导性主体，是课程实施的主持人或组织者，有效的教学支持首先需要合格的教师参与。为保证职业教育学术课程与职业课程的相互整合，在综合课程教师难以培养的情况下，必须加强现有学术课程教师和职业课程教师的整合性素养发展，提高他们的双课程视野，即要求职业教育的教师必须成长为具有学术课程与职业课程整合视野的"双师型"教师。

"双师型"教师一词在我国最早是由时任上海冶金专科学校校长王义澄先生在 1990 年提出的，其核心思想就是主张承担应用型技术

---

① Saylor, J. G., Alexander, W. M. and Lewis, A. J., *Curriculum Planning: For Better Teaching and Learning* (4th ed.), New York: Holt, Rinehart and Winston, 1981, p. 258.

人才培养的院校的专业课教师要成为既懂理论又懂实践的"双师型"教师，即"教师＋工程师型"教师，并鼓励教师通过各种途径加强专业实践技能的训练。"双师型"教师作为官方用词最早出现在1995年由国家教委发布的《国家教委关于开展建设示范性职业大学工作的通知》中，文件强调应加强高等职业教育专业课教师和实习指导教师的专业实践能力的培养，基本达到"双师型"教师要求。从此，关于"双师型"教师的论说在我国职业教育理论研究和实践探索中得以不断推广，并被国家教育部门得以大力强调和推动。发展至今，关于"双师型"教师的内涵出现了多种解释和界定，包括"双师型"教师"个体说"和"双师型"教师"队伍说"两大类别。其中，在"双师型"教师"个体说"中，名目繁多，主要有"双能"说、"双证"说、"双职称"说、"双资质"说、"双层次"说等论说，本质上都是强调专业课程教师既要懂理论又要懂实践；"双师型"教师"队伍说"则是指在专业课教师队伍建设中既要有一支专业化的理论课程教师队伍，也要有一批实践能力较强的实践型教师队伍，以体现教师队伍结构的合理性。

总结已经出现过的"双师型"教师的相关文件规定和理论论说，无论是教师个体"双师型"的成长，还是教师队伍"双师型"的建设，其共同特点有二：其一，都是从职业课程（专业课程）的角度论述教师的专业发展或教师结构的优化；其二，都是从专业的角度强调理论与实践的关系，这对应用型技术技能人才的培养具有重要的现实意义。但这恰恰折射出两个缺憾：第一，学术课程（文化课程）教师的成长被忽略；第二，学术知识（文化知识）与职业知识（专业知识）的联系被忽视，而这两方面对综合职业人的培养至关重要。因此，本书从学术课程与职业课程整合的视角，将"双师型"教师的主体指向所有的课程教师，将"双师型"教师的内涵指向"学术课程＋职业课程"的双重视野，旨在通过增强学术课程与职业课程的联系，实现职业教育对完满职业人的培养。

一　课程整合视野下"双师型"教师新内涵

基于学术课程与职业课程整合的视野，职业教育"双师型"教师的发展及其队伍的建设应突破传统"双师型"教师界定的桎梏，从学术课程与职业课程的双重视野及其二者的相互联系出发，给"双师型"教师赋予新的内涵，将"双师型"教师的主体从"职业课程教师"扩展到"所有课程教师"，将"双师型"教师素养从"理论＋实践"素养拓展到"学术＋职业"素养，将"双师型"教师队伍从"专业理论课教师＋专业实践课教师"扩充到"学术课程教师＋职业课程教师"。

（一）"双师型"教师的主体

首先，就现代职业教育建设而言，"双师型"教师的主体应该指向包含学术课程教师和职业课程教师的所有教师，而不单单是传统意义上的职业课程教师之单边主体。因为在职业教育的人才培养中，学术课程具有职业课程无法超越的价值，在普适的职业人生成尤其在文化基础知识的掌握、公民素养的达成、职业伦理的训育等方面都有着重要的功能。职业学校不是社会培训机构，更不是技能训练的工厂，因此首先需要学术课程的价值实现，这便离不开学术课程教师。其次，仅从传统的"理论＋实践""双师型"教师素养出发，学术课程教师同样需要实践，进而培养与特定职业相关的综合素养，这也在相关的官方文件中得到初步确认。例如，在 2016 年 5 月由教育部等七部委公布的《职业学校教师企业实践规定》中指出，该规定所称教师为"中等职业学校和高等职业学校教师"，并没有特指专业课教师，且在文件中也专门明确"公共基础课教师也应定期到企业进行考察、调研和学习"。① 因此，学术课程（公共基础课）教师同样属于"双师型"教师发展的范畴。最后，从学术课程与职业课程整合的视角，只有单边的职业课程教师是无法实现双边课程的有效融合的，需要具有整合视野的学术课程教师的参与，形成双边性"双师"教师共同体，携手推进综合职业人的培养。而前述的文化课程教师的企业实践规定本身就内在地包含了对学术课程教师职业化的诉求。

---

① 教育部等七部委：《职业学校教师企业实践规定》，2016 年 5 月 11 日。

（二）"双师型"教师的素养

基于学术课程与职业课程整合视角的"双师型"教师素养不是传统的"理论＋实践"的双范畴，而是"学术＋职业"的双视野，即要求所有的课程教师包括学术课程教师和职业课程教师都要具备既懂"学术性"又懂"职业性"的双重素养。因此，这层意义上的"双师型"教师在存在形式上也已经不是传统意义上的"双能型""双证书""双资质""双职称"甚至"双层次"的专业课教师了，而是将"双"的内涵聚焦到"学术课程"与"职业课程"的"双课程"上，且教师的主体包括了学术课程教师和职业课程教师两个群体。这就要求无论是学术课程教师还是职业课程教师，都要具有"双课程"素养。一方面，就学术课程教师而言，在胜任本职工作、驾驭学术课程教学的同时需要具有一定的职业倾向性，即要对所任教学术课程所在班级的专业方向和特色有所把握和研究。这就要求他们在日常的教学生活中注重通过各种方式累积专业知识，尤其需要定期深入企业一线，通过考察、调研、观摩以及接受培训等多种方式增强专业领域方面的经验性认知，了解工作过程的基本流程及其综合素养需求，以便更好地从专业的角度有针对性地进行学术课程的教学。另一方面，就职业课程教师而言，在做到"理论联系实践"进行专业课程教学的同时需要普适的学术智慧，尤其在职业伦理指导、职业审美培养、职业精神训育等方面应具有优良的综合品质，以造就完满发展的职业人，而不是简单受训的机器，进而维护职业教育的"教育性"。

（三）"双师型"教师的队伍

如果从队伍层面的"双师型"教师建设而言，学术课程与职业课程整合视角的"双师型"教师队伍是指由"学术课程教师"和"职业课程教师"组合起来的，而不是传统意义上的"理论课程教师"与"实践课程教师"的组合或者"校内理论教师"与"校外企业技师"组成的专兼职师资队伍。传统意义上的"双师型"教师队伍的建设更多的是从专业课程的角度出发，是在"理论与实践"一体化于教师个体身上较难实现时的一种补充措施。基于学术课程与职业课程整合的视野，则需要"学术课程教师"与"职业课程教师"的双重队伍。这一双重队伍的建设不仅需要每类教师队伍在自身素养上具有"双课程"视野，而且需要两支教师队伍的协同合作。前述的教师个体的"双课程"素养并不一定导致双方的有效合作，只是表明具有一定的"他种课程"倾向性，可以在所任教课程内部实现"他种课程"的适度融合。这里所指的两种课程教师队伍的合作，是倡导学术课程教师和职业课程教师双方互相参与对方课程实施的全过程，在课程设计、课程运作、课程评价中通过团队交流、同伴互助、平台支持等多种方式促进教师双方彼此贡献智慧、实现学术知识和职业知识不同程度的融合。而传统的"双师型"教师队伍发展只是机械地探讨"理论课程教师"和"实践课程教师"的队伍组合，并没有太多提及二者的合作问题。因此，在这种程度上，"学术＋职业"视野下的"双师型"教师队伍已经超越了"理论＋实际"视角的"双师型"教师队伍，实现了两支队伍的有机结合，更有利于人才的一体化培养。

二　课程整合视野下"双师型"教师三维度

前述的"双师型"教师素养只涉及教师如何从静态的层面提升自己的"双课程"素养，是一种课程倾向性素质的培养，为职业教育双方教师在具体的课程实践中实质性地推动课程的融合提供了可能性。而学术课程教师与职业课程教师要将这种"双课程"素养付诸实践，必须在课程实施的各环节深入推动课程的整合，以彰显"双师型"教师的内涵发展，这主要体现在课程设计、课程实施和课程评价三个环节中的整合素质。

（一）课程设计中的整合思维

课程设计意味着对课程的各个方面进行规划和安排，是课程活动的首要环节。面对一项微观的课程活动，教师需理解课程目标，并根据课程目标对课程内容进行合理规划和安排，设计出符合特定专业发展需要的课程方案，以保证课程活动的顺利实施。因此，课程设计中的整合思维主要体现在课程目标设计和课程内容选择两个方面。

首先，无论是学术课程教师还是职业课程教师，都必须基于整合的立场理解与建构课程目标。所有的课程教师都应该认识到，职业教育的终极目标是培养具有综合职业素质的完满职业人，这一目标的实现不仅需要完整的课程内容，而且需要课程内容的一体化建构，一体化课程内容的建构必须建立在整合性课程目标的设计上。为此，对于学术课程教师，在对学术课程的目标设计中，应突破传授基本的学术理论知识、养成通识学术能力的大而全、普教化的目标设计思维，要围绕特定的行业领域需要进行有针对性的设计，尤其是应根据所任教课程所在的专业特点对学术课程目标进行有所侧重的设计，避免课程目标的单一性和孤立化。例如，对于机械类专业的数学课程目标，应该强调数学建模能力的培养；对于文化艺术类专业的语文课程目标，应该注重口头语言表达能力的培养。另外，职业课程教师，在对职业课程的目标设计中，也应突破职业课程培养机械操作技能的狭隘性目标桎梏，从健全的职业人培养视角出发，围绕现代职业世界和系统的工作过程，将公民责任感、绿色环保意识、艺术与人文品质等综合职业素质的养成一体化地建构到职业课程的目标中。例如，针对创新引领、绿色制造、智能制造等现代制造业的需求，制造类专业的课程目标就应该注重学生创新思维、绿色伦理和智慧品质的生成。

其次，在一体化课程目标设计的基础上，所有的课程教师必须围绕整合的课程目标，对相应的课程内容进行科学的比较、判断、鉴定、诊断、修正与选择，尤其要体现学术课程与职业课程知识的连贯性。教师在掌握学术课程与职业课程知识的基础上，应在众多知识体系或工作过程中融合适合学生专业特色、适合自身教学专长的职业知识或学术知识，并且能针对具体不同专业的教学对象进行适当知识上的修改。对于学术课程教师，应该围绕学术课程职业倾向性目标的需求，在课程内容中适度植入一些相关的专业案例，增强学术知识的专业性联系，以便为后续专业课程的学习奠定基础。例如，在工科类专业的英语文本材料的设计中，可以渗透一些关于工业文明发展史的素材，增强学生对职业背景的了解；在文化艺术类的语文教材文本中，可以甄选一些艺术人文领域典型职业形象歌颂的材料，增强学生对职业的初步感知。对于职业课程教师，应围绕职业课程整合化目标的诉求，在课程内容中渗入一定的关于现代职业世界对职业人综合素养需求的背景描绘，以期在专业知识的教学中给学生做出提醒与引导。例如，在土建类专业领域的专业课程内容的设计中，应该渗透一些有关现代智慧城市建设的时代背景，让学生意识到专业课程的学习不仅仅是为了掌握基本的专业技能。

（二）课程实施中的整合教学

课程实施意味着将设计好的课程计划和方案，通过动态的教学过程，将知识转化给学生，并达到培养学生各种能力的目的。教师既是课程设计者，同时也是课程内容的转化者，因此必须要求双方教师具有基于整合的视角进行教学实践的能力，也即具备整合教学的能力。整合能力贯穿于教师课程实施全过程，突出表现在教学情境的创设、教学方法的选择与教师关系的合作等方面，以实现学术课程知识与职业课程知识的相互渗透和融合。

其一，教学情境的一体化创设。"思维起于直接经验的情境"①，科学的情境创设有助于增强学生对知识的理解，提高技能生成的效率，而一体化教学情境的创设则有助于学生整合职业能力的养成。为此，课程教师双方必须根据预先设计的教学计划以及专业特点和学生的需要，建立能够整合学术知识与职业知识一体化的教学环境。学术课程教师方面，一方面应将学术课程的教室建成理实一体化的教室，根据不同专业特点，在教室的墙壁张贴行业文化标语、职业典型人物形象和机械模型图案等，以便在上课的过程中针对学术课程的相关内容进行有针对性的运用和引导，当然，这需要学校层面的支持；另一方面可以直接利用学校现有职业课程的实训室、教学实践基地等，将学术课程的课堂搬到虚拟或真实的工作情境中，将所学课程知识直接运用到实践问题解决中。职业课程教师方面，应将自己的理论课程、实践实习课程的教学置于充溢着企业文化、团队合作、技术创新的专业环境中进行，同时也要求现代学徒制中的师傅充分利用企业的整体人文环境。

其二，教学方法的整合性运用。教学方法的合理选择，为课程教学在整合性教学环境中的实施提供了基本保障。对于整合性的教学方

---

① 赵祥麟、王承绪：《杜威教育论著选》，华东师范大学出版社1981年版，第191页。

法，可以借鉴美国高职教育实践中的沉思教学法。沉思教学法基于佛教和道教的"正念"和"冥想"的基本原理，强调教学过程中的深度学习、关照整个人和联系生活。① 无论对于学术课程还是职业课程的学习，课程教师们都应引导学生将学习的目标聚焦于特定的学习内容上，并关注学生作为综合职业人发展的终极诉求，且尽可能地将课程内容引导到未来的职业生活中。例如，对于烹饪专业学生的课程教学，以西餐制作这一学习目标为案例，双方教师共同的任务就是让学生将学习的目标聚焦于西餐制作这一行为上，学术课程教师的特殊任务就是将学术知识联系职业生活，以提高学生的职业幸福感，例如美育教师可以让学生根据顾客的需求设计艺术化的餐点，进而让学生畅想精美的西餐将给客人带来的上佳视觉享受；职业课程教师的特殊任务就是如何将学生在学术课程中学习的知识、态度和理念更进一步地运用在西餐制作这一职业行为的提高上。

其三，教师关系的协同性合作。前已所述，整合视角下的学术课程教师和职业课程教师不是彼此孤立存在的，而是一个一体化的有机教师关系体。要推动教学实施的整合性进展，除教师本身具有的整合性环境创设理念、整合性方法选择策略外，还必须要求他们具备团队合作精神，彼此贡献自己的知识储备和教学智慧，建立教师协同教学共同体。在具体的课程教学实施中，学术课程教师、职业课程教师要勇于打破传统的教学思路，彼此深入对方的课堂，通过教学观摩、教学参与的方式，一方面从自己的课程知识立场为对方课程教师提出教学改革的意见和建议；另一方面也可从对方课程的视角拓展自己的整合性知识视野，为我所用。对于职业课程教师而言，尤其需要利用自己的专业优势和实践基地资源，邀请学术课程教师参与自己的实践课程教学，通过真实的情境、友好的合作促进一体化教学的实现。而且，教师的合作还体现在教学实施前的设计和教学实施后的评价上，这将在本章第二节做详细论述。

---

① 陈鹏、庞学光：《激荡中的沉淀：沉思教育学的原理与应用》，《全球教育展望》2012 年第 6 期。

（三）课程结果中的整合评价

学术课程与职业课程整合视野下的课程效果评价，建立在综合职业人培养终极目标的实现基础之上，因此，无论学术课程教师还是职业课程教师，都必须以整合性的课程目标为依据，通过科学的评价手段和方法综合考察学生的综合素质达成的情况。

一方面，通过职业导向的评价方式实现学术课程评价的综合化。学术课程学习的目的除提高整体的公民素养外，更多的还是服务于职业生活，因为职业生活伴随人的大半生，构成了人的日常生活的半壁江山。因此，学术课程的评价要基于未来职业生活的需求，做出适当的倾向性引导。学术课程的职业引导性评价其实在小学课程的学习中早就有着鲜活的案例。例如，在数学课程考试中计算火车行驶的时间、商店购物的价格、隧道挖掘的时间等应用题比比皆是；语文课程考试中诗人情感的描绘、小说家成长史的挖掘、现代散文家生活背景的分析等考题也常见卷端，这都为小学生进行早期职业启蒙教育埋下了优良的种子。以此为借鉴，现代职业教育学术课程的评价，必须突破枯燥理论的考核，真正与学生所学专业联系起来。以机械类高职专业为例，高等数学可以结合专业所需的模型建构、动力学分析等实例考查对函数、微积分等知识点的掌握情况；大学语文的考试，可以在写作部分让学生规划未来的职业生涯、描绘机械行业的职业道德精神以及发现机械行业中的美；英语课程的考试可以让学生翻译机械类专业词汇、阅读机械科普文章、写作机械类应用文等。这种专业倾向的考试将学术课程知识用到了极致，排解了学生学习文化课程"无用论"的后顾之忧。

另一方面，通过项目化的评价方式实现职业课程评价的综合化。职业课程的目标不仅仅是专业技术能力的达成，而且是以工作过程为基础的高质量表现，融合于综合素质的一体化表现中。因此，对于部分专业课程尤其是实践课程，应基于完整的工作过程，以项目化的方式考核学生专业技能能力的表现情况。在项目化的考评制度中，可以借鉴美国职业教育中顶点课程的设计思路，将对专业课程的考试分由一份书面文本的写作、一个典型产品的创作和一场口头报告的汇报组成。其中的典型产品可以是一份有形的物质产品，如鲁班锁、飞机模型、礼品盒等，用于考查学生的专业技术设计能力；文本的写作可用于考查学生对产品设计原理的理解、产品结构及其用途的描绘以及市场前景的分析等；口头报告则可以考查学生综合表达能力，尤其是形象思维能力、自我推销能力等。典型的产品也可以是一项完整的社会服务，如旅游经典景点的讲解、社区智障儿童服务、新闻节目播报等，考查的是学生的专业服务能力；书面写作考查学生服务方案的策划、语言组织与设计的能力；口头汇报不仅考查学生的口头语言组织能力，而且融合了对学生在未来职业岗位中所需的亲和力、耐心、忠诚等工作态度的考查。这种项目化的课程考核方式适合在后期学段或实习中进行。

三 课程整合视野下"双师型"教师新愿景

如果说学术课程与职业课程的整合是在《中国制造2025》、"物联网＋""一带一路"等重大发展战略时代背景下中国职业教育领域内的一项深刻变革，那么整合视野下的"双师型"教师则是推动这一深刻变革的"掌舵者"。这种"双师型"教师的养成与其说是外在理念与制度下规约的产物，不如说是教师通过自我反省、自我实践逐步走向全新自我、成就卓越自我的生成的过程。

（一）走向主体的自觉

以往的职业教育课程与教学改革，大多是基于国家宏观政策引领下的自上而下的一种逐步贯彻实施的过程，在这种环境下，教师成为改革的"被动者"与"局外人"，在种种外在制度的规约下忙于应付各种政策的落地，结果导致改革成效一般。在诠释主义、批判主义知识观的影响下，一种"教师即课程"的理念引领改革，教师成为知识的自我建构者和创造者，在教育教学实践和教学情境中，通过个体的感知、体验、理解、运用、反思与分享等方式，不断地诠释意义、丰富经验、完善实践智慧，从而逐步建构起自己的知识体系，自下而上逐步开拓着职业教育课程改革的视域。课程整合意味着选择优化，"选择本身已经意味着在课程实施中对课程的改变，这些改变的主导者不是别人，正是作为实践课程实施的主体——教师"。① 倘若教师没有学术课程与职业课程整合的"自觉"，在课程实施中依旧授单面之识，那么一切都只是纸上谈兵，预期的课程目标将无法达到，培养的学生也将无法适应整合的职业世界。通过教师"双课程"整合素质的自我生成，可以有效改变学校现有的课程形态，通过多元的课程形式推动着职业教育实践领域的变革，进而确保职业教育在尊重职业人格完满发展的基础上，实现与职业世界的深度融合。

（二）走向创造的实践

课程即实践。知识、学习者、氛围和教师是课程实践活动四大要素。课程实践是师生在具体的课堂情境中共同合作、创造新的教育经验的过程。预设的课程只是专家、学者的一种暂时性假设，是一种理论上的考量。在新的课程理念指导下，课程再也不是教师原封不动地接受套装的大纲或教材，而是需要在实践中加以批判性地验证的假设。② 学术课程与职业课程的整合寓于职业教育的课程实践之中，应将课程实践升华为一种创造性的活动。整合视野下的课程改革理念，要求职业教育的教师通过主动的自觉行为，积极探寻完满职业人发展的课程模式，并通过建构性的教学活动促进课程知识的有效转化。课程整合并不是学术课程与职业课程的简单叠加，还必须经历一个两者的能动转化过程，即只有让学术知识与职业知识达到结构化与系统化，并使其能够在课程实践中得到广泛迁移与灵活运用，才能真正实现教师"双师型"素养的有效发展。教师在这一主动探索的过程中，自觉不自觉地提升着自己的"双师型"素养，进而又将这种"双师型"素养不断反哺着课程的改革与实践，从自我课程知识增殖的立场，不断汲取着另一种课程领域的知识财富以及该课程领域教师的实践智慧，从而形成课程创造实践的良性循环。

（三）走向文化的生成

任何一个组织，都将在成员长期的实践活动中产生一种组织文

---

① 田秋华：《论教师的课程能力》，《课程·教材·教法》2013年第8期。
② 钟启泉：《研究性学习："课程文化"的革命》，《教育研究》2003年第5期。

化，良好的组织文化可以激励组织成员向着共同的组织目标奋进。作为学校组织的主要利益相关者，教师的群体文化成为一种核心的教育实践文化，它将影响着学校整体教育目标的实现以及每类课程目标的有效达成。哈格里弗斯（Hargreaves）认为，教师文化有四种不同的形态，即个人的文化——教师彼此隔离，其主要精力用于处理自己的课堂事务；分化的文化——教师的工作彼此分立，有时会因为权力与资源而相互竞争；合作的文化——这种文化建立在教师之间开放、互信和支持基础上；人为的合作文化——教师被要求围绕行政人员的意图与兴趣进行"合作"。[①] 职业教育学术课程教师与职业课程教师长期分而教之所形成的文化体现出一种个别性、封闭性和自我完结性的特征，甚至双方形成冲突、彼此鄙视对方的教学行动，更遑论双方的交流与合作。而学术课程与职业课程整合视野下的课程实践，要求双方教师形成教师"共同体"，协同参与课程的设计、实施和评价等课程创新的全过程，从而养成一种"事实性"合作层面的意识、观念和习惯，并在长期的合作中逐渐形成相互认同的内在契约和行为规范，最终形成相对稳定的合作文化。

第二节　我国职业教育学术课程与职业课程整合的教学合作

　　学术课程与职业课程整合视角下职业教育"双师型"教师素质三维度的提出，更多的是从教师个体层面提出的素质需求，意味着学术课程教师或职业课程教师可以从自身课程综合型建构的视角完善其所教的课程，但是，这一单边的课程整合行为并不能有效推动学术课程与职业课程整合的高质量实施。作为一对课程利益相关者的主导性主体，学术课程教师与职业课程教师必须建立起双边的教学合作关系，彼此贡献各自的专业智慧，围绕完满职业人的培养，共同推进课程的

---

① 范国睿：《学校管理的理念与实务》，华东师范大学出版社 2003 年版，第 316 页。

整合发展。而在现实的我国职业教育实践中，双边教师并没有充分意识到这一点，合作关系松散甚至彼此孤立、敌视，不能发挥"1＋1＞2"的协同最优化功能来推进技术技能型人才的综合成长，因此必须予以高度重视。

教师合作本质上是一种基于多边主体的关系体的维系。法兰克福学派的代表人物哈贝马斯（Habermas）从批判理论出发，重构了关系中双边主体交往的理解过程。他认为，"理解"的最狭隘意义是"两个主体以同样方式理解一个语言学表达"；最宽泛的意义则是"表示在与彼此认可的规范性背景相关的话语的正确性上，两个主体之间存在着某种协调"；此外还"表示两个交往过程的参与者能对世界上的某种东西达成理解，并且彼此能使自己的意向为对方所理解"；总体而言，双边主体达成理解的共同目标是"导向某种认同，认同归于相互理解、共享知识、彼此信任、两相符合的主体间相互承认"。① 因此，就学术课程教师和职业课程教师的合作交往而言，狭义的"理解"就是他们认同"学术课程与职业课程整合"这一语言学表达及其意蕴；广义的"理解"就是在此基础上，两者通过合作的方式推进这一"语言学"理解的实践表达；并进而通过"相互理解"的形式达成最终的"共同理解"。即职业教育学术课程教师与职业课程教师的合作，是一种以培养学生完满职业能力为共同理解目标，并通过相互理解、共同合作的方式实现共同目标达成的一种双边合作行为方式。

教师合作在实践形式上是一种以各方教师为主导性主体的教学合作，或称合作教学、团队教学。合作教学最早产生于 20 世纪 50 年代，它是由两个或两个以上的教师协同工作、服务于一组相同学习者的一种教学策略。这种团队教学策略的实施，可能源于现实中一名教师无法满足大规模班级学习的需求，也或许因为单一的教师无法满足学生对特定学科主题的需要；同时团队教学在同辈评价中也是非常有

① ［德］哈贝马斯：《交往与社会进化》，张博树译，重庆出版社 1989 年版，第 3 页。

价值的，它为教师提供一个面向双方教学行为进行相互反馈的机会。[①]
就双边的教学合作而言，其兴起于20世纪60年代，当时美国和英国
为促进中等教育的重组而将其作为一种重要的教学战略手段[②]，它的
一个显著特点就是合作主体的双边性。合作教学可以在一节课、几节
课甚至一整门课的教学中进行，它有助于学生在高效的学习中学会如
何产生思想。[③] 就合作的具体方式而言，大多学者是基于在教学的实
施阶段如何进行合作而开展的研究，对此将在文中相关部分作具体
阐释。

从上述理论分析中可知，学术课程教师与职业课程教师的合作，
乃是由一对学科异质的教师，面向共同的学生、为了共同的项目发展
需要和目标理解（学生的完满发展），并进而贡献彼此智慧的一种团
队教学方式。这种合作教学强调合作的双主导性主体，即在合作团队
中必须至少存在一名学术课程教师和一名职业课程教师。从合作的课
程规模来看，由于是两类课程，且课程目标是指向终极的学生的完满
发展，因此学术课程教师与职业课程教师的合作已经超越了具体的一
节课或几节课的合作，是建立在两种课程相互作用基础上的整个课程
体系运行中的一体化合作。因此，这种合作不仅仅体现在具体课堂教
学实施过程中的合作，还体现在教学实施前的教学设计和教学实施后
的教学评价中的合作。

一 学术课程教师与职业课程教师的教学设计合作

美国学者布里格斯（Briggs）认为，教学设计是分析学习需要和
目标以形成满足学习需要的传送系统的全过程。[④] 一般而言，教学设

[①] Wallace, S., *Dictionary of Education* (2 ed.), Oxford: Oxford University Press, http://www.oxfordreference.com/view/10.1093/acref/9780199679393.001.0001/acref-97801 99679393-e-1015? rskey=IFTssv&result=1, 2015.

[②] Cook, L. and Friend, M., "Co-teaching: Guidelines for Creating Effective Practices", In E. L. Meyen, G. A. Vergason and R. J. Whelan, eds., *Strategies for Teaching Exceptional Children in Inclusive Settings*, Denver: Love, 1996, pp. 155-182.

[③] Wenger, M. S. and Hornyak, M. J., "Team Teaching for Higher Level Learning: A framework of Professional Collaboration", *Journal of Management Education*, Vol. 23, No. 3, 1999, pp. 311-327.

[④] 孙可平:《现代教学设计纲要》，陕西人民教育出版社1988年版，第7页。

计包括学习者特征和需求的分析、教学目标的确定、教学内容的设计、教学策略的选择、教学环境的创设、教学评价的设计等几个方面。其中，教学目标的确定和教学内容的设计是教学活动实施之前尤其重要的两个环节，也可以说是泰勒课程模式运作的前两个步骤，即课程目标设计和课程内容设计。尤其是在当前教学关系冲突的背景下，在合作教学中进行课前设计远比单独的课程教学更重要[①]，课前讨论与合作作为一种合作教学方式，旨在为双方提供一个对课程目标的共同理解和课程讲授主题的选择，以确保双方后续教学行为的相关性和一致性。[②] 即在真正的教学实施之前，双方应在某些方面达成一致的"理解"。就职业教育课程整合的视角而言，教学目标和内容的设计也是学术课程教师与职业课程教师进行实质性教学合作的起始点。

（一）教学目标设计的一体化协作

随着现代工作世界的系统化运作、多元文化的渗透以及职业岗位更迭的频繁，职业教育必须将"一技之长"的技能型人才培养目标转向"软硬融合"的完满职业人格的发展上。就课程的实践来看，没有一门单独的课程能够执行这种完整人才发展目标达成的任务，而是需要所有课程教师的通力合作。就传统的课程分类而言，学术课程承担学术能力的培养，职业课程承担专业技术能力的培养，但完满的职业人格并不是学术能力和专业技术能力的机械相加，而是在双方相互渗透和融合基础上进行整合性构建。因此，这就需要学术课程教师和职业课程教师的协同合作，形成对人才培养目标的共同理解，尽可能地基于整合性人才培养目标的总方向，设计每一类课程目标。

在教学目标的具体设计中，每个项目领域的学术课程教师与职业

---

① Wenger, M. S. and Hornyak, M. J., "Team Teaching for Higher Level Learning: A framework of Professional Collaboration", *Journal of Management Education*, Vol. 23, No. 3, 1999, pp. 311 – 327.

② Feng, L., Chiang, M. H., Su, Y. and Yang, C. C., "Making Sense of Academia – industry Cooperative Teaching", *Journal of Hospitality*, *Leisure*, *Sport & Tourism Education*, No. 16, 2015, pp. 43 – 47.

课程教师都应组成合作团队，对于课程目标的综合性设计彼此贡献智慧。就职业课程目标的学术性整合而言，学术课程教师要敢于承担规避职业课程教师行为主义取向的技能训练的偏颇，主动参与后者的课程目标设计，要在职业文化发展、创新思维培养、批判性思维养成、职业伦理提升等方面给职业课程教师献计献策；职业课程教师也应主动寻求学术课程教师的帮助，在职业课程的整合性目标发展上寻求建议，将职业技能的培养与学术课程的目标有效融合，实现技术技能型人才培养的高端化，为现代制造业和服务业提供大批急需的创新型、智慧型、卓越型、绿色型的中高端人才。就学术课程目标的职业性整合而言，职业课程教师应将专业课程大纲主动提供给学术课程教师，在课程目标的实用性、专业性和技艺性方面给学术课程教师提供整合建议。没有专业导向的学术课程就如同空中楼阁，显得虚无缥缈；没有职业课程教师支持的学术课程教师教学就如同一场独角戏，久而久之会失去信赖的"观众"（学生）。因此，要使学生对所谓"枯燥"的学术课程感兴趣，必须进行专业导向性设计，而在学术课程教师本身专业知识和水平有限的情况下，职业课程教师的帮助无疑是一个上好的路径。

（二）教学内容设计的一体化协作

教学内容是实现教学目标的核心媒介，是培养完满职业人的内容源泉。就传统的课程分野而言，学术课程是普通文化知识的重要载体，传承普适的文化知识、人文社会科学知识、科学理论知识和思想道德素养等；职业课程则是传授基本的专业理论知识、专业技艺形成机理、专业技能养成方法等。整合性的课程目标要求无论是学术课程还是职业课程必须超越原来单一课程知识传授的狭隘视野，从完满职业人培养的视角，在坚持课程主导性知识建构的基础上，渗透一定的职业倾向或学术倾向。课程内容的整合性建构除单边教师本人的努力外，也需要双方教师彼此素养的互惠互利。

教材是教学内容的基本载体，但现实中我国职业教育的教材还没有充分体现课程内容整合的趋势。因此，这里所讲的教学内容是以教材为基础但不限于教材本身的一种能够有效转化成学生的认知结构、技能体系的一种媒介。为实现这种教学媒介的整合性建构，双方教师必须共同合作参与对方的课程内容设计。其中，学术课程内容的整合性设计可采取职业课程教师引导、学术课程教师主导的渐进式合作逻辑。以数学课程内容的设计为例，首先职业课程教师必须将其所任教专业课程中所涉及的数学知识一一列举出来，并将每个知识点的专业意图进行详细说明，进而提供给数学教师；其次数学教师在收到职业课程教师所提供的数学知识点及其说明后，应在兼顾数学知识发展逻辑和工作过程所需知识的基础上对数学知识点进行重新梳理、规整以及补充和完善；最后数学教师将这些整理后的与专业知识相关的数学知识点再次返回给职业课程教师，实现教学顺序的进一步调整和优化，最终形成具有专业导向的数学课程知识结构。另外，职业课程内容的整合性设计可采取职业课程教师为中心、所有学术课程教师集群推进的合作方式。以"服装造型设计"这一专业课程为例，该课程教师应组织服装设计专业中所有学术课程任教教师形成集群型团队，首先向各学术课程教师介绍"服装造型设计"这一工作任务的各项素质要求；在此基础上，各科学术课程教师从所教学术课程的视角对相关的学术性素养产生共鸣，如语文教师对服装特殊造型冠名的优化、数学教师对服装造型的几何评价、艺术教师对服装造型的审美评估、思想政治教师对服装造型的中国元素渗透、体育教师对服装设计的人体机理匹配等分别贡献自己的学术智慧；最后该职业课程教师汇总所有学术课程教师的建议，与相关专业知识的不同方面巧妙地融合起来，形成具有学术导向的职业课程，为高端服装造型设计师的培养提供有效的课程媒介。

二　学术课程教师与职业课程教师的教学实施合作

教学实施是整个教学流程中最为关键的环节，作为狭义教学的代名词，它是一个教学流程的主体骨架。因此，教学实施中的教师合作就显得尤为突出。双方教师必须通过在相互理解、彼此共享中，推动知识整合的动态转化。围绕合作教学实施的具体方式，相关学者从不同角度做出相应划分。例如，美国达尔顿州立学院的玛丽莲·赫尔姆斯（Marilyn M. Helms）和田纳西大学查塔努加分校的约翰·阿尔维斯

（John M. Alvis）与玛丽莲·威利斯（Marilyn Willis，2005）等教授总结提出了交互式合作教学、参与者—观察者合作教学和轮流式合作教学三种由深到浅的合作教学模式①；我国台湾地区高雄餐旅大学冯莉雅（Liyia Feng）、江敏慧（Min‐Huei Chiang）等学者创造性提出了偶然性合作、互补性合作、双边互动性合作和三边互动性合作四种由浅入深的合作教学模式。② 根据他们的解释，前者中的"参与者—观察者合作教学"和"轮流式合作教学"都属于后者中的"偶然性合作"方式，在这些合作中，双方教师虽然贡献了各自的经验财富，但并没有推动彼此整合性的实质性合作；前者中的"交互式合作"与后者中的"双边互动性合作"基本同义，两者皆强调教师双方之间的互动性合作，而后者中"三边互动性合作"是在教师双边互动的基础上，考虑了学生的需求，是一种更加高效和有意义的合作。在此论述学术课程教师与职业课程教师教学实施合作中，部分地借鉴相关模式优势的基础上，主要运用上述台湾学者基于校企合作视角下学校教师与企业专家合作教学所采用的"双边互动性合作"和"三边互动性合作"的两种模式。

（一）双边互动性合作教学

"双边互动性合作教学"与"互补性合作教学"不同的是，后者只强调双方教师为了共同的目的贡献各自的教学经验和行为，而前者要求双方教师必须对彼此的教学经验和行为具有敏感性③，共同促进双边教学的变革。在某种程度上，有组织的教学关系往往比双方的教学内容本身更重要。在这种教学关系中，双方共同积极地参与评论既

---

① Helms. M. , Alvis, J. M. and Willis, M. , "Planning and Implementing Shared Teaching: An MBA Team‐teaching Case Study", *Journal of Education for Business*, Vol. 81, No. 1, 2005, pp. 29 – 34.

② Feng, L. , Chiang, M. H. , Su, Y. and Yang, C. C. , "Making Sense of Academia‐industry Cooperative Teaching", *Journal of Hospitality, Leisure, Sport & Tourism Education*, No. 16, 2015, pp. 43 – 47.

③ Ibid. .

定的话题，并伴随活跃的交互式对话和辩论①，以促进"共同理解目标"的最后实现。双方教师作为"具有深度相互敏感"的代理人②，将决定有关知识如何通过有意义的方式传授给学生。这一过程要求教师们修改常规的教学，使其与另一位教师的教学内容具有相关性，进而支持一个融合性知识教学的实践。因此，在学生面前，这种教学将是一个融合两种不同知识的相关性、整合性教学实践，将有利于学生实现对两种知识的联系和整合性构建。就职业教育学术知识与职业知识的整合而言，这种双边互动性合作教学无疑是一种推动学术课程教师与职业课程教师合作的较为有价值的教学方式。

为了实现学术课程知识与职业课程知识之间的融合，学术课程教师与职业课程教师在既定的整合性课程目标与教学内容基础上，除了贡献各自的学术经验或职业经验外，必须对彼此的教学内容及其行为方式相互影响，通过在课堂上增强学术知识与职业知识的联系，建构学生整合性的认知结构，进而培养综合职业能力。首先，在理论课程的讲授中，双方教师尽可能地参与对方的课堂教学，可以采用"主持人—旁观者"的方式分配角色，即以一方作为课堂讲授的主持人，另一方作为课堂的参与者。以学术课程为例，在该课程教师讲授理论的过程中，职业课程教师应参与整个课堂的教学过程，通过观察、听取、监控的方式，以旁观者的身份，一方面总结归纳学术课程中与所任教职业课程相关的知识点，做到为我所用；另一方面发现学术课程教师讲课的问题所在，进而从职业课程知识相关性的视角，为其提出整合性教学的针对性建议，如学术课程教学应注意企业实践典型案例的融合等，进而推动双方整合性教学的实践。反之亦然。其次，对于实践课程的教学或实习而言，由于目前主要被职业课程教师所主导，

① Helms., M., Alvis, J. M. and Willis, M., "Planning and Implementing Shared Teaching: An MBA Team – teaching Case Study", *Journal of Education for Business*, Vol. 81, No. 1, 2005, pp. 29 – 34.

② Barncs, B., "Practices as Collective Action", In T. R. Schatzki, K. Knorr – Cetina, and E. von Savigny, eds., *The Practice Turn in Contemporary Theory*, London, UK: Routledge, 2001, pp. 17 – 28.

因此学术课程教师就需要在学校的支持下主动参与到专业实践课程教学尤其是实习中。以"旁观者"的身份，在专业实践性教学或实习中，学术课程教师应认真观察和了解学生的专业知识发展需要和综合职业能力的培养需求，不断拓宽自己的专业视野和综合涵养，将其带到自己的课堂教学中，更好地完善自己的课程教学，提高教学的职业导向性；在此基础上，还需要以"贡献者"甚至"当事人"的立场，从学生综合职业发展的需求出发，建议职业课程教师甚至企业师傅在实践性教学中尽可能地融合综合文化知识、科学文化素养、职业伦理品质等学术课程视角的教学内容，进而实现学术课程与职业课程教学的一体化。

（二）三边互动性合作教学

然而，就如同一句古老的哲学谚语一样，"如果有棵树在森林里倒下了，但是没有人听到，那么它发出声音了吗"？也就是说，在合作教学中，只有教师们的合作行为，没有学生的积极反应，那么这一合作教学将不会成立，更不会成功。"双边性合作教学"尽管强调了双方教师之间的互动，但是却忽略了教师与学生之间的联动，教师在教学中并没有关注学生是否对整合性教学内容有充分理解，认为知识的习得和技能的养成是在教学影响下的一种想当然的结果。基于哈贝马斯的交往理论，双边教师对学生的共同理解是他们的一种核心价值取向。因此，有效的教学不仅仅是教师传输知识、培养技能的过程，还包括学生对知识、技能的积极理解和主动建构。这正是整体主义课程观的本质特征之一，即课程要通过学生实现实质的转化，否则两种课程、两种课程教师之间的联系仅仅是机械的联系。正如罗恩·米勒（R. Miller）所言，"一种'课程'不是教师带入教室的预先设定的计划"，而是"在教师、学生和世界的交互中显现的"。[①]

"三边互动性合作教学"就是在这一假设的基础上，将学生这一主体建构到双边教师合作关系体中。"三边互动性合作教学"将双方

---

① Miller, R., "Making Connections to the World: Some Thoughts on Holistic Curriculum", *Encounter: Education for Meaning and Social Justice*, Vol. 14, No. 4, 2001, p. 33.

教师的有意识行为和学生的主观努力放在一个共存的合作模式中①，它不仅要求教师在教学合作中主动关心学生的反应和学习能力，还要求学生进行积极的感知、思考、学习和最后的知识建构。教学的成功源于学生真正的学习，因此，"三边互动性合作教学"是最为有效的一种合作教学方式。

在职业教育教学实践中，学术课程教师与职业课程教师的合作也不能仅仅局限于二人的"双簧戏"中，还要迎合"观众"学生的整合发展需求，积极关注学生的学习行为变化，在与学生互动中彰显合作的价值。根据建构主义学习理论，学生求知的过程是一个主动建构、由旧知识体系演化为新知识体系的过程。但是，这一认知结构的变化只有借助外力的支持，才能走得更远。维果斯基的"最近发展区"理论恰恰凸显了教师作为教学的促进者，推动有效教学的重要价值。为促进学生实现对知识的主动理解和技能的有效生成，学术课程与职业课程教师需要在他们与学生之间建立一个高级别的互动行为和对话。以测绘类专业的数学课程的合作教学为例，数学课程教师首先在学生已有知识水平的基础上，为学生提供一个新的知识点，让学生讨论某一数学问题解决的办法；而后职业课程教师提供一个测量实践中的有关案例，为他们的讨论补充材料；最后要求学生围绕这一案例，运用呈现的数学理论知识，选择一个解决实际问题的最佳方案。在学生的讨论中，双方教师协助学生根据实践的具体情况分析各种方案的不同效果，进而促进学生更加深入地分析问题，找到解决问题的最为有效的办法。与此同时，双方教师还需要根据学生的反应，及时调节他们的教学方法，以便更加有效地促进学生对新知识的掌握和新技能的习得。相应地，在测绘类专业课程的合作教学中，数学教师也应围绕专业理论的学习或实践技能的培养为学生提供一个及时的数学理论范式的植入，增强学生整合数学知识与专业实践的能力。由此可

① Feng, L., Chiang, M. H., Su, Y. and Yang, C. C., "Making Sense of Academia - industry Cooperative Teaching", *Journal of Hospitality*, *Leisure*, *Sport & Tourism Education*, No. 16, 2015, pp. 43 - 47.

见，在"三边互动性合作教学"中，合作的中心已经远远超越了双方教师为合作而合作的教学行为，而是转移到了学生身上，将教学的"参与性主体"置于两个"主导性主体"的中心，将学生综合职业能力的发展作为合作教学的终极目的。

三 学术课程教师与职业课程教师的教学评价合作

教学评价从广义上分为对教师教学行为的评价和学生学习效果的评价。本书主要采用狭义的概念，即将教学评价界定为教师对学生学习效果的评价。就教学的整个流程而言，教学评价是教学实施过程的最后一个阶段，是检验学生知识获得、技能习得的重要手段和必要步骤。在职业教育中，学术课程教师与职业课程教师共同合作，通过整合性教学目标与融合性教学内容设计，以及教学实施过程中的协同工作，为学生综合职业能力的发展提供了可能性。然而，这种可能性最终是否成为现实，同样需要双方教师的团队协作，共同实现对学生的发展性评价。

（一）共同制定评价标准

评价标准的制定是教学可操作性评价的前提和基础，在某种程度上也是教学设计的重要组成部分。以哈贝马斯"交往中的理解"为理论基础，学术课程教师与职业课程教师的合作性评价是以学生为中心的建构性理解，为此，他们对学生的评价必须达成某种共识，即他们要实现对学生的教学评价，必须首先协同建立一个可行的整合性评价标准。评价标准一般是建立在对目标的解构之上，是人才培养目标在不同维度上达到相应水平和质量的规定性指标。学术课程与职业课程整合视角下的职业教育，定位于整体主义哲学视野下具有综合职业能力的完满职业人的培养。这一培养目标突破了传统的知识本位、技能本位、人格本位和素质本位职业教育的语境，将知识与技能、知识与人格、技能与人格相互统一于一体化的职业人格的完满构建中。因此，评价标准的制定也应体现各种素养之间的融合性与互动性，实现评价指标体系的整合性建构。

为实现学术课程与职业课程整合视角下对学生学习效果的整体性评价，无论是学术课程的教学评价还是职业课程的教学评价，其评价标准都要在双方教师的协同下制定，以分别体现学术课程评价的职业导向性和职业课程评价的学术渗透性。一方面，对学术课程学习效果评价的标准应体现一定的职业引导性。在当前我国职业教育学术课程的考核中，主要还是采用纸笔考试的方式，为此，在设计试卷或平时测验试题时，学术课程教师应征求职业课程教师的建议和专业支持，例如在数学考试的应用题设计中，应在特定专业领域的职业课程教师的支持下，多植入一些与未来职业实践相关的典型案例，以实践应用的方式考查学生对学术课程理论知识的掌握程度。另一方面，对职业课程学习效果的评价也要渗透相关的学术素养考查。就职业理论课程而言，其课程的考核应体现与学术课程知识的连贯性和衔接性，学术课程教师应在职业理论课程试题的设计时，向职业课程教师表明相关学术课程知识进展的程度以及学生达到的相应水平，做到职业理论知识考查的难易度相当以及学术知识的有序迁移；就职业实践课程或实习而言，不仅仅考查学生对技能的掌握程度和水平，还要重点考查学生基于工作过程的任务执行的综合表现情况和生成产品的整体质量，为此学术课程教师应参与项目任务的设计过程，从任务表现的团队性、情感性、意志力以及产品规格的艺术性、创新性和绿色性等方面为职业课程教师的评价贡献学术智慧。此外，学术课程教师和职业课程教师还可以共同制定一个综合性的评价手段和标准，在所有课程结束后考查学生对学术课程知识与职业课程知识的最终融合程度。例如，双方应共同为毕业设计（论文）的创作要求进行综合设定，要求学生通过这一最终的综合实践课程的训练，实现对诸如项目设计与开发能力、项目组织与团队执行能力、项目综合评估能力等相关综合职业素养的达成。

（二）相互协作参与评价

有了共同的评价标准，就要付诸评价的实践。基于哈贝马斯的"关系性理解"理论，无论学术课程教师还是职业课程教师，在学生面前都不是单一的评价者，而是以学生为中心联结而形成的具有双边主体的统一体。在这一双边主体的统一体中，为协调双方之间的关系，体现评价双方主体的价值需要，必须在两者之间建立起一条沟通的渠道，以形成一种规范化的交往结构，通过主体间横向的交往与互动，形成对评价对象意义的认同，达成共识，进而产生协调一致的行动。[①] 因此，学术课程教师与职业课程教师的合作评价，是建立在对学生的终极完满发展目标的共同理解基础之上，并凭借达成共识的评价标准，进而进行协同合作的综合性评价。

在具体的合作评价中，双方沟通的渠道和交往的结构便成为推动评价有效运行的关键要素，即双方教师如何协同参与评价。前述的评价标准仅是从最终的结果性要求来衡量学生对知识和技能水平的掌握情况，但是在具体评价的过程中却不仅仅体现在终结性评价中，还表现在学生学习行为的过程性评价中，即要建立以学生为中心的动态评价交往结构。为此，双方教师应相互参与对方的课堂教学评价、实践教学评价和结果性评价。

首先，在学术课程的教学过程中，职业课程教师应深入前者的课堂教学中，通过对学生行为表现的观察，协助学术课程教师对学生进行过程性评价，进而完善学术课程的教学。例如，学生可能对数学这种枯燥的理论课程知识的习题考查感觉比较困惑，因此教学效果并不理想，为此职业课程教师可以建议平时的习题也应多渗透一些专业案例，化解理论知识掌握的障碍，提高学生学习的积极性，进而增强学习的效果。

其次，在职业课程的教学中，学术课程教师也要深入到职业课程的课堂或实践教学中，从学生的综合表现程度评价学生对专业技能掌握的即时水平，进而为职业课程教师的评价提供综合性引导。

再次，在学术课程教学的终结性评价中，职业课程教师也应参与到学术课程纸笔评价的批阅中，从学生理论联系实际、运用学术知识解决专业问题的能力等方面对学生进行专业倾向性评价，而不仅仅是对学术理论知识的机械性掌握进行评价。

最后，在职业理论课程和职业实践项目的终结性评价中，学术课程教师也应去积极、敏锐地发现学生在职业课程知识掌握和职业技能

---

① 刘志军：《走向理解的教学评价初探》，《教育理论与实践》2002 年第 5 期。

实践中对于学术知识的掌握和应用程度，尤其是学生在完成一项完整性的职业任务或产品设计时，所表现出的综合品质。总之，双方教师对学生的综合性评价起于共同的理解，形成于共同的理解，走向共同的理解。

参考文献

一 中文参考文献

［奥］A. 阿德勒：《自卑与超越》，刘泗编译，经济日报出版社 1997 年版。

［奥］茨达齐尔：《教育人类学原理》，李其龙译，上海教育出版社 2001 年版。

［德］哈贝马斯：《交往与社会进化》，张博树译，重庆出版社 1989 年版。

［德］马克斯·韦伯：《新教伦理与资本主义精神》，于晓、陈维纲译，生活·读书·新知三联书店 1987 年版。

［美］丹尼尔·贝尔：《后工业社会的来临：对社会预测的一项探索》，高锋等译，新华出版社 1997 年版。

［美］弗兰克·G. 戈布尔：《第三思潮：马斯洛心理学》，吕明、陈红雯译，上海译文出版社 2006 年版。

［美］汉娜·阿伦特：《人的境况》，王寅丽译，上海人民出版社 2008 年版。

［美］勒维克：《技职教育哲学——多元概念的探讨》，李声吼译，（台北）五南图书出版公司 2002 年版。

［美］施特劳斯：《自然权利与历史》，彭刚译，生活·读书·新知三联书店 2003 年版。

［美］约翰·杜威：《民主主义与教育》，王承绪译，人民教育出版社 2001 年版。

［希］柏拉图：《巴门尼德》，载苗力田《古希腊哲学》，中国人民大学出版社 1990 年版。

［英］麦克·杨：《未来的课程》，王晓阳等译，华东师范大学出版社
　　2003 年版。

［英］霍恩比：《牛津高阶英汉双解词典》第 4 版，李北达译，商务
　　印书馆 1997 年版。

［英］亚当·斯密：《国民财富的性质和原因的研究》上卷，郭大力
　　等译，商务印书馆 1994 年版。

安桂清：《整体课程论》，华东师范大学出版社 2007 年版。

曾凡华：《发挥课堂优势塑造经济类课程文化内涵》，《中国职业技术
　　教育》2014 年第 26 期。

陈鹏、庞学光：《〈中国制造 2025〉与现代职业教育转型发展》，《教
　　育发展研究》2015 年第 17 期。

陈鹏、庞学光：《激荡中的沉淀：沉思教育学的原理与应用》，《全球
　　教育展望》2012 年第 6 期。

陈鹏、庞学光：《论职业教育的工具性僭越与人本性追求》，《江苏高
　　教》2012 年第 6 期。

陈鹏、庞学光：《培养完满的职业人——关于现代职业教育的理论构
　　思》，《教育研究》2013 年第 1 期。

陈鹏：《澄明与借鉴：人本主义视角的美国职业教育研究》，中国社会
　　科学出版社 2016 年版。

陈鹏：《美国职业教育学术与职业课程的整合研究》，《外国教育研
　　究》2013 年第 3 期。

陈鹏：《职业能力观嬗变的社会逻辑及哲学溯源——以 20 世纪初为历
　　史起点》，《职业技术教育》2010 年第 10 期。

单丁：《课程流派研究》，山东教育出版社 1998 年版。

丁晓昌、徐子敏、经宝贵：《江苏省高等职业教育改革发展创新案例
　　集》，高等教育出版社 2014 年版。

董仁忠：《学术教育与职业教育的整合——兼谈对我国综合高中课程
　　的思考》，《外国教育研究》2005 年第 8 期。

董显辉：《英国资格与学分框架研究与汲取》，《中国职业技术教育》
　　2013 年第 9 期。

窦新顺：《中外职业教育主要课程模式及其开发的比较研究》，硕士学位论文，河北大学，2004 年。

范国睿：《学校管理的理念与实务》，华东师范大学出版社 2003 年版。

方展画、刘辉、傅雪凌：《知识与技能——中国职业教育 60 年》，浙江大学出版社 2009 年版。

冯增俊、陈时见、项贤明：《当代比较教育学》，人民教育出版社 2008 年版。

傅俊薇：《DKD 模块课程模式的研究与实践》，《教育与职业》2004 年第 29 期。

顾斌：《"双体系"人才培养之路是高职必然选择》，《教育与职业》2012 年第 12 期。

顾明远：《教育大辞典》第一卷，上海教育出版社 1990 年版。

广东白云学院教务处：《基于 CDIO 理念的服装设计与工程专业人才培养方案》，载《2013 级人才培养方案》（2013 年）。

韩君欧：《五年制高职机电专业数学教学内容与专业课整合的实践研究》，硕士学位论文，苏州大学，2011 年。

何向荣：《高等职业教育项目课程：理论、开发、实施》，高等教育出版社 2008 年版。

侯欣诲：《中等职业学校数学课与专业课整合的实践研究》，硕士学位论文，华东师范大学，2010 年。

黄克孝：《论职教课程改革的"多元整合"策略思想》，《职教通讯》2001 年第 2 期。

黄克孝：《职业和技术教育课程概论》，华东师范大学出版社 2001 年版。

黄琴：《高职院校"双融合"素质育化课程体系实践探微》，《学校党建与思想教育》2015 年第 4 期。

黄尧：《职业教育学——原理与应用》，高等教育出版社 2009 年版。

黄益平：《适应经济增长的"新常态"》，《21 世纪经济报道》2012 年 11 月 5 日第 15 版。

黄正军：《艺术类高职院校体育课"三位一体"教学模式应用探讨》，

《当代职业教育》2014 年第 9 期。

黄志红：《课程整合：历史及启示》，《教育导刊》2011 年第 15 期。

贾勇、尹一萍：《英国中等教育学术课程与职业课程的整合研究——基于麦克·杨〈未来的课程〉中的观点》，《考试周刊》2011 年第 53 期。

姜大源、吴全全：《当代德国职业教育主流教学思想研究：理论、创新与实践》，清华大学出版社 2007 年版。

蒋乃平：《"宽基础、活模块"课程结构研究》，《中国职业技术教育》2002 年第 3 期。

蒋乃平：《宽基础活模块的理论与实践》，宁波出版社 1999 年版。

教育部：《高等职业教育创新发展行动计划（2015—2018 年)》，2015 年 10 月 19 日。

兰英、朱德全：《课程设置：多样化整合》，《教育研究》2011 年第 8 期。

雷毅：《深层生态学思想研究》，清华大学出版社 2001 年版。

李国兵：《高职设计院校"工作室制"培养模式核心要素研究》，《经营管理者》2015 年第 36 期。

李会春：《中国高校通识课程设置现状研究》，《复旦教育论坛》2007 年第 4 期。

联合国教科文组织国际教育发展委员会：《学会生存》，教育科学出版社 1996 年版。

刘小强、蒋喜锋：《质量战略下的课程改革——20 世纪 80 年代以来美国本科教育顶点课程的改革发展》，《清华大学教育研究》2010 年第 2 期。

刘志军：《走向理解的教学评价初探》，《教育理论与实践》2002 年第 5 期。

吕盈盈：《全纳与融通——英国〈资格与学分框架〉探析》，《世界教育信息》2015 年第 8 期。

马达礼：《服装设计教学中应用 CDIO 理念的思考》，《广东白云学院学刊》2011 年第 3 期。

米靖：《论现代职业教育的内涵》，《职业技术教育》2004 年第 19 期。

欧盟 Asia – Link 项目"关于课程开发的课程设计"课题组：《职业教育与培训：学习领域课程开发手册》，高等教育出版社 2007 年版。

彭移风：《产业集群人才需求与职业技术结构优化》，《高等工程教育研究》2007 年第 1 期。

齐建国、王红、彭绪庶、刘生龙：《中国经济新常态的内涵和形成机制》，《经济纵横》2015 年第 3 期。

曲星：《人类命运共同体的价值观基础》，《求是》2013 年第 4 期。

石伟平：《我国职业教育课程改革中的问题与思路》，《中国职业技术教育》2006 年第 1 期。

宋春燕、罗小平：《以培养职业行动能力为核心的学习领域课程模式——德国职业教育课程改革研究》，《广东技术师范学院学报》2008 年第 8 期。

孙可平：《现代教学设计纲要》，陕西人民教育出版社 1988 年版。

谭移民、钱景舫：《论能力本位的职业教育课程改革》，《教育研究》2001 年第 2 期。

汤霓、石伟平：《我国职业资格证书课程体系构建的逻辑起点、核心要素与制度保障》，《中国高教研究》2015 年第 8 期。

田秋华：《论教师的课程能力》，《课程·教材·教法》2013 年第 8 期。

田正平、李笑贤：《黄炎培教育论著选》，人民教育出版社 1993 年版。

王国富、王秀珍：《澳大利亚教育词典》，武汉大学出版社 2002 年版。

王建良：《实现技能和素养双提升》，《中国教育报》2014 年 4 月 28 日第 7 版。

王奕萍：《高等职业教育课程价值取向的优化整合》，《现代教育管理》2012 年第 5 期。

王泽荣：《论职业教育课程观的变革》，《中国职业技术教育》2012 年第 30 期。

吴雪飞：《计算机应用基础课程与企业文化对接实验》，《计算机教育》2011 年第 23 期。

谢新观：《远距离开放教育词典》，中央广播电视大学出版社 1999
年版。

徐东、徐春红：《中职学校文化课融入专业课教学模式的研究——以
浙江某中职学校汽修专业数学课为例》，《职教通讯》2014 年第
6 期。

徐东：《整合视角下中职数学课程改革与实践探索——以 Q 职业中专
汽修专业为例》，硕士学位论文，浙江师范大学，2015 年。

徐国庆、雷正光：《德国职业教育能力开发的教育理念研究》，《中国
职业技术教育》2006 年第 35 期。

徐国庆：《理论与实践整合的职教课程模式探析》，《职教通讯》2003
年第 9 期。

徐国庆：《实践导向职业教育课程研究》，博士学位论文，华东师范大
学，2004 年。

徐国庆：《职业教育课程论》，华东师范大学出版社 2008 年版。

徐涵、周乐瑞：《改革开放以来我国职业教育课程价值的历史演变》，
《现代教育管理》2015 年第 6 期。

徐涵：《我国职业教育课程改革的发展历程与典型模式评价》，《中国
职业技术教育》2008 年第 33 期。

徐朔：《"关键能力"培养理念在德国的起源和发展》，《外国教育研
究》2006 年第 6 期。

徐肇杰：《任务驱动教学法与项目教学法之比较》，《教育与职业》
2008 年第 11 期。

许景行：《"多元整合型"高等职业教育课程与教材建设的新探索》，
《职业技术教育》2010 年第 1 期。

叶信治、杨旭辉：《顶点课程：高职学生从学校到职场的桥梁》，《中
国高教研究》2009 年第 11 期。

有宝华：《综合课程论》，上海教育出版社 2002 年版。

斩希平、吴增定：《十九世纪德国非主流哲学——现象学史前史札
记》，北京大学出版社 2004 年版。

张红：《"双体系"融合下的素质育化课程体系构建》，《现代教育》
　　2013 年第 23—24 期。

张华：《课程与教学论》，上海教育出版社 2000 年版。

张华：《关于综合课程的若干理论问题》，《教育理论与实践》2001 年
　　第 6 期。

张华：《课程与教学论》，上海教育出版社 2000 年版。

张焕庭：《教育辞典》，江苏教育出版社 1989 年版。

张建国、赵惠君：《我国高等职业教育课程体系的改革与发展趋向》，
　　《长江工程职业技术学院学报》2009 年第 2 期。

张萌、孙景余：《中等职业学校文化课与专业课教师合作教学探析》，
　　《职教通讯》2010 年第 3 期。

张晔、秦华伟：《人格理论与塑造》，国防工业出版社 2006 年版。

赵家骥、谭力贤：《"宽、实、活"农村职教课程模式的探索与实
　　践》，《职教论坛》1996 年第 3 期。

赵家骥、徐厚模、谭力贤：《宽实活办学模式的理论与实践》，《中国
　　教育学刊》1992 年第 5 期。

赵祥麟、王承绪：《杜威教育论著选》，华东师范大学出版社 1981
　　年版。

赵志群、王炜波：《基于设计导向的职业教育思想》，《职业技术教
　　育》（教科版）2006 年第 19 期。

赵志群、赵丹丹、弭晓英：《我国职业教育课程改革理论与实践回
　　顾》，《教育发展研究》2005 年第 15 期。

赵志群：《职业教育学习领域课程及课程开发》，《徐州建筑职业技术
　　学院学报》2010 年第 2 期。

中国教育科学研究院课题组：《未来五年我国教育改革发展预测分
　　析》，《教育研究》2015 年第 5 期。

中国社会科学院语言研究所词典编辑室编：《现代汉语词典》第 5 版，
　　商务印书馆 2005 年版。

钟启泉：《研究性学习："课程文化"的革命》，《教育研究》2003 年
　　第 5 期。

二 英文参考文献

ACT, *Workplace Essential Skills: Resources Related to the SCANS Competencies and Foundation Skills*, Iowa City, IA: ACT, 2000.

Advisory Committee on Mathematics Education, *Mathematical Needs: Mathematics in the Workplace and in Higher Education*, London: Royal Society, 2011.

AQA, Specification for Mathematical Studies, http://filestore.aqa.org.uk/resources/mathematics/specifications/AQA – 1350 – SP – 2014 – V1 – 2.PDF, 2015 – 03 – 16.

Barnes, B. , "Practices as Collective Action", In T. R. Schatzki, K. Knorr – Cetina and E. von Savigny, eds. , *The Practice Turn in Contemporary Theory*, London, UK: Routledge, 2001.

Beverly, T. W. , "More and More Professors in Many Academic Disciplines Routinely Require Students to Do Extensive Writing", *Chronicle of Higher Education*, Vol. 36, No. 44, 1990, pp. A13 – 14.

Bottoms, G. , Sharpe, D. and Southern Regional Education Board, A. A. , *Teaching for Understanding through Integration of Academic and Technical Education*, EBSCOhost, 1996.

City & Guilds, The Level 3 Core Maths: Using and Applying Mathematics, http://cdn.cityandguilds.com/ProductDocuments/Skills_for_Work_and_Life/English_Mathematics_and_ICT_Skills/3849/Additional_Documents/3849_Level_3_Using_and_Applying_Mathematics_factsheet_v3_2.pdf, 2015 – 10.

Confederation of British Industry. Making It All Add Up: Business Priorities for Numeracy and Maths, http://www.cbi.org.uk/media/935352/2010.08 – making – it – all – add – up.pdf, 2010 – 08.

Cook, L. and Friend, M. , "Co – teaching: Guidelines for Creating Effective Practices", In E. L. Meyen, G. A. Vergason and R. J. Whelan, eds. , *Strategies for Teaching Exceptional Children in Inclusive Settings*, Denver: Love. 1996, pp. 155 – 182.

Core Maths Support Program, Education Development Trust, Mathematical Model, http://www.core-maths.org/media/2090/02-mathematical-modelling.docx, 2016-06-04.

Core Maths Support Program, Education Development Trust, Problem Solving, http://www.core-maths.org/media/2089/problem-solving-140624.docx, 2016-06-04.

Core Maths Support Program, Education Development Trust, Timetabling Survey, http://www.core-maths.org/about-the-cmsp/timetabling-survey/, 2015-12.

Crunkilton, J. R., M. J. Cepica and P. L. Flunker, *Handbook on Implementing Capstone Courses in Colleges of Agriculture*, Publication Prepared for Project Funded by USDA, CSRS, Higher Education Challenge Grants Programme, 1997.

Debra, D. B., William, R. H. IV, Sue, T., Integration of Academic and Occupational Education in the Illinois Community College System, http://www.eric.ed.gov/PDFS/ED418757.pdf, 1997.

Department of Education. Core Maths Qualifications: Technical Guidance, https://www.gov.uk/government/uploads/system/uploads/attachment_data/file/450294/Core-Maths-Technical-Guidance.pdf, 2015-07-31.

Dewey, J., *Democracy and Education: An Introduction to the Philosophy of Education*, New York, NY: The Macmillan Company, 1916.

DiPerna, J. C. and Elliott, S. N., "Promoting Academic Enablers to Improve Student Achievement: An Introduction to the Mini-serie", *School Psychology Review*, Vol. 31, No. 3, 2002, pp. 293-297.

Donna, P., Jennifer, S. etc., *Capitalizing on Context: Curriculum Integration in Career and Technical Education: A Joint Report of the NRC-CTE Curriculum Integration Workgroup*, Louisville, KY: National Research Center for Career and Technical Education, 2010.

Durel, R. J., "The Capstone Course: A Rite of Passage", *Teaching So-*

ciology, Vol. 21, No. 3, 1993, pp. 223 – 225.

Eduqas: WJEC/CBAC, Mathematics for Work and Life, http: //www. eduqas. co. uk/qualifications/mathematics/level – 3/WJEC% 20Eduq as% 20Level% 203% 20Mathematics% 20for% 20Work% 20and% 20Life% 20Specification% 20 (28 – 10 – 14) % 20Formatted. pdf? language_id = 1, 2016 – 07 – 08.

Eduqas: WJEC/CBAC, Specification for Mathematics for Work and Life, http: //www. eduqas. co. uk/qualifications/mathematics/level – 3/WJ EC% 20Eduqas% 20Level% 203% 20Mathematics% 20for% 20Work% 20and% 20Life% 20Specification% 20 (28 – 10 – 14) % 20Formatted. pdf? language_id = 1, 2016 – 07 – 08.

Eileen, Q. K., John, D., Patrick, K., "ACE TECH: The Fourth Year of CTE and Academic Integration", *Techniques: Connecting Education & Careers*, Vol. 83, No. 8, 2008, pp. 22 – 25.

English, H. B., "Education of the Emotions", *Journal of Humanistic Psychology*, Vol. 1, No. 1, 1961, pp. 101 – 109.

Feng, L., Chiang, M. H., Su, Y. and Yang, C. C., "Making Sense of Academia – industry Cooperative Teaching", *Journal of Hospitality, Leisure, Sport & Tourism Education*, No. 16, 2015, pp. 43 – 47.

Finch, R. and Crunkilton, R., *Curriculum Development in Vocational and Technical Education: Planning, Content, and Implementation*, Boston, MA: Allyn and Bacon, 1999.

Gisela Dybowski and Agnes Dietsen, *Berufliehe Bildung und Betriebliche Organisationsentwicklung.* Siehe: Felix Rauner (Hg.), Handbuch Berufsbildungsforschung, W. Bertelsmann Verlag GmbH & Co. KG, Bielefield, 2005, pp. 276 – 282.

Gray, C. and Herr, L., *Workforce Education: The Basics*, Boston, MA: Allyn and Bacon, 1998.

Heinemann, R. L., *The Senior Capstone, Dome or Spire*, Paper Presented at the Annual Meeting of the National Communication Association,

Chicago: US, 1997.

Helms, M. , Alvis, J. M. and Willis, M. , "Planning and Implementing Shared Teaching: An MBA Team – teaching Case study", *Journal of Education for Business*, Vol. 81, No. 1, 2005, pp. 29 – 34.

Hiebert, J. , Carpenter, T. P. , Fennema, E. , Fuson, K. C. , Wearne, D. , Murray, H. , Olivier, A. and Human, P. , *Making Sense: Teaching and Learning with Understanding*, Heinemann, 1997.

Hodgen, J. , McAlinden, M. and Tomei, A. , Mathematical Transitions: A Report on the Mathematical and Statistical Needs of Students Undertaking Undergraduate Studies in Various Disciplines, https: // www. heacademy. ac. uk/sites/default/files/resources/hea _ mathematical – transitions_webv2. pdf, 2014.

Hodgen, J. , Pepper, D. , Sturman, L. and Ruddock, G. , Is the UK an Outlier? An International Comparison of Upper Secondary Mathematics Education, http: //www. core – maths. org/media/2075/is – the – uk – an – outlier_nuffield – foundation_v_final – 1. pdf, 2010.

James, J. , Roberta, C. T. , We're Doing It: Michigan Models for Academic and Occupational Integration, http: //www. eric. ed. gov/ PDFS/ED399997. pdf, 1996.

Jennifer, B. , *Capstone Project Course Syllabus*, Okmulgee, OK: Oklahoma State University Institute of Technology, 2011.

Johannes, K. and Egon, M. , Prozessorientierte Qualifizierung – ein Paradigmenwechsel in der Beruflichen Bildung. BiBB. SWP 5/2003, http: //www. foraus. de/download/prozessorientiert _ ausbilden/BWP – 2003 – H5 – 42ff. pdf.

Kincheloe, L. , *Toil and Trouble: Good Work, Smart Workers, and the Integration of Academic and Vocational Education*, New York, NY: Peter Lang Publishing, Inc. , 1995.

Lamont, C. , *The Philosophy of Humanism*, New York, NY: Continuum, 1990.

Maslow, A. H., "Comments on Dr. Frankl's paper", *Journal of Humanistic Psychology*, Vol. 6, No. 2, 1966, pp. 107 – 112.

McGrew, K. S., Beyond IQ: A Model of Academic Competence and Motivation, http://www.iapsych.com/acmcewok/map.htm, 2007.

Michael, F., *Capstone Course Syllabus*. Okmulgee, OK: Oklahoma State University Institute of Technology, 2011.

Miller, J. P., *The Holistic Curriculum*, Toronto: OISE Press, 2001.

Miller, R., "Making Connections to the World: Some Thoughts on Holistic Curriculum", *Encounter: Education for Meaning and Social Justice*, Vol. 14, No. 4, 2001, p. 33.

Naylor, M., Work – Based Learning, http://www.eric.ed.gov/PDFS/ED411417.pdf, 1997.

NRCCTE, Curriculum Integration, http://www.nrccte.org/core – issues/curriculum – integration, 2014 – 06 – 10.

OCR & MEI Specification for Quantitative Reasoning, http://www.ocr.org.uk/Images/173575 – specification – accredited – quantitative – reasoning – mei – h866.pdf, 2014.

OCR & MEI, Specification for Quantitative Problem Solving, http://www.ocr.org.uk/Images/173574 – specification – accredited – quantitative – problem – solving – mei – h867.pdf, 2014.

Pearson Edexcel, Core Maths: Certificate in Mathematics in Context, http://qualifications.pearson.com/content/dam/pdf/mathematics – in – context/2014/teaching – and – learning – materials/Core – Maths – guide – for – teachers.pdf, 2015 – 03 – 02.

Pearson Edexcel, Scheme of Work for Mathematics in Context, http://qualifications.pearson.com/content/dam/pdf/mathematics – in – context/2014/teaching – and – learning – materials/Edexcel_Maths_in_Context_Scheme_of_Work_Issue_1_FINAL.doc, 2015 – 10 – 01.

Pring, R., Hayward, G., Hodgson, A., Johnson, J., Keep, E., Oancea, A. and Wilde, S., *Education for All: The Future of Educa-*

tion and Training for 14 – 19 *Year – olds*, London, England: Routledge, 2009.

Saylor, J. G. , Alexander, W. M. and Lewis, A. J. , *Curriculum Planning: For Better Teaching and Learning* (4th ed.), New York: Holt, Rinehart and Winston, 1981.

Secretary's Commission on Achieving Necessary Skills, *What Work Requires of Schools: A SCANS Report for America* 2000, Washington, D. C. : U. S. Department of Labor, 1991.

Stone, J. R. III, Alfeld, C. and Pearson, D. , "Rigor and relevance: Testing a Model of Enhanced Math Learning in Career and Technical Education", *American Educational Research Journal*, Vol. 45, No. 3, 2008, pp. 767 – 795.

The National Center on Education and the Economy, *America's Choice: High Skills or Low Wages, the Report of the Commission on the Skills of the American Workforce*, New York, NY: National Center on Education and the Economy, 1990.

UNESCO, *Education* 2030 *Framework for Action: Towards Inclusive and Equitable Quality Education and Lifelong Learning for All*, Incheon Declaration, November 4, 2015.

Van de Walle, J. , *Elementary and Middle School Mathematics: Teaching Developmentally* (6th ed.), Boston, MA: Allyn and Bacon, 2007.

W. Norton and Norena, N. etc. , *Community College Innovations in Workforce Preparation: Curriculum Integration and Tech – prep*, Mission Viejo, CA: A Joint Publication of the League for Innovation in Community College, 1996.

W. Norton and Eileen, K. , A Time to Every Purpose: Integrating Occupational and Academic Education in Community Colleges and Technical Institutes, http: //www. eric. ed. gov/PDFS/ED350405. pdf, 1992.

W. Norton and Gary, D. etc. , The Cunning Hand, the Cultured Mind: Models for Integrating Vocational and Academic Education, http: //

www. eric. ed. gov/PDFS/ED334421. pdf, 1991.

W. Norton, *Working in the Middle*: *Strengthening Education and Training for the Mid – skilled Labor Force*, San Francisco, CA: Josset – Bass, 1996.

Wagenaar, T. C. , "The Capstone Course", *Teaching Sociology*, Vol. 21, No. 3, 1993, pp. 209 – 214.

Wallace, S. , *Dictionary of Education* (2 ed.), Oxford: Oxford University Press, http://www. oxfordreference. com/view/10. 1093/acref/9780199 679393. 001. 0001/acref – 9780199679393 – e – 1015? rskey = IFTssv&r esult = 1, 2015.

Wenger, M. S. and Hornyak, M. J. , "Team Teaching for Higher Level Learning: A framework of Professional Collaboration", *Journal of Management Education*, Vol. 23, No. 3, 1999, pp. 311 – 327.

Williams, R. , *Cultural and Society*, London: Chatto and Windus, 1958.

Winthrop, H. , "Humanistic Psychology and Intentional Community", *Journal of Humanistic Psychology*, Vol. 2, No. 1, 1962, pp. 42 – 55.

Wirth, A. G. , *Education in the Technological Society*: *The Vocational – liberal Studies Controversy in the Early Twentieth Century*, Scranton, PA: Intext Educational Publishers, 1972.

致　　谢

转眼间，课题立项已经过去三年多的时间。在这期间，经历了太多的风雨，生活与工作的冲突，科研与教学的博弈，个体与环境的融合，一切的一切，伴随着课题研究、书稿写作的始终。如果说课程是教育的核心，那么课程研究则是整个教育研究最难的部分，起初选择这一课题虽然出于偶然，但也是在内心暗示自己，最难的都能做，那么以后什么也不怕了。最终经历为期三年半的时间，课题按计划完成，形成本专著。尽管书稿还存在一些问题，但是，我相信整个研究历程已经达到预期的锻炼效果，对潜藏在职业教育最深处的东西有了基本的把握，为后续研究奠定了重要基础。

书稿的完成，离不开学校提供的各项支持。感谢学校人事处对我提出的高要求协议任务，催促我奋发向前，一步步接近既定目标；感谢学校以"153"人才工程的形式引进我，虽然压力重重，但学校依旧提供了相对舒适的生活环境，让我能够静心投入科研，没有较大物质上的担忧；感谢学校社科处，使我的课题在申请、立项、开题、中期检查、鉴定验收中都能够顺利推进。同时，还要感谢学院各位领导与同事们的厚爱，为我提供了良好的科研氛围，滋养着我一步步成长；感谢江苏省教育厅提供"优秀中青年骨干教师出国研修项目"资助，使该课题在最后的收尾阶段能够获得更多的时间保障以及国际文献资料的支持。

作为专著的支持项目，著者所主持的国家社会科学基金项目在前期设计、开题、实施与中期检查、结题与评估验收中也得到各位专家学者的悉心指导，在此表示感谢。首先感谢华东师范大学石伟平教授在课题前期设计与实施中的专业指导，使我的课题框架更为严谨、方法更为科学，每当开会遇到石老师时，都会问及我课题的进展事宜，并给予安慰和指导。同时，在课题前期的设计中，也得到江苏师范大学教育科学学院代建军教授的专门指点，代老师以其对课程论知识的深邃洞察帮我做课题设计的最后完善。其次，在项目的开题过程中，江苏理工学院庄西真教授受邀指导，为课题框架的部分内容提出修改建议，使其更具可操作性；同时与会的江苏师范大学的部分专家如蔡国春教授、陈琳教授、贾林祥教授等也给出一些宝贵建议，在此一并表示感谢。而后，在课题进行、中期检查和评估验收中，也得到多位专家的热心指导。感谢我的博士导师庞学光教授，虽然我已毕业多年，但导师依旧关注、支持我的科研工作与学术成长；同时要感谢江苏师范大学段作章教授、胡仁东教授等对课题进展所提供的各项支持。最后，对西南大学朱德全教授表示诚挚的谢意，感谢朱老师在百忙之中抽出宝贵时间为我的专著作序，在见证我成长的同时，鼓励我继续前行。

课题的完成同样是团队共同努力的结果。虽然该专著的撰写是由笔者作为课题负责人全部撰写完成的，但其他课题组成员以及相关同人也做出值得肯定的辅助性工作。感谢天津职业技术师范大学的徐宏伟博士在课程整合历史部分收集了大量资料文献，保证该部分研究内容更加完善；感谢曲阜师范大学孙长远博士、天津大学陈沛酉博士分别参与课程整合现实需求逻辑与教师素质诉求部分的资料规整工作；感谢深圳职业技术学院宋晶博士、淄博职业学院张成涛博士、华东师范大学冉云芳博士、南宁职业技术学院蓝洁博士、广东白云学院罗丽萍老师、天津职业大学许冰冰老师等为课程整合的现实考察部分提供了丰富的一手资料，保证不善言辞的我能够按时完成研究任务；感谢英国剑桥大学杰夫·海沃德（Geoff Hayward）教授、美国阿肯色大学卡斯滕·施米特克（Carsten Schmidtke）博士对国际课程整合经验研究部分的支持。此外，还要感谢我的硕士研究生肖龙、范明慧等，他们也参与了课题研究的部分基础性工作，也见证了他们的成长。

最后，要感谢中国社会科学出版社卢小生编审，本专著为卢编审为我做的第二次书稿审校工作。作为前辈，卢编审一直关照我的成长，还记得上一次因个人原因推迟了专著的出版计划，但卢编审并没有任何责怪我，而是帮助我做了新的出版申请，感激不尽。而这本专著又是我在联系出版社遇到困难时，卢编审给我提供及时的帮助，使我的国家社会科学基金成果能够按时出版，激励着我不断攀登科研的新高峰。

陈鹏

2016 年 6 月 29 日于

英国剑桥市康河河畔